cinéma 68

Dans la même collection :

Scénarios bilingues :

The Straight Story, Mary Sweeney et John Roach
Annie Hall, Woody Allen et Marschall Brickmann
Manhattan, Woody Allen et Marschall Brickmann
North by Northwest, Ernest Lehman/*Deconstructing Harry*, Woody Allen
The Big Lebowski, Ethan Coen/*Tout sur ma mère*, Pedro Almodovar
Lost Highway, David Lynch et Barry Gifford/*Tabou*, Nagisa Oshima
O'Brother where are thou, Ethan Coen et Joel Coen
Esther Kahn, Arnaud Desplechin et Emmanuel Bourdieu
Dancer in the Dark, Lars von Trier
The Barber. *The Man who wasn't there*, Ethan Coen et Joel Cohen
Hollywood Ending, Woody Allen/*Femme Fatale*, Brian De Palma
La mauvaise éducation, Pedro Almodovar

Scénarios :

Les Contes des 4 saisons, Éric Rohmer/*Triple agent*, Eric Rohmer
Ceux qui m'aiment prendront le train, Patrice Chéreau/*Sarabande*, Ingmar Bergman
Le Septième ciel, Benoît Jacquot et Jérôme Beaujour
Rosetta, suivi de *La Promesse*, Luc et Jean-Pierre Dardenne
Breaking the Waves, Lars von Trier/*Romance*, Catherine Breillat
Rien sur Robert, Pascal Bonitzer/*Fin août début septembre*, Olivier Assayas
Le Destin, Youssef Chahine/*Y'aura-t-il de la neige à Noël*, Sandrine Veysset
Western, Manuel Poirier/*La Maman et la Putain*, Jean Eustache
Six Contes moraux, Éric Rohmer/*Comédies et proverbes (volume I et II)*, Éric Rohmer
La Nuit américaine suivie de Journal de tournage de *Fahrenheit 451*, François Truffaut
Les Destinées sentimentales, Olivier Assayas et Jacques Fieschi
Après la réconciliation, Anne-Marie Miéville/*Mischka*, Jean-François Stévenin
Le Dernier Métro, François Truffaut et Suzanne Schiffman
On appelle ça… le printemps, Hervé Le Roux/*À ma sœur !*, Catherine Breillat
Le Pornographe, Bertrand Bonello/*La Pianiste*, Michaele Haneke
L'Emploi du temps, Laurent Cantet, Robin Campillo
Le Vent nous emportera, Abbas Kiarostami/*10 (ten)*, Abbas Kiarostami

Références :

La rampe, Serge Daney/*Le cinéma selon Jean-Pierre Melville*, Rui Nogueira
Les yeux verts, Marguerite Duras/*Le cinéma selon Malraux*, Denis Marion
Comme une autobiographie, Akira Kurosawa/*Réflexions sur mon métier*, Carl Th. Dreyer
Souvenir de Kenji Mizoguchi, Yoshikata Yoda/*Abbas Kiarostami*, entretiens
L'homme ordinaire du cinéma, Jean Louis Schefer/*Orson Welles*, André Bazin
Ciné-journal, Serge Daney (2 vol.)/ *Conversation avec Sergio Leone*, Noël Simsolo
Le champ aveugle, Pascal Bonitzer/*Écrits sur le cinéma*, Pier Paolo Pasolini
L'organisation de l'espace dans le Faust de Murnau, Eric Rohmer/*Charlie Chaplin*, André Bazin
Le plaisir des yeux, François Truffaut/*Alfred Hitchcock*, Jean Douchet
De Vienne à Shanghai, Josef von Sternberg/*Souvenirs*, Max Ophuls
Georges Rouquier, Dominique Auzel/*Robert Bresson*, Philippe Arnaud
Chaplin aujourd'hui, Joël Magny, Noël Simsolo/*Le temps scellé*, Andreï Tarkovski
Le goût de la beauté, Eric Rohmer/*Le cinéma comment ça va*, Alain Bergala
Fritz Lang, Lotte H. Eisner/*Jean Renoir*, entretiens et propos
Roberto Rossellini, le cinéma révélé/*Conversation avec Bergman*, O. Assayas et S. Björkman
Ernst Lubitsch, Bernard Eisenschitz et Jean Narboni/*L'hypothèse cinéma*, Alain Bergala
La DVDéothèque de Jean Douchet/*Jean-Marie Straub - Danièle Huillet*, Louis Seguin
Howard Hawks, Noël Simsolo/*Abbas Kiarostami*

Petite anthologie des Cahiers du cinéma

I. Le goût de l'Amérique/II. Vive le cinéma Français !
III. La Nouvelle Vague/IV. La politique des auteurs – Les Textes
V. La politique des auteurs – Les Entretiens/VI. La fonction critique
VII. Théorie du cinéma/VIII. Nouveaux cinémas, nouvelle critique
IX. Sur la carte du monde

cinéma 68

Textes et entretiens réunis par Antoine de Baecque,
Stéphane Bouquet, Emmanuel Burdeau

Petite bibliothèque
des Cahiers du cinéma

AVERTISSEMENT

Cet ouvrage est une réédition augmentée du hors-série Cinéma 68, publié par les *Cahiers du cinéma* en kiosques en mai 1998. Il a été réalisé sous la direction d'Antoine de Baecque, Stéphane Bouquet et Emmanuel Burdeau, avec Delphine Pineau (Rédacteur en chef adjoint), Ouardia Teraha (Secrétaire de la rédaction), et la collaboration de Cédric Anger, Bernard Benoliel, Laurent Goumarre, Gabrielle Hachard, Olivier Joyard, Leslie Kaplan, Bill Krohn, Jean-Marc Lalanne, Jérôme Larcher, Thierry Lounas, Joël Magny, Mathieu Orléan, François Ramone, Yoichi Umémoto, David Vasse.

Dans les textes et propos, certains décalages dans le temps sont perceptibles, le lecteur rétablira la perspective des dix années passées depuis la première édition.

S'ajoutent à cette réédition un avant-propos d'Emmanuel Burdeau et l'entretien avec Philippe Garrel paru dans les *Cahiers* n° 606.

Photo de couverture :
Haut : Anne Wiazemsky et Jean-Pierre Léaud dans *La Chinoise* de Jean-Luc Godard. CAT's
Bas : Mai 68. Keystone France

Conception graphique : Atalante.

Première édition : numéro hors série des *Cahiers du Cinéma* 1998.

ISBN : 978-2-86642-528-9
ISSN : 1275-2517

Printed in France

Avant-propos

Emmanuel Burdeau

Au moment de rééditer en poche ce numéro hors-série coordonné avec Antoine de Baecque et Stéphane Bouquet il y a tout juste dix ans, la question qui se pose est simple : que s'est-il passé en 1968 depuis 1998 ? Mai est devenu une référence constante dans les débats publics ; certains, l'écume aux lèvres, brûlent d'en « liquider » l'esprit ; les uns et les autres cherchent à hâter l'inventaire, qu'on n'en parle plus et qu'on passe enfin à autre chose.

Or non, Mai demeure, et beaucoup de ce qui composait le sommaire de « Cinéma 68 » n'a cessé depuis de gagner en importance. Alain Badiou, que nous rencontrions longuement pour commencer, est sorti d'une relative confidentialité en attaquant le liquidateur en personne, dans un petit livre d'intervention devenu best-seller. Robert Kramer et Carmelo Bene sont morts, mais le premier va être célébré par la Quinzaine des Réalisateurs – elle-même née de Mai –, et les éditions P.O.L. éditent les œuvres complètes du second. On pourra également relire le long article de Bill Krohn intitulé « Mes 68s ». A bien des égards, il annonce la préoccupation majeure de la cinéphilie des années 2000 : le « Nouvel Hollywood », ces *seventies* américaines auxquelles tout le monde revient depuis quelques années.

C'était d'ailleurs une intention du numéro : détourner la commande et sa réponse tout aussi commandée – le cinéma a raté Mai 68 ! – pour rendre hommage à ce que furent, aux *Cahiers* et ailleurs, les « arides » années 70. Ecrire la légende du « non-légendaire », selon un autre mot de Serge Daney. Aujourd'hui nous y sommes : pour toute une génération de cinéastes et de spectateurs, cette décennie longtemps oubliée fait désormais figure d'origine.

Que s'est-il passé en 1968 depuis 1998 ? Deux films. Coup sur coup, Bernardo Bertolucci avec *The Dreamers* (2003) et Philippe Garrel avec *Les Amants réguliers* (2005) ont filmé Mai, avec dans la peau de l'étudiant insurgé le filleul de Jean-Pierre Léaud, Louis Garrel. Mais les deux cinéastes, en dépit de l'extraordinaire première partie du film de Garrel – « Les espérances de feu » –, ont préféré la chambre à la rue, la rêverie parallèle ou consécutive à Mai plutôt que son expérience pleine et entière. C'est que l'un et surtout l'autre entendaient filmer la jeunesse actuelle. Garrel a plongé un groupe de comédiens à peine sortis du Conservatoire dans des costumes et un climat d'un autre temps. Filmant son fils, il parle encore de transmission et de filiation, mais déportée, en confinant les effets de l'événement dans l'espace d'un appartement, ce *home* dont la douceur proverbiale est pour le cinéma contemporain un repli, mais aussi le moyen d'une remise à neuf.

Garrel n'a pas donné au cinéma français le grand film sur Mai dont il manquait tant. Il a prolongé l'entreprise engagée par *Le Vent de la nuit* (1999). D'une distance jamais fixe, tantôt mélancolique, tantôt ironique, il a fait une demeure deux fois hospitalière : accueillante à ses propres souvenirs comme à leur réinvention présente par ceux qui sont venus après. Avec le temps, la mémoire des pères peut devenir l'utopie ou le futur antérieur des fils : c'est une manière, non la moins forte, de penser l'héritage de Mai. Et ce pourquoi nous avons voulu ouvrir cette réédition par l'entretien que Philippe Garrel accorda aux *Cahiers* à la sortie des *Amants réguliers*.

EMMANUEL BURDEAU, mars 2008.

L'art et Mai 68

Entretien avec Philippe Garrel sur *Les Amants réguliers*

Depuis plusieurs films, Philippe Garrel n'accorde qu'un seul entretien à la presse française. Pour ne pas se redire, et en refus des opérations de promotion abusives. De retour de Venise où Les Amants réguliers *a reçu le Lion d'argent, le cinéaste a bien voulu répondre à nos questions en trois temps : deux longs entretiens de parole libre, puis une correction faite par lui seul, écartant tout ce qui ne participe que du « bavardage » et de l'illusion de « donner des leçons ». Extension, puis contraction : tout comme* Les Amants réguliers *est un filmfleuve parcouru d'éclats et de raccourcis. Il fallait donner du temps à cet entretien pour en faire un texte, ce qui explique sa présence dans ce numéro, un mois après avoir longuement rendu compte du film, mais seulement une semaine après sa sortie. Que les mots de Garrel ne précèdent pas celle-ci était sans doute aussi une nécessité, à l'heure où les films arrivent de plus en plus accompagnés de leur commentaire intégré.*

E.B et S.D.

D'où vient le projet ? Est-ce une réponse à Dreamers, *le film de Bertolucci qui traite également de Mai 68 ?*
C'est une coïncidence. J'avais déjà écrit la première bobine du film sur les barricades de Mai et l'échappée sur les toits lorsque j'ai rencontré Bertolucci à Venise en 2001, où je venais présenter *Sauvage innocence*. On avait des amis communs, mais je ne le connaissais pas. Il m'a dit qu'il était en train d'écrire un projet qu'il devait appeler *Innocents* et que je l'avais obligé à changer de titre. Quelque temps après, Louis m'a appris qu'il avait été engagé par Bertolucci pour un film sur 68 qu'il allait tourner à Paris.

Ensuite, lorsque j'ai échoué à l'avance sur recettes avec le scénario, j'ai compris que je ne pourrais produire mon propre film qu'avec très peu de moyens. Encore moins que d'habitude. Je suis allé voir Bertolucci sur le tournage et je lui ai demandé de lui racheter tous les costumes, j'ai aussi recruté parmi les figurants pour les scènes d'ensemble. Le film s'est fait comme une série B. Il coûte un million et 500 000 euros. Pour un film de trois heures, cinq cent mille euros l'heure, ce n'est pas énorme. C'est très difficile de monter un film en noir et blanc, et sans vedettes. C'est finalement Pierre Chevalier qui a permis que le film se fasse.

Vous aviez filmé les événements en 68 ?
En 68, j'avais réalisé un film de trois minutes, *Actua 1*, avec Patrick Deval et Serge Bard. C'était des actualités en 35 mm, des actualités révolutionnaires sur le mouvement du 22 mars, comme des contre-actualités Pathé. Le film reposait sur un mélange de plans qu'on tournait en 35 mm avec un Caméflex et de plans en 16 mm de cinéastes amateurs qu'on gonflait en 35. Mais j'ai perdu ce film. Dans *Les Amants réguliers*, j'ai refait les mêmes plans, comme un peintre qui refait la toile qu'on lui a volée. Par exemple le travelling sur les cars de CRS garés sur le pont. Je me suis aperçu qu'il était plus facile de se souvenir d'un plan et de refaire ce plan que de se souvenir d'un événement, qui subit des métamorphoses par la mémoire et le rêve mélangés. Ensuite pour les autres plans de l'insurrection, j'ai essayé de rester fidèle à la même dynamique.
A l'époque, j'avais montré le film à Godard. S'il voyait *Les Amants réguliers*, il pourrait reconnaître les plans retournés.

Dans le film, la révolution semble s'arrêter avant la première goutte de sang.
Il n'y a pas eu en France comme en Allemagne ou en Italie le problème de la lutte armée. Il n'y a pas de tri à faire. Il y a eu trois morts parce que les gens n'ont pas obéi à l'ordre de dissolution. Il a été dit, mot d'ordre, que le mouvement était fini. Il y a donc eu la mort de Gilles Tautin qui se noie sous les coups de matraque de CRS qui le poursuivent dans un marécage ; puis deux ouvriers à la reprise du travail à Sochaux. Ce sont les retombées de Mai, mais pendant trois semaines, il n'y a pas un mort, et c'est en face que se débat la névrose.

La deuxième partie du film s'intéresse à 1969. Qu'est-ce qui s'invente après Mai ?
Le film n'est pas sur 68, mais sur une génération. Même si la révolution ne dure que trois semaines ça vous marque à vie. Comme chez Stendhal, on traverse l'Histoire et on rentre dans l'intime. La deuxième partie marque le retour de l'art. Même l'opium dans le film est un véhicule littéraire qui remémore les songes de 68. L'opium renvoie à la littérature romantique ou, encore, à Cocteau.

Mai n'existe plus que dans les rêves ?
Non. Ces jeunes gens sont surveillés par la police. Le groupe éclate dans la paranoïa. Un jeune homme devient fou. Ils ont conscience de vivre dans un Etat policier. Au moment de son suicide, François est rattrapé par les flics jusque dans sa chambre d'hôtel. Comme s'il leur avait échappé en Mai et qu'ils l'avaient retrouvé. On n'est pas sortis du problème des flics simplement parce que Mai est fini. C'est pour cela que le commissaire qui vient réclamer les impayés et qui s'intéresse aux tableaux est aussi bienveillant. C'est comme dans *Crime et Châtiment*, où le commissaire sait que le héros a tué, sa bienveillance envers lui est donc encore pire. Et en même temps, dans cette scène ou au début avec la poursuite sur les toits, je fais du Guignol, avec Gnafron et le Gendarme. Je reprends une tradition anarchiste populaire qui va de Chaplin à Vigo, aux premiers Tati. Tous les gags sur la peur du gendarme remontent aux débuts du cinéma.

Le groupe que vous dépeignez a-t-il existé ?
Le groupe est imaginé, les personnages ne renvoient à personne. J'ai autant dessiné d'après les jeunes gens du Conservatoire que d'après mes propres souvenirs. Les personnages sont dessinés directement sur l'imaginaire. Cela fait longtemps que je ne suis plus dans l'autobiographie, à l'inverse de *L'Enfant secret*. Je fais dans le genre de ma vie des personnages imaginaires. Le groupe et la dislocation du groupe qu'on formait à vingt ans, c'est d'ailleurs un classique. On peut citer *La Conspiration* de Paul Nizan ou *Le Monde est un mariage* de Delmore Schwartz. C'est la première fois que je traite du groupe parce que c'est très difficile, il ne faut pas qu'il y ait de rôles secondaires, il faut que chaque couple ait son histoire.

Le film est dédié à Daniel Pommereulle.
C'est lui qui est arrivé chez moi en Mai 68 pour me dire : « *Viens voir, il se passe un truc dément boulevard Saint-Michel.* » Il est mort en janvier 2004, c'est pourquoi je lui ai dédicacé le film. Il était sculpteur, il est l'auteur de la boîte de peinture endommagée entourée de lames de rasoir au début de *La Collectionneuse.* Il a aussi réalisé deux films, *One More Time* et *Vite.*
La dédicace appartient donc à la dialectique du film entre l'art et 68.

Comment travaillez-vous le scénario avec Marc Cholodenko et Arlette Langmann ? Les ellipses brutales dans le récit, par exemple, sont-elles écrites ou décidées au montage ?
Au scénario. On préfère jeter du papier plutôt que de la pellicule ; la pellicule coûte trop cher. Le tournage ne durait que trente-neuf jours pour un film de trois heures... Il faut donc aller assez vite. Je filmais parfois quinze minutes dans la journée si je n'avais que deux personnages devant la caméra ; à l'inverse pour l'émeute, il a fallu cinq jours de tournage. Il faut donc beaucoup de temps au moment de l'écriture. N'importe quel écrivain vous dira qu'il faut quatre ans pour écrire un roman. Je ne vois pas pourquoi il faudrait moins pour un film. Une fois que je tourne, je bâcle ; je ne veux pas être dans l'illustration par rapport à ce que nous écrivons. Mais le sens reste. Mes films se font en équipe et s'écrivent en équipe.

Vous faites toujours référence à votre génération, aux cinéastes de votre génération, c'est une autre manière de ne pas être solitaire, de voir le cinéma comme un travail d'équipe ?
La question de l'âge est très importante. Quand je me suis lié avec Eustache, il avait trente ans, moi vingt. Après est apparue Chantal Akerman, qui a fait son premier court métrage, *Saute ma ville*, à dix-huit ans, ce qui était neuf dans l'histoire du cinéma. Et puis *La Femme qui pleure* de Doillon, qui avait exactement mon âge. Et *L'Assassin musicien* de Benoît Jacquot, magnifique. Je connaissais Jacquot depuis qu'on avait seize ans, on voulait déjà être metteurs en scène. Voilà, je me suis relié à d'autres. C'est le groupe que j'ai filmé dans *Les Ministères de l'art.* Mais comme disciple de la Nouvelle Vague (et de la Nouvelle Vague uniquement), j'étais plus près d'Eustache. C'est étrange comme de décennie en décennie, cha-

cun à son tour a le vent contre lui. En ce moment, c'est au tour de Doillon. C'est fou que le cinéaste qui a fait *Ponette*, un chefd'oeuvre absolu, n'arrive pas à tourner. Je serais incapable de diriger des enfants. Un artiste sait ça : il sait faire des choses qu'un autre artiste ne pourrait pas faire, non pas pour des raisons artistiques, mais humaines. A travers mes films, je m'adresse à des amis, des cinéastes. Comme un peintre dans son atelier avec des amis qui passent devant la toile et font des commentaires. Pour moi les vraies actualités en 2004, c'était *« Doillon ne tourne pas »* ; ou bien *« On a volé* Le Cri *de Munch »*, qu'on n'a d'ailleurs toujours pas retrouvé. Ce sont les actualités de l'imaginaire.

Ce qui vous préoccupait était la transmission d'une génération à une autre ?
On peut pas se transmettre le vécu historique d'une génération à l'autre. A vingt ans on doit en découdre. Ce avec quoi on se bat est différent d'une génération à l'autre. L'épreuve initiatique qu'une génération se fait passer est intransmissible. Pour nos parents, c'était être résistant pendant la guerre. De la résistance à la révolution était même le mot d'ordre de nos pères engagés. Nous on est arrivés derrière comme si on avait la charge et l'initiative de ce nouveau travail : la révolution. Et on a échoué. Pour les jeunes qui ont vingt ans aujourd'hui, je sais bien qu'il y a quelque chose d'autre, mais je ne sais pas de quelle nature, je n'arrive pas à comprendre. A l'inverse, aucune génération n'échappe à une étude humaniste de l'amour qui obtient toujours les mêmes résultats...*La Maman et la Putain* est un film de génération qui démontre que le couple sera toujours le couple, la jalousie toujours la jalousie.

Voyez-vous beaucoup de films ?
Je pourrais dire *« l'art, c'est ma religion »*, mais pas *« le cinéma, c'est ma religion »* parce qu'il y a une facette trop vulgaire du cinéma. J'aime le cinéma comme on aime la musique, j'aime remettre le morceau. Quand je ne sais plus où je suis, je vois un film de la Nouvelle Vague. Avant il n'y avait que Godard qui me faisait cet effet de voir du « vrai cinéma ». Maintenant ce peut être Rozier ou Truffaut. J'aime beaucoup ce que Godard fait aujourd'hui. Certains plans de *Notre musique*, par exemple Lévinas sur le pont à Sarajevo, c'est comme des actualités, comme du 20 heures. Celui que je préfère de sa deuxième période, c'est *Nouvelle Vague*, que les intel-

lectuels n'ont pas compris parce qu'ils n'ont pas compris le scénario. Godard a enfoui l'histoire un peu plus profond que d'habitude. Or le jour où j'ai compris l'histoire j'ai été très ému. Son volume d'exposition était juste trop faible. Pourquoi les gens aujourd'hui aiment *Le Mépris* et *Pierrot le fou* ? Parce que la petite phrase de résumé a été établie dans *L'Officiel des spectacles* : ce ne sont plus des théorèmes étranges dont ils ne comprendraient pas les aboutissants. Ce travail n'a pas encore été fait sur sa deuxième époque. Mais dans quelques décennies *Nouvelle Vague* sera considéré comme un grand chef d'oeuvre romantique, comme *Pierrot le fou.* Au moment de la présentation des *Amants réguliers* à Venise, *Le Figaro* utilisait les mêmes arguments qu'il y a quarante ans sur les films de Godard : on ne comprend pas ce qu'ils disent, on n'entend que les bruits de fourchette, etc., alors que c'est complètement faux. Les gens sont même persuadés d'avoir aimé ces films à l'époque. Or ça ne marchait pas du tout... *Les Carabiniers* a fait huit cents entrées. Je m'en souviens bien, j'allais encore au lycée et je m'étais documenté. On a oublié combien Godard a été un moderne isolé.

Vous-même, vous distinguez plusieurs époques dans votre filmographie ?

On a plusieurs vies. L'art essaie d'attraper le vie, ce qu'on ne sait pas faire vraiment... Le style qu'on a, c'est la vie qu'on a. Quand on fait des enfants également, on ne fait plus les mêmes films. Quand on fait des enfants, on fait un demi-tour sur place : on avançait avec ses parents devant soi, et tout d'un coup c'est comme si on se retournait et qu'on marchait de dos précédant ses enfants. Mes trois derniers films si on veut forment ma dernière époque en date : sur *Le Vent de la nuit, Sauvage innocence, Les Amants réguliers*, j'ai travaillé avec des jeunes gens, et j'ai aimé la même femme. Il me faudrait trois cents ans pour faire des films qui soient utiles à l'entendement, qui en valent la peine métaphysiquement, comme ceux de Godard. C'est le seul à être moderne sur le plan du cinéma et sur le plan philosophique. Même si les films de Truffaut étaient importants sentimentalement, la femme y restait une femme-objet ; alors qu'avoir la femme comme sujet, comme Godard, faisait partie de sa modernité. C'est le seul cinéaste aussi pour qui le cinéma n'est pas une activité séparée. Comme Modigliani. Le cinéma sert à la vie, il n'est pas mis entre parenthèses. L'importance de Godard est immense, juste ses films, que ses films existent et continuent à exister. Quand j'ai vu *Numéro deux* en plein milieu des années 1970, c'était crucial, j'étais totalement isolé. Il émettait de la lumière avec un phare.

Quelle serait la spécificité du cinéma par rapport aux autres arts ?
L'art va de soi depuis la nuit des temps, il n'est pas rajouté par rapport au pain. Le cinéma c'est le seul art nouveau, ça fait très peur. J'ai toujours l'impression que le cinéma, par rapport à notre vie intime, vient nous rappeler que la mort existe. Comme c'est un art qui se déploie dans le temps et qui est daté historiquement, il a l'idée de l'éphémère comme aucun autre art. C'est très angoissant. Il se référencie à très peu d'hommes par rapport à l'infini des musiciens ou des peintres. L'angoisse de la mort est très prégnante. Cent dix ans, l'âge du cinéma, c'est à l'échelle de la vie humaine. Quand j'ai choisi cet art, c'était en ayant pleinement conscience de cette angoisse, et pour cette angoisse. Que la musique vienne de la nuit des temps, voilà qui est rassurant.

Propos recueillis par Emmanuel Burdeau et Stéphane Delorme,
les 13 et 15 septembre 2005.
Cahiers du cinéma n° 605, novembre 2005.

68 x 68

Stéphane Bouquet et Emmanuel Burdeau

Surtout ne pas être dans le souvenir, et encore moins dans la mythologie, qui n'est jamais que le souvenir des autres. Et pour cela, le plus simple est encore de ne pas pouvoir se souvenir. A une ou deux exceptions près, ceux qui ont fait ce numéro, ne l'ayant pas vécu, furent dans l'obligation joyeuse de construire eux-mêmes leur vision de Mai 68. Or, dans l'imaginaire cinéphile, 68 n'existe pas, ou si peu. Chaque fois que la question a été posée, ont fusé toujours les mêmes réponses : 68 a tout bouleversé, mais moins le cinéma que le reste, et seuls quelques films (ceux de Godard exemplairement) en ont profondément gardé la trace. La figure cinématographique née avec Mai reste donc encore à inventer, ou plutôt c'est à chaque film d'en proposer sa propre réinvention.

Cela dit, les territoires ont mis peu de temps à se distribuer, et ce n'est qu'évidence si l'on retrouve dans ce numéro le partage, souvent critiqué comme sommaire mais qui persiste à faire sens, entre les stratégies politiques et celles du désir. D'un côté donc, ceux qu'ont requis, avec des bonheurs inégaux, les grandes questions du cinéma politique : comment filmer le conflit, celui qui est à l'extérieur des films (l'opposition du capital et du travail, des hommes et des femmes), celui qui est à l'intérieur (l'image contre l'image, le son contre le son, les images et les sons les uns contre les autres) ; comment s'affronter à la grande problématique marxiste, déjà à l'œuvre chez les cinéastes soviétiques, de la dialectique. Ils sont ici représentés par les interventions de Robert Kramer et de Jean-Henri Roger, ainsi que par les références faites, au gré des textes, aux films de Mai, au cinéma des luttes (prolétaires, militaires, tiers-mondistes) et aux formes de « retour du politique » dans le cinéma récent.

De l'autre, ceux qui, à tout cela, n'aspirent qu'à se dérober, se dispersent, se disloquent, parce que la vérité pour eux est dans le mouvement même de l'éparpillement, de la multiplicité, de la circulation. Autant les premiers réinventent le marxisme sous diverses modalités (trotskisme, maoïsme, etc.), autant les seconds puisent, chez Deleuze et Guattari, leur idée d'un art « mineur », fusant, révolutionnaire. Carmelo Bene en Italie, Jean-Jacques Lebel en France, l'un à qui Deleuze a consacré un texte (« Un Manifeste de moins », in *Superpositions*), l'autre qui a offert un monument à la mémoire de Guattari (1994), disent ce que l'art en général et le cinéma en particulier doivent à cette pensée de la variation incessamment poursuivie.

Mais l'hypothèse sous-jacente à ce numéro est plutôt que, vus d'aujourd'hui, ces deux Mai sont unis par une posture identique et que 68 a proposé un recommencement de même ordre dans les deux champs artistique et politique, recommencement qui en passe par une sortie, transitoire mais indispensable, de la représentation. C'est pour donner forme à cette intuition que nous avons voulu rencontrer Alain Badiou, maoïste après 68, philosophe et dramaturge aujourd'hui, deux fois penseur donc de la représentation, et qui, définissant la politique telle que refondée par 68, interrogeant sa proximité avec Deleuze, lance le numéro sur les deux voies croisées du révolutionnaire. On se souvient aussi (peut-être) que ces *Cahiers* existaient déjà en Mai, et que pris d'abord dans des combats internes (défense du Nouveau Cinéma, affaire Langlois, états généraux du cinéma), ils ont été peu à peu emportés par le mouvement idéologique, point de départ pour eux d'une grande période d'engagement politique et théorique. L'impasse à laquelle ce moment a conduit, pour réelle qu'elle fut, ne suffit pas à jeter le discrédit sur la pensée alors produite. C'est dire que ce numéro espère n'être infidèle, ni à Mai, ni à ces *Cahiers*-là.

STÉPHANE BOUQUET et EMMANUEL BURDEAU
avril 1998

Manifestez votre philosophie

Pensez le surgissement de l'événement

Entretien avec Alain Badiou

Alain Badiou est philosophe. Sa pensée de la politique s'articule principalement autour des concepts d'événement et d'événementialité. Acteur et théoricien de la radicalité politique née en 1968, il en assume l'héritage et la fidélité. Il est également cinéphile, auteur de quelques textes importants qui, notamment à travers la notion de visitation, essaient de penser la singularité artistique du cinéma.

Quelle a été la place de 68 dans votre parcours biographique et intellectuel ?
La place de 68 dans ma vie, ou plutôt des années qui ont immédiatement suivi 68, est fondamentale. Elle l'est, je crois, pour trois raisons. 68 a surgi dans une période d'intense activité intellectuelle, dans la période de ce qui a été nommé le structuralisme, des grandes interventions d'Althusser, des séminaires de Lacan, etc. En même temps, c'était une époque d'assez grande atonie politique. Le gaullisme était installé, l'économie traversait une phase dite de croissance, les forces d'opposition étaient dans un état assez misérable. Et cette

contradiction entre une effervescence intellectuelle et une relative atonie politique était pénible pour moi, ou paradoxale, puisque de façon à peu près continue j'avais toujours été engagé dans des causes politiques successives, celle qui précédait immédiatement étant la guerre d'Algérie. 68 a surgi dans le creux qui s'est constitué politiquement entre la fin de la guerre d'Algérie et les grandes années rouges. C'est venu comme une chance ou une grâce historique et politique dans un moment où nous étions menacés d'une coupure entre la construction intellectuelle et la figure politique.

Il y a également ce que j'appelle une délocalisation ou un déplacement. Jusqu'à cette date, les questions de la politique, pour les intellectuels, même engagés, se traitaient dans leur espace propre, ou dans le compagnonnage de route avec le parti communiste. Mais le compagnon du parti communiste restait à sa place, il traitait les questions dans son espace propre. Mai 68 a proposé une délocalisation ou un trajet, c'est-à-dire la disposition de l'intervention politique dans d'autres lieux, d'autres référents, d'autres interlocuteurs, qu'il s'agisse des ouvriers, des marchés, des gens du peuple, etc.

La troisième raison est que Mai 68 s'est adossé à d'importantes crises, oppositions et controverses concernant le bloc socialiste dans son ensemble, avec l'apparition d'une vive tension politico-idéologique entre la Chine et l'URSS. Cela a été le commencement d'un bougé, de la transformation de ce que signifiaient les États socialistes. Très longue histoire qui est allée jusqu'à leur effondrement dans les années 80. J'ai été pris dans ces trois points de telle sorte que je considère que ces années-là constituent une mutation. Dans mes propres termes, et au moins en ce qui me concerne, la période 68 a eu réellement fonction d'événement, c'est-à-dire de quelque chose qui vient en surnombre, hors de tout calcul ; qui déplace les lieux et les gens ; qui propose une nouvelle situation de la pensée.

Comment avez-vous participé personnellement à tout ce que vous venez de décrire ?

Au moment où ont surgi les épisodes de Mai 68, j'étais enseignant à Reims. Ma participation a donc été un peu décentrée. Je n'ai eu des événements que l'ombre portée ou retardée que l'on en a dans les sites provinciaux. J'ai été participant et organisateur des manifestations étudiantes à Reims, et des rencontres entre les étudiants et les ouvriers en grève des usines reimoises de l'époque, Chausson, Citroën, etc. Je suis allé quelquefois à Paris pour enquêter, participer à une grande manifestation. Je n'étais lié à aucun groupe politique nouveau, ni communiste ni trotskiste. J'étais au PSU, et j'avais participé à son groupe fondateur. Comme l'on sait, à partir de Mai 68, le PSU a été un peu une auberge espagnole, toutes les tendances y ont figuré… Ma participation à Mai 68 proprement dit a été une participation de militant du mouvement mais sans plus. Il n'en va pas de même plus tard puisque dès 1969 j'ai été nommé à l'Université de Vincennes. A partir de 1969 je suis donc à Paris. Vincennes était un lieu où tous les groupes politiques s'activaient vigoureusement. C'est là que j'ai rompu avec le PSU, qui d'ailleurs partait en morceaux, puis créé avec des amis un groupe maoïste particulier, l'UCFML, l'Union des Communistes de France Marxistes-Léninistes. Je suis alors entré dans des années de militantisme radical qui ont duré fort longtemps. Je n'ai pratiquement plus fait que de la politique. Nous nous concevions, sinon comme des révolutionnaires professionnels au sens de Lénine, du moins comme des militants politiques quasiment à temps complet. Nous passions nos journées à faire des réunions, des interventions, à nous déplacer, non seulement à Paris mais en province. J'ai littéralement changé de vie, par rapport à celle d'enseignant et d'intellectuel qui était la mienne dans ma période reimoise.

Pourquoi y a-t-il une connexion presque systématique entre l'événement 68 et le virage maoïste ?

Le virage maoïste ou l'adoption de la référence maoïste a été pour beaucoup un des effets de cette période. Ceci dit, il faut rappeler que l'affaire est légèrement antérieure. Les deux grandes scissions, d'une part des étudiants communistes, et d'autre part d'une petite partie du parti communiste, qui ont donné respectivement l'UJCML et le PCMLF, deux organisations maoïstes fort différentes et même opposées, datent des années 1966-1967 et se sont faites directement à partir de la scission sino-soviétique et de la révolution culturelle d'un côté, et d'un point de vue plus militant de l'autre, surtout s'agissant de l'UJCML, à partir des formes d'engagement concernant le soutien au Viêt-nam. On peut considérer les comités Viêt-nam de base comme la première organisation militante de type nouveau, pratiquant précisément la délocalisation et un style politique en rupture avec l'héritage. Ces comités, regroupant des gens décidés à intervenir en soutien au peuple vietnamien, mais à le faire dans les quartiers populaires, datent d'avant 68. La constitution du maoïsme en France a reçu une expansion de 68, mais elle a ses racines un peu ailleurs, un peu avant. Il y avait un cadre préparé pour un tel déploiement, cadre qui tirait un certain nombre de leçons de la scission sino-soviétique, de la révolution culturelle, qui a commencé dès 1965.

Dans quelle mesure 68, a pu avoir fonction d'événement, donc de rupture ?
68 est un événement au sens où absolument rien ne permettait de le calculer, et du reste son cheminement est très curieux. Tout a commencé par une petite histoire dans l'université de Nanterre qui, par une série d'enchaînements où des maladresses et des brutalités gouvernementales ont joué leur rôle contingent, a enflammé l'univers étudiant, y compris sous des formes artistiquement un peu épiques : les barricades, les pavés, toute une résonance de l'insurrectionnalisme parisien du XIXe siècle, tout un imaginaire historique très fort qui a contribué à l'expansion du mouvement. Ensuite s'est greffé un processus ouvrier ambigu, en ce sens qu'il a permis l'entrée en scène du PC, des syndicats et des forces traditionnelles du monde ouvrier et populaire, et c'est cela qui a créé une situation inédite.

Le caractère d'événement de 68 ne se lit-il pas aussi dans le fait que, pendant un mois, s'est développée une créativité inédite, une capacité du mouvement à s'inventer au jour le jour ?
C'est une des caractéristiques fondamentales de tous les événements véritables. D'une part l'activité artistique, dans ses formes et ses genres traditionnels, a été un peu suspendue. D'autre part, en revanche, une inventivité générale s'est donnée libre cours et s'est répandue dans l'ensemble des formes militantes, touchant au nouveau style des affiches, inspirées des dazibaos, les grandes affiches murales chinoises, mais qui ont trouvé ici leurs formes spécifiques. La capacité à

transformer la forme même des manifestations – leurs slogans, leurs inventions, leur décoration – correspond à l'inventivité inéluctable lorsque, saisi par un événement, on doit, sauf à fonctionner contre lui, s'élever à la hauteur de sa nouveauté.

Au moment même où 68 est arrivé s'est-on aperçu que l'on avait affaire à un événement ?
Il y a eu pour tout le monde quelque chose de simultanément absolument clair et absolument obscur. C'est pourquoi ce sont des années de grande tension subjective, qui ont même une couleur légèrement angoissée. On est allé quelquefois jusqu'aux limites de soi-même. Cela tient à ce que l'événement ne se déchiffre comme tel que lentement, et la question de sa portée, de ce que signifie lui être fidèle, est un travail qui est partiellement aveugle. La conscience qu'il se passait quelque chose de nouveau était répandue, mais la tentation était grande de nommer cette nouveauté en des termes anciens. L'inventivité dont nous parlons était formelle, mais elle n'était pas une inventivité politique complètement constituée. Que se passait-il au juste ? Certains pensaient que c'était le schème de la révolution, qu'on allait donc prendre le pouvoir. Les groupes trotskistes pensaient que c'était une répétition générale de la révolution, un peu comme le mouvement de 1905 avait été la répétition générale de 1917. D'autres encore pensaient, dans la perspective maoïste qui était la nôtre, que 68 était le début d'une longue marche, l'origine d'un trajet politique nouveau. Il y avait des désaccords, des obscurités, ce d'autant plus que la situation était étrange. D'un côté il y avait une subjectivité nouvelle, de l'autre l'État continuait tranquillement ses affaires. Dès juin, les élections donnent lieu à une majorité réactionnaire

consistante et solide. La situation étatique reste stable. L'obscurité vient aussi de là. Il y a un fort contraste entre une activité localisée à certaines franges de la société très vivaces et une situation étatique continue.

Dans Manifeste pour la philosophie, *vous parlez précisément, à propos de la période 1965-1980, de* « la séquence des événementialités obscures ». *Est-ce de cela qu'il s'agit ?*
Si l'on considère la révolution culturelle, Mai 68 et ses suites, d'autres mobilisations politiques comme celles qui ont eu lieu en Italie, si on ajoute les mouvements radicaux américains, comme les *Weathermen* ou les Panthères noires, si on pousse d'un côté jusqu'à la révolution iranienne et de l'autre jusqu'aux événements polonais (pour prendre des choses absolument disparates), je pense qu'on a une séquence assez longue, d'une quinzaine ou d'une vingtaine d'années, dans laquelle se produisent des événements d'amplitude considérable, des engagements de masse très significatifs, sans qu'on puisse les unifier ou dire clairement de quelle séquence il s'agit. Ces événements interfèrent avec une ancienne distinction massive qui était celle des pays impérialistes et des pays socialistes, sans du tout coïncider avec elle ou être éclairée par elle. Cet enchevêtrement produit une période d'événementialités obscures qu'aujourd'hui encore on ne peut pas précisément nommer. Je dirais pour mon propre compte que ce qui est à l'ordre du jour à travers tout cela, quelle qu'en soit la bigarrure, c'est la question de la politique elle-même. Qu'est-ce que la politique ? Qu'est-ce que la politique si de toute évidence est parvenue à saturation l'idée marxiste classique que la politique est la forme révolutionnaire de la lutte des classes ?

Est-ce à dire que l'on est entré, depuis 1980, dans une période de silence de l'événement ? Que l'on traverse une période de reflux ?

Je ne suis pas très partisan de la logique du flux et du reflux parce qu'elle donne à l'historicité de la politique une vision trop maritime. Que dans l'histoire se succèdent des périodes révolutionnaires et des périodes contre-révolutionnaires, ce n'est pas une nouveauté. C'est un phénomène lié au caractère erratique des surgissements événementiels. Ce n'est donc pas tellement mon problème. Que s'est-il passé depuis 1980 ? La très vieille disposition des choses s'est écroulée, mais rien n'est venu relancer ou modifier les innovations politiques surgies dans la période précédente. Nous sommes dans une période dominée par une sorte de stabilisation et d'expansion planétaire du capital. Il n'y a pas à rechercher d'explication particulière au fait qu'il n'y a pas de relance événementielle. Par conséquent, ce que nous pouvons faire de mieux c'est d'inventer les formes, intellectuelles et pratiques, de fidélité minimale à la séquence antérieure et de redéploiement de sa nouveauté. Comme je l'ai dit, les comités Viêt-nam de base, les premières initiatives maoïstes, etc., sont antérieures à 68. Elles s'alimentent ailleurs, et ont donné un cadre de réception à l'événement lui-même. Nous sommes dans une situation de ce genre. Je me dis parfois que notre situation est comparable aux années 1840. Un cycle est achevé, de la même façon que les effets immédiats de la Révolution française étaient saturés ou achevés. Donc se prépare autre chose, qui est en partie imprévisible, mais dont il y a aujourd'hui un tracé. La situation n'est plus vraiment la même depuis les grèves de décembre 1995. Il y a depuis 1995 une espèce de bougé subjectif de la situation. Cela a commencé par la grève, articulée de façon assez obscure autour d'une résistance au libéralisme, autour de la notion de service public et de l'idée que le travailleur ordinaire doit être compté et entendu et non pas traité comme un rien du tout. Ensuite il y a eu tout ce qui s'est articulé autour des sans-papiers, de Saint-Bernard à aujourd'hui. Et enfin le mouvement des chômeurs, qui cherche encore sa forme et ses énoncés. Nous sommes dans une période de constitution de site événementiel possible. Ce ne sont pas encore des événements au sens philosophique du mot, mais c'est à tout le moins la constitution de zones de précarité, de mouvement partiel que l'on peut interpréter comme annonçant qu'il va se passer quelque chose.

Pour revenir à 68, est-ce l'événement 68 qui pour vous a fait paradigme pour la mise en place de votre théorie de l'événement ?

Il faudrait évoquer ici la fameuse formule de Nietzsche selon laquelle une philosophie n'est jamais que la biographie de son auteur. Il est en effet probable que l'importance de la notion d'événement est subjectivement dépendante de ce que j'ai pu expérimenter. Cela a joué un rôle important. Dans la période précédente, il est vrai que tout le monde, y compris moi-même, tenait plutôt pour la structure que pour l'événement.

A ce propos, Pascal Bonitzer nous a dit récemment que pour les Cahiers, *au début des années 70, votre maoïsme était une référence. Or les* Cahiers *étaient marqués par le structuralisme, ce qui se concrétisait par une analyse pointue du montage. Ils étaient marqués par Lacan, par Althusser. Quel a été le croisement entre vous et les* Cahiers *?*

L'histoire intellectuelle est très compliquée. Ce sont

exactement les mêmes qui ont été structuralistes puis radicaux maoïstes. La bascule événementielle est aussi là. Ont été maoïstes les lacaniens et les althusseriens. Évidemment cela paraît paradoxal, parce qu'à lire Althusser et Lacan, on a l'impression que leur orientation est structuraliste, scientiste et positiviste plutôt qu'événementielle et engagée. Les choses sont un peu plus compliquées. Lacan et Althusser se présentaient eux-mêmes comme des ruptures refondatrices radicales dans l'ordre de l'intellectualité. Le contenu était peut-être structuraliste, mais le mouvement de pensée était quasi événementiel. Althusser, contre les tendance dominantes au sein du parti communiste, se proposait de refonder la lecture de Marx et le marxisme, et en fin de compte la place de la politique. Exactement comme Lacan, à travers le mot d'ordre de « retour à Freud », engageait la lutte contre l'establishment psychanalytique américain. Ce sont là deux gestes de rupture. C'est pourquoi ceux qui étaient le plus sensibles à la vertu révolutionnaire du marxisme ont pu se reconnaître dans Althusser, de même que ceux qui étaient intéressés par la psychanalyse se sont reconnus dans Lacan. La position des *Cahiers du cinéma*, et de beaucoup d'autres, a été marquée par cela, de sorte qu'on peut à la fois y lire des tendances structuralistes, voire formalistes, et une volonté de rupture et d'engagement politique radical.

Concrètement, comment apparaissiez-vous à l'époque sur la scène intellectuelle et politique pour que les gens des Cahiers *puissent avoir envie de venir vous voir ?*

La connexion s'est faite sur un article qui date de 1967, publié dans les *Cahiers marxistes-léninistes*, et qui portait sur la nature du processus esthétique. Ce texte a eu une certaine audience. Il s'appelait « L'autonomie du processus esthétique ». Une petite partie en est d'ailleurs citée dans *La Chinoise*. Comme les gens des *Cahiers* étaient à la recherche de catégories esthétiques, le croisement s'est fait par là. Après 68, j'étais dans le milieu vincennois où circulait beaucoup de monde. Et plus tard j'ai publié quelques textes comme *Théorie de la contradiction*.

Peut-être peut-on poser la question de ce que serait aujourd'hui une fidélité à l'événement 68 ? Et d'abord, est-il toujours question pour vous d'être fidèle à 68 ?
La question a encore une réalité subjective pour moi, bien que les figures ou les modes de pratique de la politique soient tout à fait différents. Cette fidélité repose sur des points très précis. Premièrement, il n'y a réellement de politique, au sens de la politique libre, d'émancipation, que pour autant que l'on se tient à distance de l'État. Philosophiquement, cela va jusqu'à dire qu'il faut être à distance de ce que j'appelle l'état de la situation. A distance de l'État, cela veut dire que l'enjeu propre de la politique ne peut pas être, de façon immédiate, la question du pouvoir. Concrètement, cela signifie : il ne s'agit pas de s'engager de façon compétitive dans le processus électoral. La politique doit conserver une autonomie radicale à la fois dans son organisation et dans sa pratique. C'est ce que j'appelle la nécessité d'une distance politique. La politique ne se constitue que quand elle est capable de créer sa propre distance, en la circonstance à l'État parlementaire. Cela a été inventé dans la descendance de 68. Quelles sont les pratiques politiques significatives qui ne sont pas cristallisées ou représentées dans ce qui est dessiné et voulu par l'État parlementaire ? Ceci s'étend à ce que je considère

comme étant également de l'ordre des organisations étatiques, c'est-à-dire l'ensemble des appareils syndicaux. Il n'y a de politique que si les formes d'organisation de la révolte locale constituent leur distance aux canaux institutionnels de la revendication. Ce principe-là, proposé par 68, demeure, quelles que soient les circonstances.

Deuxièmement, il n'y a de politique que sous condition d'un minimum d'inscription ouvrière et populaire. Il se peut que ce ne soit pas exactement du dispositif des classes qu'il s'agit, parce que ce dispositif est peut-être lui-même représentatif, au sens d'une politique renvoyant à des groupes objectifs représentés dans des partis. Mais l'expérience démontre qu'à partir du moment où toute figure populaire ou ouvrière est absente de l'espace de la politique, s'établit l'hégémonie de la politique bourgeoise libérale, et c'est tout. Ces deux points continuent à être valides. En ce sens ils charrient une fidélité à 68.

Une des maximes de votre pensée, énoncée dans Peut-on penser la politique ?, *est* « La politique est rare », *ou encore* « Tout n'est pas politique ». *Inversement, le slogan le plus fameux de la période 68 est* « Tout est politique ». *Est-ce à dire que l'on a mal compris 68 ?*

Dans la période 68, il a moins été question de politique que d'idéologie de la politique. 68 a été une très grande chose, qui n'a pas directement produit la politique qui lui était adéquate. Ce fut surtout une période de militantisme idéologique. J'appelle militantisme idéologique le fait qu'il y a des pratiques, des organisations, des engagements (même radicaux et violents) qui portent des systèmes de représentation plutôt qu'ils ne stabilisent une nouvelle figure de la politique. Tout le pro-

blème, qui est d'une grande complexité, et qui se déploiera dans le temps, est d'abandonner cet idéologisme, dont fait partie ce que vous disiez – les énoncés à la fois fallacieux et enthousiasmants comme : *« Tout est politique »*, *« La vie quotidienne est politique »*, *« Le sexe est politique »*, *« L'art est politique »*, etc. –, tout en maintenant la rupture avec les politiques anciennes.
68 pose en fait la question d'une réinvention de la politique plutôt qu'il ne constitue par lui-même une séquence politique. C'est sans doute ce qui fait que quelque chose de sa nomination reste suspendu, y compris aujourd'hui. Il n'empêche qu'un certain nombre des motifs mis en avant – il n'y a de politique que s'il y a trajets délocalisants, trajets dont les grandes figures ont été l'établissement d'étudiants en usines, les enquêtes à la campagne, les séjours dans les foyers ouvriers et les banlieues, et inversement ceux des ouvriers dans les universités – demeurent.

Vous faites un partage très net entre la politique et l'art. Un événement, dites-vous, est soit politique, soit artistique (ou encore scientifique, ou amoureux). Est-ce tout de même pertinent de parler de fidélité artistique à un événement politique ?
Il faut reconnaître aux procédures artistiques une autonomie par rapport aux procédures politiques. Mais cette autonomie peut être masquée de deux façons : soit sous le thème idéologique présent après 68 de *« tout est politique »*, qui laisse assez indéterminée la façon dont des choses absolument différentes sont identiquement politiques ; soit en soumettant la production esthétique à des impératifs politiques. A ma connaissance, quand cela se produit, les impératifs dits politiques sont en réalité des impératifs étatiques. Pour moi, vous l'avez com-

pris, il ne peut y avoir de confusion entre d'authentiques prescriptions politiques et des prescriptions étatiques. Je vois bien ce que veut dire la soumission de l'art à l'État, mais pas à la politique. L'art est un processus de création, la politique aussi, et si on les conçoit de cette façon, il n'y a pas à penser un rapport d'autorité de l'une sur l'autre. L'autorité de la politique n'est jamais qu'autorité de la politique sur elle-même.
L'art lui-même se propose de faire vérité de quelque chose, donc il procède aussi en situation et est intéressé ou requis d'être un art contemporain. Après 68, la véritable question était : qu'est-ce qu'un art effectivement contemporain de ce qui est en train de se passer ? Et si ce qui se passe relève de l'idéologie politique, alors : qu'est-ce qu'un art qui accepte d'être dans une contemporanéité vivante à cela ? C'est un souci que l'on perçoit chez Godard. Godard n'a pas, sauf dans l'extrême de sa trajectoire, soumis son art à des impératifs politiques, mais il a essayé de faire en sorte que ses films soient des interventions dont on puisse lire la contemporanéité. Je prends l'exemple, antérieur à 68, de *La Chinoise*. Ce n'est pas du tout un film maoïste ni sur le maoïsme. Il est à cet égard très ambigu et les maoïstes en ont été fort mécontents. *La Chinoise* est simplement un film qui a la vivacité de dire qu'il est contemporain de la constitution du maoïsme. Godard ne fait que se demander : qu'est-ce que mon art fait de cette contemporanéité ?

Quelle était la nature de votre intérêt pour le cinéma et la critique de cinéma à cette époque ?
D'abord nous étions sensibles – je prends les choses négativement pour commencer – à l'idée générale que l'art était aussi une scène où se produisaient des partages. Nous étions sensibles au fait qu'il existait un art

réactif, hétérogène à la contemporanéité telle que nous l'identifiions. D'où ma participation vers les années 1972-1973, au groupe Foudre qui intervenait sur le cinéma et le théâtre, et dont l'activité principale était polémique. Ce groupe dénonçait des productions se présentant comme culturelles ou artistiques que nous jugions contre-révolutionnaires, réactives, etc. Notre activité prenait parfois des formes violentes. Nous avons été très agressifs contre les films qui introduisaient une logique de révision partielle concernant la Résistance, ce qu'on a appelé le courant rétro : *Lacombe Lucien, Portier de nuit,* etc. Nous n'étions pas intervenus sur *Le Chagrin et la Pitié,* mais nous ne l'aimions pas du tout non plus. Des films remettaient en cause la subjectivité résistante au nom du fait qu'à l'époque, soit tout le monde était communiste, soit c'était de façon tout à fait contingente que l'on se trouvait d'un côté ou de l'autre. Le thème idéologique et historique de la Résistance était très revendiqué. Quand nous nous sommes cherché des ancêtres en France, c'est-à-dire des gens qui s'engageaient en leur propre nom dans une logique d'affrontement, les Résistants ou ceux qui avaient tenu bon contre la guerre d'Algérie nous sont venus comme référence.

En dehors naturellement du cinéma militant direct, comme *La Reprise aux usines Wonder,* quelques films sur les expéditions militantes à Flins, la référence à des films révolutionnaires chinois ou soviétiques, donc immédiatement pris dans l'activité militante, je n'ai pas le souvenir d'incorporation politique des œuvres d'art. Je me demande si les grandes périodes d'intensité politique sont entièrement propices à la production artistique. C'est un peu embêtant ce que je vous dis là, mais cela peut se comprendre. L'intensité des choses était telle que les meilleurs esprits étaient sous une réquisition politique très forte.

Notre question quant au lien de la politique et de l'art était orientée un peu différemment. Sans parler de subordination, quelle peut être la nature des passages entre un événement de type politique et ses répercussions artistiques ?

Je ne vois pas d'autre médiation que ce que j'appelle la contemporanéité. L'art, de manière générale, est une mise en forme signifiante du sensible, à l'intérieur de quoi il obéit à ses propres événements, à sa propre scansion, produit sa propre historicité. D'un autre côté, la question de sa contemporanéité ne cesse de se poser, au regard de la situation de l'art d'abord, mais aussi dans une interférence avec une contemporanéité plus large. Le problème n'est jamais de transition directe mais de contemporanéité. Prenons un cinéaste de l'année 1971, il ne peut pas éviter cette question. Après 68, vous avez un partage fondamental et extrêmement puissant entre ceux qui trouvent que ce qui est en train de se passer est formidable et ceux qui considèrent que c'est affreux et que cela doit cesser.

Ce souci de contemporanéité porte-t-il le nom de fidélité, ou est-ce autre chose ?

Fidélité a pour moi un sens technique. On peut si l'on veut employer ce mot. En tout cas l'artiste est astreint à une fidélité minimale à sa propre option subjective. Il ne peut pas faire autrement, sauf à être dans une situation schizophrénique. Cette obligation est en même temps séquentielle, elle dure aussi longtemps que la réquisition est universellement inévitable. Dans les années 1970-71-72, en définitive et pour leur donner leur nom général, vous êtes avec les gauchistes ou vous êtes contre eux. Il n'y a pas de *no man's land*. C'est aussi cela un événement de caractère politique : il est pour tous. Il n'y a pas seulement un problème, mais aussi une sommation de contemporanéité. Ce qui n'est pas vrai des événements scientifiques ou artistiques.

Pour prendre de nouveau les choses dans l'autre sens, c'est-à-dire de l'art à la philosophie, de quel ordre sont les résonances d'un domaine à l'autre ? Par exemple, dans un texte sur Le Dernier des hommes *de Murnau dans* L'art du cinéma *(n° 6, été 1997), vous parlez du Deux, qui est un thème central chez vous, puisqu'il n'y a de politique (ou d'amour) que dans le surgissement du Deux.*

L'art a évidemment contribué à la formation de mon intellectualité. Il est pour moi une des conditions de la philosophie. Dans le façonnage de la subjectivité, l'expérience artistique joue un grand rôle parce qu'elle agit comme une imprégnation. Il y a un puissant effet inconscient de l'art, un effet sur les structures générales du désir qui lui est propre. Pourquoi les États post-révolutionnaires mettaient-ils l'art sous une telle surveillance ? On peut dire que ce sont des États terroristes, qu'ils censurent, mais on ne résout pas le problème. Tout simplement, ces États ont pris la mesure exacte des effets de l'art. L'art a sur ceux qu'ils touchent – qui peuvent être peu nombreux, mais peu importe, car on sait très bien que ce qui est important commence toujours par le petit nombre – des effets considérables.

Par exemple, le cinéma de la Nouvelle vague, indépendamment de ses contenus, est-il important pour vous ?

Oui, il fait partie de la séquence. Des films qui, idéologiquement, paraissent ne relever que d'un nihilisme romantique sans aucune incidence politique, *A bout de souffle* par exemple, ont, dans la séquence, un effet réel qui porte sur autre chose. Cet effet porte sur l'errance et la délocalisation, sur le fait de se poser des questions à vif et non dans la médiation d'une représentation instituée, à travers la figure d'un personnage qui est tout sauf installé. En ce sens, ces films ont contribué à la préparation des délocalisations d'après 68.

Selon vous, les films véritablement contemporains de la séquence 68 sont assez rares.
C'est ce qu'il me semble. Vous allez peut-être aussitôt me démentir.

Non, cela semble assez juste. Vous avez parlé de Godard. Et les Straub ?
S'agissant des Straub, il faut certainement les inscrire dans le champ de ce qui, ayant puissance d'innovation artistique, a été homogène au contemporain. Ceci étant, je n'enregistre pas chez eux quelque chose qui serait en résonance avec le militantisme idéologique dont nous avons parlé. Leur art est plus monumental. Il est assez difficile de se représenter Straub et Huillet comme des auteurs de 68. Je les vois davantage comme des marxistes intemporels construisant des formes pures. Ils sont intéressés par le problème palestinien, par les ouvriers, par les rapports de classes, tout cela est présent dans leur cinéma, mais bizarrement pas vraiment la séquence qui nous intéresse.

Lorsqu'après 68 ils font Othon, *n'est-ce pas une provocation à l'endroit des soixante-huitards sous la forme d'appel à la mémoire ? Ce traitement de la politique toujours lié au thème de la mémoire serait ce qui vous oppose.*

C'est un appel à la mémoire, c'est aussi un appel à la structure. A l'adresse des gens de 68, les Straub disent à peu près ceci : la question du pouvoir, des rapports de classes, est beaucoup plus ancienne que votre propre séquence, elle est aussi beaucoup plus puissamment structurée que votre agitation ne le croit. C'est ce que j'appelle, en forçant un peu la note, la leçon d'intemporalité des Straub. Ils sont très puissamment didactiques, au sens brechtien. Ils font un peu la leçon, au bon sens du terme. Par rapport à la séquence, ils sont un peu dans une position de surplomb. Leur position est homogène à la séquence, parce que ce qui anime les Straub est une pensée critique, un marxisme analytique réel, mais elle est en surplomb parce que son arche temporelle est plus vaste. Il me semble toujours que le cinéma des Straub porte sur la première phrase du *Manifeste du Parti Communiste : « L'histoire des hommes est l'histoire de la lutte des classes. »* C'est l'histoire des hommes, des Grecs à nos jours, ce n'est pas la petite histoire de 68.

Ne faudrait-il pas dire alors, non pas « intemporel », mais « périmé », périmé par l'événement 68 ?
Je pense qu'ils ont manqué quelque chose. Mais leur cinéma est une singularité artistique, il faut le respecter en tant que tel. Certainement, quelque chose de la conception que je peux avoir, en fidélité à 68, de la politique, ne figure pas dans leur cinéma. Leur idée est différente : un film peut saisir une espèce de métonymie du rapport de forces et de classes qui structure la grande Histoire. C'est l'arche temporelle, à certains égards non événementielle, à l'intérieur de laquelle ils construisent leurs formes. Je pense au rôle extrêmement singulier chez eux de l'immobile, de la lenteur, de la totalité. Je

pense aux rotations à 360 degrés, très belles, interminables, dans le paysage italien de *Fortini/Cani* et qui disent à peu près : il y a aussi la terre entière, l'espace entier... Ma divergence avec les Straub, philosophique cette fois, porterait sur la fonction de la continuité et de la totalité. Chez eux, tout est construit de telle sorte que cela apparaisse comme inscrit dans une totalité. Mais je leur reconnais de tenir avec génie cette idée que toute question est toujours plus ample et plus ancienne qu'on ne le croit. Ils sont donc en définitive assez méprisants à l'égard de toute agitation circonstancielle.

Le dernier film des Straub, Du jour au lendemain, *traitait du thème du nouveau, et suggérait que le vrai nouveau est précisément ce qui dure dans le temps...*
C'est un film qu'à certains égards j'ai beaucoup aimé, mais on peut en avoir une vision carrément réactionnaire. *Du Jour au lendemain* est dans une provocation ambiguë absolument concertée. Il dit que le mariage est mieux que l'aventure, que l'institution est mieux que l'occasion, qu'il ne faut pas céder à la tentation, avec la vieille idée que la tentation c'est le mal. Mais, au regard de leurs autres films, il est traversé – ce qui était déjà le cas chez Schoenberg – d'une sourde ironie. C'est ce que j'ai aimé : c'est le premier film de Straub qui travaille légèrement sur l'ambiguïté. Je crois qu'il est agencé pour être indécidable.

Pour revenir à l'idée de fausse nouveauté, 68 n'en a-t-il pas produit ? Par exemple, la pratique du slogan a eu ses répercussions principales dans la publicité. En considérant ses après-coups publicitaires ou « sociologiques », ne peut-on pas voir ce qu'il y avait de fallacieux dans 68 ?
Cela correspond au caractère ambigu ou suspendu de

68 plutôt qu'à sa détermination essentielle. Il y a évidemment eu dans 68 des strates sans intérêt de pensée : le côté vaguement festif, le côté « sociologie de la jeunesse », la croyance qu'il s'agissait avant tout d'une révolution sexuelle... 68 a été extraordinairement impur. Ce dont je parle n'est qu'un aspect de 68, celui que je juge politiquement central, et qui porte sur la délocalisation, la distance à l'État... Tout cela a été pris dans une gangue extrêmement bigarrée, on peut y pêcher ce qu'on veut.

68 n'est-il pas le point de départ de ce que vous fustigez très violemment dans votre livre L'Éthique, *à savoir l'apologie molle et sans intérêt de la différence, l'idéologie des droits de l'homme, le motif vide du respect de l'autre... ?*
Je ne crois pas. Les années post-68 ont été au contraire marquées par une très sévère critique de tout ce qui était éthico-moralisant, avec même un certain goût pour la violence. Ce qui est à l'origine de ce que je critique dans *L'Éthique,* c'est le contre-courant à 68 qui s'amorce à partir de 1976-1977 avec la nouvelle philosophie. C'est un phénomène post-événementiel général. Toute événementialité frappante suscite, de l'intérieur d'elle-même, ses propres figures subjectives réactives. C'est ce que j'essaie de développer en ce moment. La production subjective d'un événement, c'est d'un côté la fidélité, de l'autre la création de figures réactives qui sont elles-mêmes véritablement des inventions. L'actif doit être inventé, mais le réactif aussi.

En pensant la politique sous condition du surgissement d'événements, vous invitez à la penser en dehors du thème de la représentation. Il n'y a de politique que quand ce qui se passe cesse de simplement refléter la situation globale. Vous dites aussi que la politique exige des délocalisations. Ici, celui auquel on pense est Deleuze. A travers l'œuvre de Carmelo Bene par exemple, Deleuze pense un art non représentatif, où la représentation cède la place à la variation et au devenir-minoritaire. Quelle est votre proximité avec ces concepts deleuziens ?

Il y a entre nous des consonances évidentes. De plus, en ce qui concerne l'option fondamentale – être avec ou contre les gauchistes –, Deleuze est évidemment un penseur du mouvement. Je suis cependant réticent à l'égard de certaines de ses catégories pour penser cette période parce que je trouve qu'elles le raccordent à une vision trop générique du devenir. Dans devenir-minoritaire, je n'aime ni « devenir » ni « minoritaire ». Il ne s'agit pas exactement pour moi de devenir, mais de trajet, de modification topologique : ce qui était en un lieu se déplace en un autre lieu, mais ce n'est pas qu'il devient autre chose que ce qu'il est, mais qu'étant ce qu'il est il se dispose ailleurs. Ce n'est pas un principe de métamorphose, au sens où la métamorphose est très importante pour Deleuze. Quant à « minoritaire », cette catégorie a, à mon avis, trouvé son aboutissement ultime dans la gauche américaine. Minoritaire veut désormais dire identifiable comme minorité sous forme de communauté : les femmes, les Noirs, les homosexuels... Cette territorialité des minorités n'est pas exactement ce dont il s'agissait en 68. Il s'agissait de délocalisation et de construction de figures, ce qui est différent. La vision, que dans la philosophie de Deleuze on peut avoir de la séquence-68, valorise les processus qui étaient les plus idéologiques et les moins politiques. La raison fondamentale en est qu'il n'y a pas pour Deleuze d'autonomie de pensée de la politique. Dans *Qu'est-ce que la philosophie ?*, les trois dispositifs de pensée sont la science, l'art et la philosophie. Pour Deleuze, en effet, la politique est partout. Donc elle ne constitue pas un registre autonome de la pensée. Deleuze a sa fidélité propre à 68, qui est à mon avis la fidélité à ce qui, de 68, était le plus idéologique.

Si l'on part maintenant de la question de la représentation, il est frappant qu'au même moment des penseurs de la politique (comme vous) et des penseurs de l'art (comme Deleuze) proposent d'autres catégories que celle de la représentation. En un mot, qui a influencé qui ?
Nous sommes l'un et l'autre de l'époque de la critique de la représentation. Mais celle-ci a commencé de l'intérieur de la procédure artistique plutôt que de la procédure politique. Puis elle s'est étendue au point de devenir centrale pour la philosophie.

Pouvez-vous nous dire quelle est votre histoire de spectateur ? Êtes-vous un cinéphile ?
Je suis en effet de la génération cinéphilique. Quand j'étais à l'École Normale Supérieure, j'allais à la Cinémathèque, j'ai avalé tout ce que je pouvais des grands classiques, du muet à nos jours, suivi activement le surgissement de la Nouvelle vague... Je ne me suis jamais représenté comme étant un critique de cinéma, mais j'étais un cinéphile convaincu.

Pascal Bonitzer nous a rappelé que tous les cinéphiles ont eu une période de doute. Doute qui portait sur Bazin et sur le cinéma en son entier, suspect d'être par essence idéologique et bourgeois... Avez-vous connu telle période de doute ?
Je n'ai jamais douté du cinéma en tant que cinéma. Bien sûr, à la grande époque militante, je scrutais le cinéma surtout dans sa capacité à être homogène ou

opposé à ce que nous faisions. Ce qui n'était pas une disposition favorable à l'analyse fine de ses potentialités artistiques. Mais je ne suis jamais allé jusqu'à douter que le cinéma ait un destin artistique propre. Mes doutes sont plus récents. C'est la période actuelle qui me pose problème, alors même que je n'impose au cinéma aucune exigence politique particulière, pas plus qu'au reste en tout cas. j'ai du mal à savoir avec précision quel est son destin artistique actuel, en termes de tendance, d'étape, etc. Je rejette la thèse de sa mort, me méfiant toujours du thème de la fin, en philosophie comme en art. Récemment, ce que j'ai pu identifier, comme garantissant que l'inventivité et la contemporanéité du cinéma se poursuivent, concerne, à un moment donné, un certain cinéma portugais, et aujourd'hui certains cinéastes iraniens. Mais ce sont des choses locales, elles-mêmes liées à des bilans rétrospectifs d'événements historiques. Le cinéma portugais a été une manière de traiter en pensée, après coup, la révolution de 1974 et ses conséquences. Le cinéma iranien est de toute évidence, pour un certain nombre d'intellectuels, une façon de penser le destin de leur pays dans la période post-Khomeini. Pour le reste, je suis un peu dans une position d'enquête aveugle. Que penser de l'évident formalisme ou maniérisme d'un certain cinéma américain ou asiatique ? Qu'est-ce que le cinéma français aujourd'hui ? A toutes ces questions je n'ai pas de réponse constituée.

Cette obscurité n'est-elle pas de type événementiel, comme c'était le cas pour la politique dans la période 68 ?
Dans cette période, la conviction était inébranlable, même si les nominations étaient obscures, qu'il se passait quelque chose de nouveau. Aujourd'hui, cette

conviction-là est elle-même obscure. Je n'arrive à instituer ni une continuité ni une discontinuité. Si je vois un film du vieil Oliveira, je comprends dans quelle histoire formelle il s'inscrit. Mais Oliveira est un survivant. Par ailleurs, on peut dire qu'Eastwood pratique une sorte de saturation identifiable de quelque chose qui relève des genres. Quant à un principe de novation formellement identifiable, je n'en vois pas.

Alors même qu'il y a ce doute dont vous parlez, on assiste à un intérêt grandissant de la part des philosophes pour le cinéma. Il y a eu Deleuze bien sûr, et maintenant Rancière, vous-même, mais aussi ponctuellement Nancy, Lyotard... Comment le cinéma est-il devenu pour vous un cas de pensée ? Et puis, qu'est-ce qui se dit dans cet intérêt des philosophes pour le cinéma ?

Il faut distinguer les bonnes et les mauvaises raisons. La « mauvaise » raison d'abord. Dans le dispositif général des choses, le cinéma fait office de médiation. Il faut quand même pouvoir parler de l'expérience commune. Si vous parlez des mathématiques (qui sont pour moi très importantes), vous êtes obligé de tout faire : être le pédagogue de la mathématique dont vous parlez, vérifier que ce que vous dites est compris, et enfin entrer dans son élucidation philosophique. Pour la poésie contemporaine c'est la même chose. Cinéma, au contraire, est un terme de l'expérience commune.

Du côté des bonnes raisons, il y a aujourd'hui quelque chose comme une énigme du cinéma. Il a fallu d'abord établir une première thèse, à travers Bazin et les *Cahiers*, à savoir que le cinéma était un art. Il y a eu ensuite une deuxième séquence dominée par la question du rapport du cinéma à la contemporanéité, à la politique. Et la troisième séquence se demande encore quelle question elle adresse au cinéma. Le philosophe arrive là où une question manque. Il essaie d'apporter sa contribution à la formulation de la question. Deleuze est intervenu pour dire que les questions qu'il adresse au cinéma sont intégralement philosophiques. Pour lui, les concepts du cinéma ne sont pas internes au cinéma. En définitive, les questions sont relatives au temps et au mouvement, et le cinéma est un champ d'élucidation extrêmement important de ces questions décisives. C'est un processus normal et nécessaire : un philosophe est attiré par tout champ où il est évident qu'une question fait défaut. Comment va-t-on renouveler l'éternelle question : qu'est-ce que le cinéma ?

Vous sentez-vous proche de Bazin, avec qui vous partagez par exemple le thème de la grâce (le réalisme cinématographique ou l'événement comme grâce) ? Est-il un penseur important pour vous ?

Le fait que Bazin ait été un penseur important n'est même pas discutable. Dans l'étape qui était la sienne, il a constitué la question et lui a donné la réponse qui lui était propre. Il l'a fait dans un dispositif philosophique qui n'est pas le mien, mais ce n'est pas le problème. Quelque chose à quoi Bazin a touché et qui à mon avis demeure, c'est ce que j'appelle l'élément de visitation propre au cinéma. Je suis de plus en plus frappé en tant que spectateur de l'importance de ce point. Il faut partir de ce problème simple : qu'est-ce qui se passe au cinéma ? Qu'est-ce qui advient ? Il faut repartir de là pour traiter l'énigme du cinéma aujourd'hui. Qu'est-ce que le passage ou la visitation de l'idée au cinéma ? L'identification du cinéma à partir de l'image n'est pas suffisante, il faut aller plus avant dans le mode propre sur lequel le cinéma est une pensée. Cette pensée est une venue, elle vient, mais comment vient-elle ? Quand peut-on identifier qu'elle vient ? Et comment peut-elle venir aujourd'hui ? Qu'est-ce que le cinéma pense que rien d'autre que lui ne peut penser ? Qu'est-ce qui fait qu'il est autre chose qu'un phénomène d'opinion ? Où est-il capable d'interrompre l'opinion et de proposer tout à coup autre chose ? Tel est mon espace d'interrogation. J'assume que le cinéma est un arc du temps ou du passage, mais ce qui m'intéresse est de savoir comment il y a dans le cinéma identification en arrêt de ce qui passe. En ce sens, il y a au cinéma une dimension de visitation ou de grâce qui lui est propre.

Ce qui est frappant, dans votre texte sur Murnau, ce sont certaines formulations, comme « le passage de l'immobile », *qui rappellent la séparation deleuzienne entre image-mouvement et image-temps, et suggèrent certains aspects du cinéma asiatique, contemporain à travers Hou Hsiao-hsien, ou ancien à travers Ozu.*

Qu'il y ait quelque chose de commun à Ozu et à Murnau m'a toujours paru évident. Là, la question de la présentation de l'idée dans la figure du passage de l'immobile est centrale. Cela concerne-t-il tout le cinéma ou seulement une certaine stylistique ? Je ne le sais pas d'une façon certaine. Cependant, à un moment donné, quelque chose de l'immobilité éternelle de l'idée est donné par le passage. Chez certains cinéastes, ce passage est le principe majeur du déploiement. Mais il y a d'autres cinéastes pour lesquels la construction va davantage se faire de façon kaléidoscopique, afin d'atteindre à l'immobile lui-même par une mobilité fragmentée. C'est le cas de Welles.

Mais la question n'est pas résolue. Je vais vous la poser sous une forme assez brutale et provocatrice à votre égard : le cinéma est-il un art majeur ou mineur ? Le rapport, *a priori* non évident, entre cette question et la précédente est le suivant : le cinéma est impur, et cette impureté est à la fois une force et une fragilité. Une force parce qu'elle permet au cinéma d'avoir une disponibilité de ressources extrêmement étendue. Je suis très frappé de la capacité du cinéma à absorber des choses qui sont très loin de lui, éventuellement très loin de son apparence immédiate. Et c'est une précarité parce qu'elle autorise le cinéma à un éclectisme interne qui fait que l'on est souvent étonné de voir qu'un film peut être fugitivement très bien, puis insignifiant. Tout à coup, on peut se reposer sur quelque chose qui vient d'ailleurs mais permet au film de tenir. On peut injecter des bons mots, une allusion picturale, une musique qui tamponne tout, une figure mélodramatique toujours efficace... Quand je dis « art mineur » cela signifie que cette impureté ramifiée et constitutive du cinéma est d'une telle précarité que les conditions pour la tenir n'auront existé que de manière séquentielle et sous des conditions restrictives. L'amélioration technique est une extension indéfinie de l'impureté du cinéma. Quand il était muet, noir et blanc, en studios, etc., la nécessité pour lui de se concentrer sur ses fins propres lui était imposée. Le cinéma est art mineur si l'extension de son impureté est telle que la possibilité pour lui d'être autre chose qu'un phénomène d'opinion est devenue très difficile à tenir. Il est art majeur si, au contraire, ce qui est en train de se passer, et que nous ne voyons pas complètement, est un nouvel âge du cinéma dans lequel, parvenu à l'expansion quasi maximale de sa ressource, il invente des modes de passage de l'idée absolument inédits et singuliers. Mon hésitation est là. Je me demande si la question actuelle n'est pas celle du triomphe de l'impureté virtuose du cinéma. On sait bien que la virtuosité est une figure de la décadence. Ou bien au contraire : le cinéma est-il dans la disposition d'un appareillage dont il faudrait rassembler la puissance dans une discipline à venir ? Je pense souvent que le cinéma est parvenu à l'époque à la fois de l'orchestre et de l'opéra romantique. On a deux cents musiciens, mais il faut tout de même Wagner ou Alban Berg pour les tenir. Au fond, le cinéma est-il trop lourd pour sa propre grâce ? Il y a très longtemps que l'on a dit que pour recevoir la grâce il faut être dans l'ascèse. C'est une vieille idée : la grâce vient aux pauvres. Le cinéma n'est pas pauvre, et tous les efforts volontaristes pour le rendre pauvre sont artificiels. Il faut le prendre comme il est. Mais la fugitive visitation de l'idée en grâce et en passage est-elle encore recevable ? J'enquête là-dessus.

Quand tout à l'heure vous avez parlé de mobilité fragmentée et de vision kaléidoscopique, nous nous attendions précisément à ce que vous citiez Hou Hsiao-hsien.

Je n'ai vu qu'un film de lui. Je ne vais plus énormément au cinéma. Ce n'est pas par mépris de ce qui se fait, mais mon enquête est encore étroite et limitée. J'attends, un peu trop quelquefois, je pense aller voir un film, parfois je n'y vais pas. Ce que je vous dis là relève d'une empiricité inintéressante, mais je vous crois si vous me citez des cinéastes significatifs sur les points dont j'ai parlé.

Votre goût irait plutôt vers un cinéma qui serait dans le soustractif, dans le retranchement, dans l'épure d'une certaine façon, dans l'abstraction, en opposition à une surcharge virtuose. Ceci dit, n'y a-t-il pas dans le maniérisme une certaine abstraction ?

Absolument. C'est ce que j'ai appelé formalisme, mais maniérisme est peut-être mieux ajusté. Cependant, cette abstraction, cette in-figuration, ce non-réalisme identificatoire, de toute évidence très présents dans un pan important du cinéma contemporain, il reste à savoir de quelle puissance de pensée ils sont porteurs. Il me semble que ce maniérisme est encore dans l'exercice de ses propres moyens plutôt qu'il n'a trouvé son grand dessein, sa puissante destination. C'est encore un peu trop l'art pour l'art. Mais peut-être est-ce une phase expérimentale ou transitoire.

Il nous semble par exemple que quelqu'un comme Wong Kar-wei possède tous les tics du maniérisme alors qu'en réalité il le dépasse.

Oui. Cette question du maniérisme et de son destin est fondamentale. N'est-ce pas dans les *Cahiers* qu'a été publié un article disant que *Titanic* annonçait la fin du maniérisme ? Si on identifie une séquence par le principe formel qui la régit, si donc on dit qu'il y a une séquence maniériste, c'est que l'on n'a pas encore tout à fait trouvé de quoi il s'agit. Maniériste est encore trop formel comme catégorie pour réellement identifier ce qui est en jeu dans la séquence. La question de la passe du cinéma contemporain demeure. Ce qui se prépare ne serait-il pas en effet quelque chose comme un néoclassicisme ? Je ne prends pas le néoclassicisme comme une figure négative. Il y a eu dans les autres arts des séquence néoclassiques importantes. Il y a eu par exemple une séquence néoclassique entre les deux guerres qui a touché aussi bien Picasso que Stravinski, et dont on peut comprendre, au regard des grandes mutations antérieures, qu'elle était une passe nécessaire. De même, en peinture, à l'époque de David ou de

Ingres, entre le maniérisme du XVIIIe siècle et ce qui va, avec Delacroix, pousser jusqu'aux impressionnistes. Parvenu à un certain degré de maîtrise de la virtuosité maniériste, on est astreint à surimposer à cette maîtrise un cadre identifiable, représentable, parce que sinon, ce que j'appelle le passage de l'idée est trop erratique, trop dispersé dans la surface maniériste. En ce sens, la séquence néoclassique contient le maniérisme.

Il y a encore un cinéma dont nous tenions à vous parler, c'est le cinéma américain d'aujourd'hui.
Dans ce cinéma-là, la puissance formalisto-maniériste doit encore inventer, de l'intérieur d'elle-même, une discipline de la macro-structure.

Nous sommes frappés, en regardant les films américains – commerciaux, centraux, hollywoodiens – à quel point certains de vos concepts sont opératoires pour leur vision. Notamment, ce cinéma est le seul à systématiquement se colleter avec de l'impossible, notion capitale pour vous puisque vous en faites le fond même de la politique. Nous retombons là dans une question que nous avons déjà abordée. Dans le cinéma américain, le projet consiste toujours à résoudre de l'impossible, à l'écran et pendant le temps de la fiction. Est-ce un aspect des choses qui vous touche ?
Donnez-moi votre exemple le plus récent.

L'Enjeu, *le film de Barbet Schroeder. Un père de famille policier doit trouver un donneur pour son fils atteint d'une leucémie. Or le seul donneur possible est un criminel psychopathe. On le fait sortir de prison, il s'échappe. Il faut le retrouver, mais sans le tuer, car mort il ne servirait plus à rien. On peut y voir une manière de créer par la fiction une harmonie entre le positif et le négatif d'une nation, la famille et le criminel. Et dans l'action cela donne lieu à des situations impossibles, à de l'inextricable. Le cinéma américain est grand par là, par où il se coltine de l'impossible, donc de la politique, par où il rend possible dans le temps de la fiction une utopie. Les films de Ford peuvent aussi se voir de cette façon.*

Je pensais à Ford en vous écoutant. Si on tente d'expliquer la puissance du cinéma autrement que par des raisons liées à son infrastructure et à son industrie, elle est là. Le cinéma américain est incontestablement une des plus grandes créations artistiques du siècle. Ce que vous dites signifie que ce cinéma accepte d'être assez radical dans ce type de rapport de la fiction au réel que l'on nomme l'impossible. Il y a toujours eu en revanche une tendance du cinéma français à se garder de tout impossible, autant que faire se peut, d'où la pente vers une figure intimiste, où rien n'est radical ou mis dans une tension aussi souveraine que celle proposée par le cinéma américain. C'est un problème très important comment le cinéma agence-t-il son rapport au réel – pris au sens de Lacan et pas du réalisme –, au point de réel qu'est le point d'impossible ? Quand vous soutenez la thèse qu'il s'agit toujours de constituer une situation dans laquelle l'inextricable est central, vous avez raison. Le grand problème, qui est disponible en Amérique et peut-être pas en France, est le suivant : pour qu'il y ait une visibilité fictionnelle de l'impossible il faut qu'il y ait des grandes catégories contradictoires opératoires. Il faut par exemple que la question du bien et du mal soit puissante. La visibilité de l'impossible peut alors être organisée comme l'imbrication en un point de deux catégories. C'est peut-être un certain manichéisme américain qui a rendu puissant ce cinéma, manichéisme qui est souvent pénible mais qui trouverait là son solde créateur.

C'est aussi ce qui fait qu'il serait impossible au cinéma américain de quitter la sphère de la représentation.

Là est peut-être le prix à payer : on ne peut pas aller plus loin que la mise en visibilité représentative de cette tension. D'où une dramaturgie puissamment représentative, voire allégorique. Vous parliez d'utopie, mais l'utopie va avec une stylistique allégorique, qui d'ailleurs convient très bien au maniérisme, car il peut désarticuler, ramifier cet allégorisme général. Au fond l'impossible peut être fragmenté. Lacan disait : *« le réel, c'est des grains »*. L'impossible aussi peut-être des grains. Le maniérisme peut faire se succéder une série de collapsus catégoriels qui animent constamment l'ensemble. Mais peut-on loger là une rupture avec la représentation ? C'est sans doute le grand problème. Cet impossible-là n'exige-t-il pas toujours une dramaturgie semi-épique, dont le cinéma français est d'ailleurs radicalement incapable ?

Il est question dans Saint-Paul *de* « sujet rare et héroïque ». *Le cinéma américain a cette capacité de créer, presque* ex nihilo, *des sujets rares et héroïques, et c'est vraiment ce qui fait défaut en ce moment au cinéma français, par ailleurs obsédé par le thème de la résistance.*

Je suis d'accord. Pour affiner la question, il faudrait distinguer la capacité figurale et la capacité représentative. Comment peut-on, dans un système qui ne soit pas forcément représentatif, créer des figures, y compris des figures héroïques et de la résistance ? Chez Brecht, en dépit des reproches que l'on peut lui faire sur son appartenance à l'âge représentatif, il y a quelque chose de cet ordre : la création de figures dans un agencement qui n'est pas forcément représentatif ou épico-narratif, mais suffisamment fragmenté ou localisé pour donner lieu à autre chose. Je pense à la figure de Galilée, davantage découpée par plans que créée selon un système représentatif.

Avez-vous un exemple de cela au cinéma ?
Je vais encore vous donner un exemple archaïque : celui de Welles. *Arkadin* est indubitablement la tentative de créer une figure autrement que par de stricts moyens représentatifs. L'abstraction est obtenue par le fait que la figure n'est pas exhibée directement mais prise dans une enquête, et que cette enquête à son tour est prise dans une espèce de morcellement et de délocalisation constante qui fait qu'elle n'arrive pas à se typifier dans un lieu ou à être solidaire d'un lieu. Il ne peut pas y avoir de cinéma sans la création d'une figure. C'est pour cela que le cinéma américain demeure dominant. Il le demeure parce que c'est ce que les gens attendent de lui, à juste titre. C'est dans sa vocation intime et profonde.

Propos recueillis à Paris le 9 avril 1998
par EMMANUEL BURDEAU et FRANÇOIS RAMONE.

L'économie est blessée ? qu'elle crève

Le cinéma à la porte de l'usine

Bernard Benoliel

Le cinéma a toujours été mal vu à l'usine. Question de pouvoir : c'est le patron qui autorise un tournage. Question de regard : comment voir un travail dont la chaîne reste largement inmontrable ? 68 a pourtant marqué une exception dans cet interdit et cette absence. L'usine, du moins sa « sortie » et son seuil, est redevenue une scène possible pour les cinéastes, souvent militants, comme si les ouvrières passaient à nouveau la porte des usines Lumière.

« *La première caméra de l'Histoire était dirigée sur une usine, mais un siècle plus tard on peut dire que l'usine a plutôt rebuté qu'attiré le cinéma. Le film ouvrier n'est pas devenu un genre majeur, l'esplanade de l'usine est restée une scène secondaire. [...] Presque rien de ce qui s'est échangé dans les usines durant ce dernier siècle – par les mots, les regards et les gestes – n'a été conservé dans les films.* » Ces propos sont d'Harun Farocki [1], auteur d'une œuvre de montage sur cent ans de sortie d'usine, de Lumière et Griffith à Lang, Poudovkine ou aux films anonymes (*Arbeiter Verlassen die Fabrik / Les Ouvriers sortent de l'usine,* 1995).

L'usine n'aurait donc pas été vue. Mais, pour être juste, il faut tout de suite dire aussi l'inverse : le cinéma a toujours été mal vu à l'usine, et un document comme *Humain trop humain* (Louis Malle, 1973 : voir plus loin l'entretien avec Hervé Le Roux) demeure un cas à part, un film « volé », sans descendance. Presque toujours cet espace de production, de travail et d'abattage est demeuré largement du côté de l'invisible, de l'inmontrable, de l'image interdite, interdite par le maître des lieux. Avec aussi une réticence du cinéma à aller y voir de plus près : comme si la caméra, là où il y a de la violence, de la souffrance, de la torture, de l'inhumain réels, butait sur quelque chose. Après tout, affirme le film de Farocki, les camps de concentration ne sont qu'une dégénérescence ou une excroissance délirante de l'idée d'usine. Après tout, Auschwitz est le terminus des trains de la révolution industrielle. Les grilles d'usine devant lesquelles se presse un sous-prolétariat en quête d'une place annoncent les barbelés des camps derrière lesquels des hommes seront parqués. Peut-être, ce montage, ce rapprochement entre une image et un commentaire ne pouvaient-ils être faits que par un cinéaste allemand. (Mais entre *Nuit et Brouillard* et *Le Chant du styrène*, il y a aussi des affinités troublantes.)
Indépendamment même de l'enjeu historique ou politique, l'usine, dans le cinéma français, n'a pas surgi comme lieu en soi. Il n'y a pas d'équivalent dans notre cinématographie au *Désert rouge* d'Antonioni, à cette attention à la plastique et à la couleur, sauf quelques scènes de *Mon Oncle* (Tati, 1958), *Le Chant du styrène* donc, court métrage de Resnais (1958 aussi) et *Tout va bien* de Godard et Gorin (1971) ; Godard justement, converti à l'« antonionisme » par *Le Désert rouge* qui pourrait bien être l'influence secrète de son film *a priori*

essentiellement politique. Soit dit en passant, *Tout va bien* est peut-être le seul film français, avec *A nous la liberté* de René Clair, où un décor d'usine a été inventé, où une scénographie a été pensée : six cases sur deux étages, une maquette grandeur nature, un dispositif de théâtre qui semble être un croisement entre la façade de *Fenêtre sur cour* et la maison de poupées du *Tombeur de ces dames* (Jerry Lewis, cinéaste subversif ?).
Le film de René Clair (1931) est lui aussi une belle anomalie. Dans une usine de rêve ou de cauchemar – inventée par Lazare Meerson – qui mêle Art déco et constructivisme, un petit bonhomme, ouvrier malgré lui, personnage hérité de Charlot (juste retour des choses, Chaplin s'inspirera d'*A nous la liberté* pour *Les Temps modernes*), incarne le désordre élevé au rang de vertu, refuse par nature de suivre la ligne, casse par son humanité la géométrie militaire du lieu et met l'usine en révolution. Au final, Clair invente l'usine sans ouvriers ni patrons et fait souffler sur le cinéma français un vent de liberté, comme un air d'anarchie. Autant dire que dans cette décennie, en dehors de Renoir et de son célèbre *La Vie est à nous* à la visée ouvertement politique, il n'y a pas d'autres exemples, et certainement pas un *Si j'étais le patron* (Richard Pottier, 1934), petite comédie jouant du folklore ouvrier, film de boulevard où l'usine reconstituée à l'économie n'est qu'un accessoire exotique, le prétexte à un dépaysement de samedi soir.
Que l'usine, comme lieu, enjeu ou décor, ait longtemps été délaissée et contournée s'explique bien sûr par des raisons concrètes, historiques (c'est en 1947 que le gouvernement laisse au seul patron le droit d'autoriser ou de refuser un tournage), mais relève aussi du « rapport des forces » et de l'idéologie dominante, autrement dit de la concentration dans les mains de quelques-uns –

peu ou faussement préoccupés de la classe ouvrière ou de réalité industrielle – de l'essentiel des moyens de production cinématographiques. Ce que Truffaut, en 1954, résumait d'une phrase dans « Une certaine tendance du cinéma français » : *« Quelle est donc la valeur d'un cinéma anti-bourgeois fait par des bourgeois, pour des bourgeois ? »* La Nouvelle vague elle-même, on le lui a suffisamment reproché, a filmé la rue, l'air, les gens, pas les ouvriers à l'usine. Pour des raisons là encore d'appartenance sociale et de centres d'intérêt. Peut-être aussi parce qu'à ce moment-là, l'usine est inconsciemment assimilée au studio, le grand ennemi. Il s'agissait d'être les enfants des Lumière, pas ceux de Gaumont ou de Pathé.
Entre cinéma ouvrier et « film d'usine », certains cinéastes politisés de la fin des années 60 et des années 70, dégagés de la tentation esthétique ou poétique – ce qui ne veut pas dire absence de forme, celle-là même du cinéma direct – profitent de la nouvelle donne même si une impossibilité demeure : tourner dans l'usine en activité. Alors, le cinéma tournera autour. Pour le coup, se mettent en place le temps de quelques films (le corpus est assez restreint) plusieurs stratégies de contournement, d'encerclement ou de subtile intrusion. Chris Marker le premier, dans *A bientôt, j'espère,* tourné en décembre 1967, suit le conflit à la Rhodiaceta, filiale de Rhône-Poulenc, depuis la porte de l'usine. Il rend compte de l'intérieur depuis l'extérieur, filme le dedans du dehors ; en fait il « fait la sortie » comme ce syndicaliste dans le premier plan qui bat le pavé sous la neige et rassemble un petit groupe d'ouvriers dès qu'ils ont passé la grille. L'année suivante, et par hasard (le but *a priori* était de filmer la grève), le fameux *Reprise du travail aux usines Wonder* saisit *in extremis* le moment inverse de ce mouvement de va-et-vient entre l'entrée (ou la rentrée) et la sor-

tie. La célèbre ouvrière inconnue qui gueule contre Wonder, cette « taule », est donc attrapée par la caméra juste avant sa disparition, avant qu'elle ne passe de l'autre côté du mur de l'usine, véritable miroir sans tain.

Sauf situation exceptionnelle (grève, occupation) ou reconstitution-scénarisation (*Tout va bien*, mais aussi *Soyons tout* de Serge Le Péron en 1969, *Coup pour coup* de Marin Karmitz en 1971), le cinéma n'a apparemment pas d'autre solution, s'il veut passer outre le non-désir qu'on a de lui en cet endroit, que de monter la garde, se poster à la frontière entre le monde du travail et le reste du monde. Le film de Marker rencontre donc les ouvriers chez eux, dans leur cuisine, devant la télé ou au salon. C'est leur parole, leurs gestes, leurs visages qui filment l'usine. Comme Charlot dans *Les Temps modernes*, qui ne pouvait se débarrasser du rythme de la chaîne et continuait à visser dans le vide, leur corps au repos mime le travail devant les machines à leur seule évocation. Trente ans après, les anciens de chez Wonder, filmés par Hervé Le Roux, retrouvent instantanément leurs automatismes et joignent sans cesse le geste à la parole. Mais Marker fait aussi de la question du dehors et du dedans le sujet de son film, tant il faut dire les effets du travail sur la vie, que l'usine ne prend pas huit heures par jour mais vingt-quatre heures sur vingt-quatre. Et encore comment les ouvriers eux-mêmes se vivent comme des prisonniers de jour (dans la plupart des « films d'usine », fictions ou docus, les métaphores sont carcérales ou militaires) et aspirent à l'extérieur, rêvent de nature : *« Même un bon spectacle, on est toujours enfermé. Dehors, on vit vraiment »*, dit l'un d'eux qui a une tête à la Renoir.

Mai 68 ressemble à une « opération portes ouvertes » où les rapports et les valeurs se retournent, où le dehors et le dedans n'ont plus le même sens. Le cinéma, lui, est enfin dans la place. Puisqu'il est désormais « interdit d'interdire » et que la lutte des classes bat son plein, l'usine n'est plus ce sanctuaire ou cette image impossible. Pourtant, du fait des événements, elle a changé de nature : les ouvriers ne s'occupent plus en travaillant mais travaillent à l'occupation, c'est-à-dire réorganisent, redistribuent l'espace. L'usine reste insaisissable dans sa fonction productive, elle est détournée. Dès lors, ce qui *s'y* passe et s'y filme relève de l'exception et non de la règle capitaliste : l'usine devient un lieu de vie, elle produit du collectif, du festif, de l'humanité. La grève, l'occupation telles que les restitue le documentaire (*Oser lutter, oser vaincre* de Jean-Pierre Thorn, sur la grève d'un mois à Renault-Flins en 1968 et du même, *Le Dos au mur* en 1979) ou les reconstitue la fiction (*Coup pour Coup* de Marin Karmitz, 1971) sont l'occasion d'une activité hors normes, à contretemps : mots d'ordre, slogans, revendications, chants, danses et veillées à la scout, exercice de la démocratie directe, prises de parole, comités, rencontres, liaisons, découverte du travail de l'autre, rejet des syndicats constitués, bagarres avec les flics, barricades et autodéfense. Bref, faire autre chose de son corps, en récupérer la propriété. C'est aussi un moment de transmission et d'apprentissage, dans l'action, de l'histoire du mouvement ouvrier, l'occasion de se souvenir et de parler de 36[2], le temps de la prise de conscience d'une identité historique. Il y a ainsi une belle scène dans *Oser lutter, oser vaincre* où un ouvrier, dans la guérite d'un piquet de grève, raconte à des plus jeunes assis en face de lui « sa » grève de 1951 aux usines Ford et la répression policière « crosses en avant ». Pour un temps, l'usine devient l'école et mai-juin 68 l'université d'été de la « classe » ouvrière.

L'occupation de l'usine, c'est, enfin, le temps mi-théorique mi-pratique d'une réflexion politique, la tentation de l'appropriation/détournement des moyens de production, l'ébauche d'une autre organisation du travail, le rêve de l'autogestion : En 1974, entre la mort de Pompidou et l'élection de VGE, le groupe Cinéluttes filme à Montreuil les ouvriers de l'imprimerie Darboy (ce petit film, intitulé *Un simple exemple*, sera ensuite intégré à *Bonne Chance la France*)[3]. Des ouvriers licenciés occupent les locaux et, en l'absence du patron, décident de relancer les machines. Dans cette version années 70 et bon enfant du *Crime de Monsieur Lange*, on voit les gestes du travail même si leur esprit et leur finalité ont changé. Ce qui fait surgir autre chose, un sentiment très visible dans *La Vie est à nous* par exemple, et qui n'a cessé de se déliter depuis : la fierté d'être ouvrier, l'attention portée aux choses, l'amour du travail bien fait, le sentiment d'une responsabilité : *« Mon cœur battait quand les machines ont redémarré, ça m'a fait peur et ça m'a fait plaisir. J'étais contente. »*

La fin des années 60 est aussi l'occasion de quelques timides tentatives pour scénariser l'usine, pour l'inscrire comme décor de la fiction. Mais sans même parler d'*Élise ou la vraie vie* (Michel Drach, 1970), production « bourgeoise » où l'usine n'est que le fond-image d'une romance contrariée, pas le sujet mais un décor « à la mode » qui, au fur et à mesure de l'avancée du film, disparaît dans le hors-champ ou devient simple raccord, l'usine dans *Camarades* (Marin Karmitz, 1969) n'est pas non plus le sujet filmé mais un passage obligé, le prétexte à un discours politique déjà élaboré. Hormis un travelling aérien qui montre l'usine comme un monstre interminable, le lieu n'est pas vu dans sa singularité, mais simplement comme moment dans une prise de conscience, étape de la maturation intellectuelle d'un ouvrier, processus de politisation qui est l'enjeu du film et qu'on jugera didactique ou schématique.

Surtout, ces fictions ne se posent pas la question de la représentation mais illustrent simplement, par les moyens habituels du cinéma (narration, psychologisme, découpage), ce qu'elles veulent montrer : les cadences, les petits chefs, etc. *Tout va bien* trace un sillon solitaire, attentif comme on disait alors à *« faire politiquement un film politique »*, privilégie le plan fixe et le lent travelling latéral (héritage de *Week-End*, le film de rupture avec le cinéma commercial), surtout s'interroge à haute voix sur la manière de raconter au mieux l'expérience prolétarienne : faut-il continuer à égrener un chapelet de misères connues, donner dans le naturalisme ouvrier ? Est-il même utile de montrer la chaîne ? Ou faut-il plutôt tout consacrer aux formes actuelles de la lutte, jusqu'à rendre compte de ses détails les plus concrets, les plus triviaux ? Montrer la fierté plutôt que la honte ? *Tout va bien* répond : tout film militant doit être un film d'action. En cela aussi, Godard est fidèle à Renoir.

Sans doute ont-ils vu et entendu l'impayable discours du patron « libéral » de *Tout va bien*, filmé en un plan-séquence fixe. En tout cas, en 1978-1979, produits par l'INA, Gérard Mordillat et Nicolas Philibert mettent au point une tactique originale qui consiste à investir l'usine par le haut ; dans *La Voix de son maître* et *Patrons Télévision*, ils interrogent les chefs d'entreprise et seulement eux, les rares ouvriers visibles dans des plans de coupe demeurant muets. Cette fois, l'usine est incarnée par le corps du chef, sa phraséologie, son comportement. Bien sûr, c'est le montage, l'instrument par excellence du sens et de sa manipulation, qui ici trahit le point de vue de ceux qui filment. Ainsi François Dalle, patron de L'Oréal, est vu et écouté dans son bureau, dans son fauteuil, puis sa parole continue en gros plan sur une télé placée à côté d'une ouvrière. Et pendant qu'il dit : « *Le pouvoir ne revêt jamais l'allure d'un commandement autoritaire* », son discours passe littéralement à la chaîne où des petites mains s'affairent comme si elles étaient commandées à la voix. Ce dispositif, à la Chaplin, confronte la parole d'en haut à la réalité d'en bas, oblige le patron à tenir ces propos *dans l'usine* et pas dans le confort isolé de son bureau, fait sentir le poids des mots, oblige le discours théorique et idéalisé à se confronter au principe de réalité. Car si les attitudes et le langage du patronat « avancé » sont policés, ce qui se dit est souvent terrible, mélange de cynisme, de paternalisme moderne, de technocratisme, de prétention, de fausse participation et de langue de bois. Si bien que ces deux films n'ont souvent même pas besoin d'avoir recours à des dispositifs-montages limite : il leur suffit de cadrer et d'enregistrer en plan fixe et *ad nauseam* celui qui parle pour se « payer sa tête ». Comme dans *50,81%*, le film de Depardon sur Giscard, c'est « l'œil de vache » cher à Cocteau qui fait tout le travail. *Patrons Télévision* sera interdit d'antenne (tout comme VGE s'opposera très longtemps à la diffusion de *50,81%*).

Si les années 80 sont plutôt pauvres en films sur l'usine, *Reprise*, en 1996, en témoigne *a posteriori* (le système Tapie chez Wonder) et marque à lui seul un retour de la question en même temps qu'il semble temporairement la boucler. Si la forme est celle d'une enquête presque policière, c'est qu'il s'agit d'exhumer une réalité enfouie, toujours vivante mais silencieuse, ne demandant qu'à être réanimée. Le Roux souffle sur les braises et réchauffe un monde. Et ce qui est beau, à voir *Reprise* ou à lire le livre sur le film[4], c'est qu'on voit et entend les intervenants faire la chaîne, celui-là se souvenir du prénom de celle-là, une autre identifier un visage, donner une indication, une direction mettant toute l'équipe sur une nouvelle piste. Une chaîne humaine où s'exprime encore, vingt ans après, une solidarité contre l'usine, l'autre chaîne, celle qui divise, éloigne, coupe, déshumanise en empêchant le lien avec l'autre et la relation de se tisser. Dans *Reprise*, c'est la mémoire qui fait le raccord, c'est elle qui monte et produit le film, rappelle en cours de route ce sens du groupe, refait, par-delà les différences et les particularités, l'unité mythique de la classe ouvrière et sonne comme l'écho lointain de ce qui fut le meilleur de 68.

BERNARD BENOLIEL

Remerciements à Richard Copans (Les Films d'Ici), Serge Le Pérou, Loïc Crelier (Cinémathèque de Toulouse), Guy Chapouillié (École Supérieure d'Audiovisuel, Toulouse), Philippe Azoury et Hervé Pichard (Cinémathèque française), Galerie nationale du Jeu de Paume, Jean-Pierre Thorn et Les Productions de la lanterne.

1. H. Farocki, « D'un pas décidé », *Trafic*, n° 14, printemps 1995.
2. Sans visa de censure, *La Vie est à nous* circulera exclusivement pendant trente-trois ans dans les cellules et organisations du PCF avant de sortir commercialement – ce n'est bien sûr pas un hasard – en 1969.
3. Sur l'autogestion dans l'industrie, on peut citer aussi d'après documentation, *Bretoncelles : et si un jour ça se passait ainsi ?*, cas d'une usine de sous-traitance pour Renault dont les travailleurs refusent la fermeture, licencient le directeur et prennent leur destin en main. Ce n'est plus « Si j'étais... » mais « Si nous étions les patrons. »
4. Ed. Calmann-Levy, 1998.

P.S. 2008

Je n'écris pas ce p.s. pour commencer la liste des films qui, depuis dix ans, auraient persisté à essayer de filmer la classe ouvrière (*Ressources humaines*, Laurent Cantet, 1999) et l'usine, ou ce qui lui reste d'image (*Chemin d'humanité*, Marcel Hanoun, 1997 ; *Sortis d'usine*, Hervé Le Roux, 2000 ; *Ce vieux rêve qui bouge*, Alain Guiraudie, 2001 ; *Rêve d'usine*, Luc Decaster, 2002...). Il ne s'agit pas plus ici de repérer les déplacements, soit les nouveaux lieux de l'aliénation où quelque chose de « l'esprit » de la chaîne demeure et continue son patient travail de destruction de l'humain (*On n'est pas des steaks hachés*,

Alima Arouali et Anne Galland, 2002). Non, j'écris ce p.s. pour réparer un oubli, dû à l'époque à mon ignorance d'une aventure cinématographique et humaine sans équivalent dans le cinéma français : celle des Groupes Medvedkine de Besançon et de Sochaux (1967-1974), tout un processus de création inédit pourtant lancé par *À bientôt, j'espère*. Mais en 1998, je supposais le film de Chris Marker et Mario Marret sans descendance proche et affirmée, tant cette poignée de films sublimes avait presque disparu de toutes les programmations, tant s'était perdu jusqu'au souvenir du projet collectif qui les avait fait naître, autant de traces de lutte seulement et précieusement gardées – dans l'attente de leur redécouverte – par Slon/ISKRA, coopérative indépendante de production et de diffusion justement initiée pour qu'existent en leurs temps *Loin du Vietnam* et *À bientôt, j'espère*.

Ces films, réalisés par des ouvriers cinéastes, on les connaît maintenant[1], mais il importe toujours de les citer : *Classe de lutte*, *Lettre à mon ami Pol Cèbe*, *Le Traîneau-échelle*, *Sochaux, 11 juin 1968*, *Les Trois-quarts de la vie*, *Week-end à Sochaux*, *Septembre chilien*, et plus particulièrement ici, la série « Nouvelle Société » (*Nouvelle Société 5, Kelton* ; *N.S. 6, Biscuiterie Buhler* ; *N.S. 7, Augé Découpage*), enfin le film qui referme pour longtemps la parenthèse en un cri déchirant : *Avec le sang des autres*, de Bruno Muel (1974). Cette fois, le cinéma filme l'usine comme son vrai sujet ; l'usine qui contamine tout le reste de la vie, même celle censée se dérouler au loin, l'usine où l'on revient comme le forçat à ses fers. Partout, on sent la chaîne. Parfois, les films en parlent à défaut de pouvoir la montrer (*Classe de lutte*, *Les Trois-quarts de la vie*) ou tournent autour comme pour faire tomber les murs (*N.S. 5* et *N.S. 6*). Parfois, ils la filment à la volée, en faisant passer appareils photo sous le manteau et à la barbe du contremaître, usant après coup du banc-titre et des effets de montage (*N.S. 7*). Parfois, ils jouent à la reconstituer, une chaîne pour de faux afin de mieux démonter la vraie absurdité d'une supposée rationalité (*Week-end à Sochaux*). Un film l'attrape directement, *dans* l'usine Peugeot de Sochaux, à plusieurs reprises, précisément, longuement (*Avec le sang des autres*) : le travail d'hommes et de femmes machines qui soudent, assemblent, emboîtent en silence, peignent au pistolet des voitures qui, en retour, les mettent en pièces (inoubliable monologue de l'ouvrier Christian Corouge qui dit comment la chaîne attaque sa tête et ses mains). Muel ne fait aucun commentaire, sinon les mots de ceux qui savent et font parler ses images. Aucun commentaire sinon les sons assourdissants d'un enfer d'hier et d'aujourd'hui.

Le film de Bruno Muel, celui de Louis Malle à sa façon (*Humain trop humain*, film de contrebande qui réussit son coup mais en interdit la répétition), n'invalident pas la phrase d'Harun Farocki citée en ouverture de mon texte d'il y a dix ans. Ce ne sont que les exceptions qui confirment la règle : l'usine n'a pas été filmée comme elle aurait dû l'être, et le cinéma mis à la porte dès l'origine, avec le bien nommé *Sortie des usines Lumière*. Mais des exceptions qui sauvent l'honneur. B.B.

1. Pour une histoire détaillée de ce mouvement cinématographique hors norme, on peut lire : « Groupes Medvedkine : le cinéma autrement », *L'Image, le Monde*, n° 3, automne 2002. Grâce à ISKRA, tous les films ont paru en DVD, aux éditions Montparnasse (2006).

Paroles et corps d'usine

Entretien avec Hervé Le Roux

A voir et revoir votre film Reprise *(1996), on se dit que le film fait le lien avec certains films militants d'il y a vingt ou trente ans, surtout* A bientôt, j'espère *de Chris Marker, véritable matrice d'une forme cinématographique, dont on retrouve dans* Reprise *certains des partis pris comme le refus de croiser au montage les paroles des intervenants. Est-ce que vous aviez ce désir de renouer avec ces films oubliés, avec cette manière d'intervenir ?*

Je n'ai pas raisonné par rapport à ce cinéma-là. Je n'ai pas revu ces films depuis très longtemps. Non, j'avais le souvenir d'un cinéma militant assez didactique utilisant des voix-*off*. Et par la suite, correspondant au mouvement politique lui-même, ce cinéma d'intervention est allé vers l'extérieur, vers l'Amérique latine et ses luttes anti-impérialistes, l'Afrique, la Palestine. Pour le coup, le terrain intérieur a été un peu délaissé.

D'où cette impression que l'usine reste invisible, inmontrable comme la femme du film de 68 demeure introuvable. Pourquoi le cinéma a-t-il tant de mal à filmer ce lieu et son travail ?

Très concrètement, tourner dans une usine, c'est impossible. Il faut l'autorisation patronale qu'on n'obtient jamais. C'est en 1947 que le gouvernement laisse l'autorisation de tourner dans l'entreprise à la seule appréciation du patron, et pas à celle du comité d'entreprise. Avant 1947, c'était la logique de l'après-guerre, avec cogestion MRP, gaullistes, PCF, un moment sans *doxa* établie. L'esprit de la Résistance prêtait à toutes les interprétations politiques et idéologiques. Finalement, c'était un mouvement travailliste qui pouvait aussi bien basculer dans le capitalisme classique que vers une autre voie. Beaucoup de questions se posaient alors. Comment ça ce passe à l'intérieur de l'entreprise ? Qui décide quoi ? A quoi servent les comités d'entreprise ? A l'époque, c'est encore très ouvert et ça bascule en 47 : on ferme les portes, les communistes arrêtent le « Retroussons-nous les manches » de la Reconstruction, se lancent dans la grève. C'est le temps de toutes les ruptures, politiques, syndicales, internationales. Et cela perdure jusqu'à aujourd'hui, parce qu'il est toujours impossible de filmer dans une usine. Avec un interlude en 68 qui renoue avec 36. Dès que la loi s'arrête, dans l'entreprise on peut tout faire, y compris filmer.

La question que pose Reprise, *c'est comment filmer l'invisible, comment transmettre ? Comment montrer quelque chose qu'on ne peut pas voir ?*
Il faut en passer par la parole et par les corps. Mais vous parliez tout à l'heure des films militants. Je n'y ai pas du tout pensé sur le moment, mais il y a un film qui m'a beaucoup marqué : *Humain trop humain* de Louis Malle. Tourné après 68 [1973], c'est une commande de Citroën faite à Louis Malle, portes ouvertes ; c'est un film d'une heure, sans un mot. Il filme juste la chaîne, et Citroën a refusé le film parce que le simple fait de

montrer la chaîne est monstrueux. La chaîne, et ouvrir les micros dans l'atelier, donc le bruit. C'est une image très forte – c'est effectivement l'envers de *Reprise*, qui reste dehors – et qui m'a vraiment marqué parce que je n'avais jamais vu le travail montré aussi à plat. Sinon, il faut arriver à rendre ça par la parole, les gestes mimés : les langages et la mémoire des corps.

C'est ce dispositif – paroles, gestes, détails – qui permet de créer de l'image sur une image qui n'existe pas…
De toute façon, l'autre branche de l'alternative c'étaient des images mortes : une usine en ruines, une friche industrielle recyclée, ou des photos d'archives. Mais ça devient de l'exotisme. A voir des photos de la chaîne, on ne voit pas le travail mais autre chose : l'époque. C'est une jolie vignette, on regarde comment les gens sont habillés, on essaie de reconnaître le produit.

Reprise *s'efforce de ne pas être un film d'archéologue sur l'usine, de se nourrir d'une mémoire vivante, de donner la parole à ceux qui ne l'ont jamais. Aujourd'hui, quel serait l'espace politique et social à investir pour un film militant ?*
Être dans la rue : il y a eu des films sur les grèves de décembre 1995, j'imagine que d'autres ont suivi le mouvement des chômeurs. Au moment des sans-papiers, des cinéastes ont tourné. Aujourd'hui, avec la vidéo, il suffit d'avoir une caméra A8. On n'est pas en 68 : trouver une caméra 16 millimètres, faire développer en Belgique, récupérer des boîtes de pellicule… La facilité actuelle de « shooter » en direct est sans commune mesure avec ce qui se passait il y a vingt-cinq ans. Même pour *La Reprise du travail aux usines Wonder :* ils arrivent un mois en retard puisqu'ils venaient filmer la grève et ils tombent sur la reprise du travail.

En ce moment, justement, je prépare un court métrage sur Renault. Au départ, parce que j'ai rencontré des gens de Renault Saint-Ouen qui a fermé ses portes en 1991, et qui fut la première usine Renault à avoir fermé en France. Et puis quand *Reprise* est sorti en Belgique, j'ai discuté avec des ouvriers de Vilvoorde. On a discuté, et entre la manière dont ceux-là me racontaient leur travail aujourd'hui et les Renault de Saint-Ouen, il y avait un écart ; à Vilvoorde, usine ultramoderne puisque c'est le fleuron de Renault, le travail est complètement différent. Ce n'est plus sale, dégueulasse, c'est un travail où on a maximisé la productivité en instrumentalisant complètement les corps. On ne fait pas faire un, mais cinq gestes à l'ouvrier, pour que son travail soit enrichi, et il y a toute une ergonomie du poste de travail – place des outils, siège – pour qu'en un minimum de temps, chaque geste étant calculé au centième de seconde, l'ouvrier puisse faire son travail sans déperdition, sans « déchet humain ». Pour montrer ça, il y a deux moyens : Louis Malle, c'est-à-dire un film de commande que le commanditaire ne verrait pas ! Ou celui de *Reprise*. Après la projection à Bruxelles, un ouvrier m'a fait un dessin sur un coin de table et devant une bière, qui me montrait où il était, où était le pistolet, et c'était aussi fort, on voyait.

Après Wonder, Vilvoorde : vous persistez et signez ?
C'est autre chose. Là, on aura deux références : Saint-Ouen dans les années 80 et Vilvoorde en 1997. L'aller-retour se fait entre deux bornes explicites. On a fermé Saint-Ouen au nom de Vilvoorde, au nom de la rationalité et d'une usine aux normes du troisième millénaire. Et c'est aussi le discours qu'on a tenu aux Renault de Vilvoorde : flexibilité, si vous ne voulez pas finir comme

les Renault de Saint-Ouen. Ce que je voudrais, c'est qu'en passant d'un lieu à l'autre, on mette ce discours à plat.
Dans *Reprise*, le trajet avait plutôt la forme d'une spirale : on partait du bord, de la périphérie, pour se rapprocher petit à petit, des délégués aux ouvriers professionnels et aux O.S. Si la femme avait été retrouvée tout de suite, il aurait fallu remonter la spirale, reconstruire, être plus manipulateur. Alors qu'elle reste insaisissable, une ligne de fuite, elle s'échappe, elle court toujours. L'enquête ne l'a pas coincée. Et pour reprendre la métaphore de la chaîne, on n'a pas réussi à la remettre à son poste, elle n'est pas rentrée.

Ce qui a beaucoup changé entre La Vie est à nous *de Renoir (1936), certains témoignages de* Reprise *et le travail en usine aujourd'hui, c'est la disparition de l'identification du travailleur à son usine…*
C'est surtout ça. Le sentiment d'appartenance n'existe plus. On parle beaucoup en ce moment des « sans », sans-papiers, sans-logements – mais on est aussi aujourd'hui une grande majorité de sans-statuts. Il n'y a qu'à voir la manière dont les gens parlent de leur boulot : on se définit beaucoup moins en nommant son entreprise, en disant « Je travaille chez… ». La manière de s'énoncer est devenue plus impersonnelle. Ça vient de la mobilité, de la précarité et du statut symbolique. Autrefois, on était fier d'appartenir à une entreprise. De quelle entreprise on va être fier aujourd'hui ? Dans le travail, les gens n'ont plus de place. C'est presque une question de cinéma : on est dans le plan et on n'a pas de place définie. Il faut tout faire à l'épaule !

Comment vous êtes-vous retrouvé impliqué dans ce désir de témoigner sur la question sociale ?
C'est une affaire générationnelle. Ayant quarante ans, je suis entre deux groupes de gens, entre la génération des soixante-huitards qui ont cinquante ans aujourd'hui et la « génération Mitterrand ». De ce point de vue, je suis un passeur. Et l'envie de transmission vient de là. Essayer de faire un mouvement de l'intérieur vers l'extérieur, aller des Wonder aux spectateurs.

Propos recueillis le 3 avril 1998
par BERNARD BENOLIEL

Le devoir de tout révolutionnaire est de faire la révolution

...et le peuple aura été

François Ramone

Et puisqu'il faut commémorer, commémorons, mais alors que ce soit dans le souvenir de l'*événement* que fut 68. L'événement : ce qui excède le déterminisme ; ce qui, faisant rupture, ne se déduit de rien. Qui fait l'événement ? Ceux qui le font, et qu'en retour l'événement constitue comme le « peuple ». Il y eut un peuple de Mai érigé par la circonstance et dissout à son terme. Si donc on veut bien rêver 68 comme un moment de pure ouverture des possibles, l'halluciner comme un déploiement des hypothèses subversives, on peut, à la lumière de cette révélation, reparcourir sommairement le cinéma français et voir comme, de part et d'autre de la béance, il a le plus souvent joué l'identité contre l'événement, l'inertie de la représentation contre le mouvement de l'imperceptible.

AVANT. Dans le cinéma français en noir et blanc (à l'aune de l'année ici saluée, c'est bien ainsi qu'il nous apparaît), les prolos ne manquent pas, loin s'en faut. Argot, casquettes et clopes au bec, l'écran transpire littéralement leur tendresse bourrue. Est-là un hommage ? Sans doute, mais équivoque. Car il n'est pas besoin d'évoquer la canonisation du peuple et la glorification maniériste de sa verve dans les peintures du « milieu » (*Les Tontons flingueurs*) pour pressentir à quel point sa consécration à l'écran occulte, empêche, condamne à l'avance son avènement hors-champ, dans la réalité de l'événement. Chez Duvivier ou Becker eux-mêmes, le cadeau de la représentation est empoisonné. Le prolo y est décidément trop typé, trop identifiable, trop *visible* pour sembler pouvoir s'absenter à lui-même dans l'inconnu de l'événement. Avec ses pairs il forme une collectivité statique, sans devenir, voire régressive. Une « belle équipe » et c'est tout.

Grémillon est sans doute moins conservateur (très exactement : ce qui conserve, au prix d'une mise en boîte) en ce qu'il pointe toujours la faille dans la camaraderie prolétarienne, mais ce qui alors advient pour pallier le manque à être (l'aviation dans *Le Ciel est à vous*, l'amour d'une femme dans le film du même nom) s'avère bientôt un élément douloureusement perturbateur, un empêcheur de jouer de l'accordéon en rond. Si l'on s'accorde pour faire du motif de la femme venue d'ailleurs le paradigme de toute forme d'altérité, Grémillon, aussi subversif soit-il en intentions, est esthétiquement aussi conservateur que Becker. Dans *Remorques*, comme dans *Casque d'or*, l'opérateur de fiction est forcément un vecteur de tragédie. Voilà la sagesse populaire confirmée : on est bien comme on est ; l'apparition de l'autre (ce qu'on n'a pas, ce qu'on n'est pas) se révèle rétrospectivement une mauvaise nouvelle, quand elle ne signifie pas tout simplement le risque d'être corrompu par l'immoralité des classes bourgeoises (voir *Le Trou*).

Identité in-altérable, le peuple (entendu donc dans son acception traditionnelle) devient l'autre nom de la solidité, de la constance, et par extension de la droiture morale. Non pas d'être occulté mais d'être au contraire surreprésenté, il s'impose comme l'emblème de la norme, y compris et peut-être *a fortiori* dans la contre-culture hyper-régulée du milieu (le fameux code d'honneur). Le problème vient de ce que le peuple possède un corps, un corps lourd qui plus est, et dénué par là du don de métamorphose sans lequel il n'y a pas de fiction politique. S'imagine-t-on le Gabin des films de Carné dressé sur une barricade ? Il pleure, certes, mais c'est appesantissement sur soi, et le jour qui se lève n'est pas pour lui.

Certes, il y eut Renoir, le seul sans doute à articuler espoir politique et populisme de bon aloi, à instiller un peu de devenir dans une logique de la représentation. C'est sa grandeur, rendue possible il est vrai par l'époque. On est dans les années 30 et se fait jour, à rebours de l'apologie droitière du peuple-de-France irréductible à la politique, l'idée que le peuple est en soi, par la grâce de son être social même, promis à un destin politique triomphal. En somme on ne se départit pas de l'identité, mais on la rend compatible avec l'historicité. C'est la période CGT/PC de Renoir, sous-tendue par un marxisme frappé au coin du bon sens : en tant que maillon faible de la chaîne capitaliste, le prolétaire porte en lui le grand soir. Et d'une certaine manière la communauté du *Crime de Monsieur Lange* s'inscrit dans la continuité de la sociabilité développée alors par le Parti. L'utopie y a un lieu, c'est son paradoxe et sa limite.

Vingt-cinq ans plus tard, le dernier plan du *Caporal épinglé*, reprise *problématique* de *La Grande Illusion*, dit tout autre chose. Multipliant gauloisement les ruses, deux prisonniers français ont enfin, c'est la deuxième guerre, réussi à rallier la France puis Paris. Mais alors, rien de l'euphorie escomptée ; des visages sombres, plutôt, comme soudain gagnés par la gravité. Les deux protagonistes viennent de réaliser que rien n'est fini, que tout commence au contraire. Au point d'achèvement de l'équipée populaire, au point d'extinction du peuple comme culture, fût-il de gauche, là seulement s'inaugure l'aventure politique.

Renoir intègre ici, d'une manière ou d'une autre, les leçons de l'histoire récente : le parti n'est pas forcément un organe de subversion, au contraire, et il y a peut-être loin de l'organique, précisément, à l'insurrection, loin de la sociabilité populaire au *nous* révolutionnaire. Si bien que le vieux cinéaste débonnaire en vient à sympathiser à distance avec les jeunes tenants du cinéma-vérité qui, animés par la conviction « gauchiste » que toute forme de structuration des masses fait le jeu de l'ordre, s'efforce de créer la possibilité d'une auto-énonciation de celles-ci, hors des moules forgés par l'institution et la contestation institutionnalisée. L'entreprise est noble, elle offre par la durée et l'écoute une réelle marge de manœuvre à ses objets (qui n'en sont donc plus vraiment). Mais le principe d'identité est plutôt assoupli que dissout, car à vouloir saisir les victimes dans leur quotidienneté « vraie », le cinéma-vérité ne fait que substituer aux définitions froides des dominants une autre définition, plus tremblante sans doute, mais une définition quand même (disons : anthropologique). Substituant la présence à la représentation, il se préserve de la nomination chosifiante, mais s'éloigne d'autant de la perspective révolutionnaire. Au fond, c'est le relais de la politique par les sciences humaines : désencombré du parti, le peuple se trouve neutralisé par une mythologie plus insidieuse, celle de la vie, et cantonné dans ce que Rancière appelle l'infrafiction, cet espace sans devenir…

PENDANT… à moins que, comme dans *Moi, un Noir* de Jean Rouch, les héros anonymes soient sollicités dans leur vocation à fabuler, c'est-à-dire à s'inventer, à se produire, et non à se dire ou à s'exprimer. Grâce à quoi il redevient possible d'injecter dans le film de la fiction, donc de la politique, tout en échappant aux mythologies conservatrices.

A moins aussi que, par miracle et comme inopinément, le documentaire-vérité rencontre de l'événement. A moins que, parti sur des bases anthropologiques ou sociologiques, il enregistre leur négation en acte. Ce jour-là, à l'usine Wonder, on reprend le travail après la grève de Mai (on a reconnu le film d'école qui sert de matrice à *Reprise* d'Hervé Le Roux). Une caméra se trouve là parce qu'on ne sait jamais, mue peut-être par une divine intuition, et, cheminant laborieusement à travers la foule, elle finit par donner un visage à ce qui n'était jusque-là qu'une voix, perchée au-dessus du brouhaha parce que d'évidence animée par la colère. C'est une femme, une ouvrière de chez Wonder, plutôt jolie. Elle crie qu'elle ne rentrera pas, qu'elle ne rentrera pas « dans cette taule », qu'on ne l'y reprendra plus à s'y asphyxier.

L'événement n'a pas d'autre visage…

Sinon l'événement, du moins la fidélité à l'événement. Tout autour de l'identifiable, du connu, du représenté (le cégétiste, l'étudiant maoïste, le cadre paternaliste, l'ouvrière docile), tout cela occupé à effacer 68, à en exténuer la révélation, et au milieu, campé dans la rupture, un point d'absolue présence, c'est-à-dire d'absence absolue à soi-même. Non pas le peuple qui, préexistant, en vient à dire non, mais le peuple venu à l'existence dans l'actualité pure de ce non.

Lorsque, trente ans après, Le Roux montre le film aux ouvriers d'alors, aucun d'entre eux ne parvient à identifier l'insurgée. Et pour cause : elle est l'anonyme, l'innommable, corps évoluant à ce moment-là dans un espace en absolue discontinuité avec l'alentour. Il va également de soi que Le Roux ne pouvait qu'en pure perte partir en quête de ce corps-là puisqu'il n'a pas davantage survécu que préexisté à l'événement de son cri. Pour l'événement il n'y a pas de reprise, de deuxième prise, comme Le Roux prétendait la tourner.

Deleuze l'énonçait dans *L'image-temps* : ceux d'entre les cinéastes qui après 68 persistent à pointer l'horizon révolutionnaire doivent dès lors s'affronter au constat de l'absence du peuple, défini comme agent de la révolution, et s'accommoder de ce paradoxe qu'il est l'invisible des périodes de suspens de l'événement, pour ainsi dire un corps en attente d'incarnation. Il reste alors aux marxistes Straub à se tenir de part et d'autre du point d'absence en filmant alternativement les lieux où ça a crié (la Bastille dans *Trop tôt trop tard*) et où ça pourrait crier (un plan minéral en lieu et place du chœur dans *Antigone*). Comme la grâce chez Bresson, l'avènement du peuple ne peut se désigner que par la négative, sous l'apparence improbable d'un point de synthèse entre le trop tôt et le trop tard. On pourra également filmer ou raconter les aléas du politique, entendu comme gestion statique de la cité, comme déclinaison de l'ordre établi, et signaler par là en creux, en attente, en sous-texte, en sous-titre, l'hypothèse démocratique. Ainsi *Othon*, qui décrit l'annulation réciproque des classes dominantes à Rome, s'appelle aussi

« Peut-être qu'un jour Rome se permettra de choisir à son tour ». Postés dans ce « peut-être », les Straub guettent. Mais 68 indique une autre trajectoire possible, coextensive à la première, pour un cinéma à hauteur de révolution. Si le peuple *est* l'événement (et réciproquement), s'il se ramène au geste de son avènement, alors il est une forme sans fond, et a beaucoup à voir avec la stricte superficialité de l'art. Dans *La Chinoise*, ce film de 68 en 67, Jean-Pierre Léaud raconte en même temps qu'il mime le coup de force d'un militant révolutionnaire qui, ayant entièrement momifié son visage avec de la gaze, se déclare la victime physique d'un pouvoir totalitaire. Les journalistes accourus, il déroule la bande, découvrant un visage parfaitement indemne. C'est le scandale de l'événement, le scandale de son pur « il y a » à l'aune duquel la véracité et l'authenticité importent peu. Commentaire de lui-même, l'événement *n'exprime* rien. Par là il est justiciable non d'une science mais d'une poétique. Blanchot, à propos de 68 : *« Chacun avait quelque chose à dire, parfois à écrire (sur les murs) ; quoi donc ? cela importait peu. Le Dire primait le dit. La poésie était quotidienne. »* On s'égarerait à vouloir juger de la sincérité des propos révolutionnaires des jeunes bourgeois de *La Chinoise*, là où il ne s'agit que de les donner à entendre, le temps d'un film où une idée (le maoïsme) coïncide littéralement avec un système de couleurs (jaune-bleu-rouge).

Rien à représenter, tout à produire. Rien à connaître, tout à inventer. Loin de condamner au jansénisme esthétique, l'inexistence *a priori* du peuple engendre, à titre d'euphorique compensation, un véritable déchaînement des formes, d'action et d'art. Et l'on sait combien la poésie fut alors effectivement « quotidienne », et comme 68 envisagea et même inaugura *« l'imagination au pouvoir* ». On sait que ce fut l'âge d'or du slogan, cette forme courte, et l'ère, il est vrai dès avant l'année éponyme, des « coups » situationnistes où art et politique s'entre-alimentaient en une fusion indécidable. Surtout, on veut se souvenir que ce n'est pas vers la caméra-épaule que les *Cahiers* d'alors se tournèrent, mais entre autres vers Eisenstein, lequel n'a pas filmé mais *produit* la révolution d'Octobre par le truchement des formes cinématographiques ; que Godard ne fut jamais aussi, sinon inspiré, du moins expérimentateur que dans le halo de 68 ; que les Straub furent et sont encore de grands inventeurs de cinéma.

Et alors 68 deviendrait le paradigme intemporel d'un accord au sommet entre art et révolution, l'emblème de leur possible stimulation réciproque. Le *Partner* de Bertolucci est bien de 68 par où il maintient que, l'événement étant explosion de théâtre, explosion d'apparence, il n'y a qu'à être strictement théâtral, visibilité sans arrière-monde, pour faire événement. Aussi vrai que le peuple est une œuvre d'art, l'acteur est le révolutionnaire par excellence, pour peu que chacune de ses apparitions recommence à zéro la production de soi-même. Dans ce registre, Michel Poiccard-Belmondo habite 68 dix ans avant tout le monde.

APRÈS. Donc une mesure possible de l'infidélité à l'événement-68 qui a cours aujourd'hui, serait l'absence de Michel Poiccard dans le cinéma français contemporain. Des chômeurs, des SDF, des précaires, tous incarnant la permanence de l'injustice, mais point de créature (de création) à chapeau produisant à l'écran la possibilité de la rupture. Que voit-on se faire jour, dans le cinéma, sous l'appellation incontrôlée de « retour du politique » ? Rien de plus que le piège de la représentation, puisqu'il s'agit d'accorder de nouveau aux gens de peu un droit à l'écran, à rebours, il faut croire, de leur occultation par l'esthétique publicitaire de la décennie précédente.

Lorsque la mode est ainsi au vécu, au petit fait vrai (à la vie, quoi), le retrait de la forme n'est pas loin, consubstantiel au scepticisme fin-de-siècle (tout point de vue manipule) et à la suspension de la proposition politique (je ne sais rien, je ne peux que montrer, je laisse à d'autres plus compétents la responsabilité des solutions). Voyez Éric Rochant dans *Vive la République*, voyez comme il la joue profil bas, voyez comme il semble vouloir se faire pardonner le formalisme des *Patriotes* et les audaces d'*Anna Oz* en affectant le degré zéro de la mise en scène. A croire que le dessein politique exige le retrait du créateur et la mise entre parenthèses de l'art. C'est 68 oublié : l'engagement comme acte de contrition de l'artiste, le retour du politique comme retour de la mauvaise conscience.

Et pourtant *Vive la République !* affiche une volonté semble-t-il sincère de faire table rase, de nettoyer l'espace de la politique pour le restructurer du tout au tout, et semble d'abord en mesure de s'inventer au fil de la réinvention de la citoyenneté par ses antihéros, trois chômeurs résolus à s'ériger en force politique. Or très vite ce qui promettait de faire affleurer du nouveau se trouve encombré par du déjà-vu, du déjà-connu, et rattrapé par de l'identité, et le petit groupe de départ en vient à se développer selon une logique de quotas, à proportion des statistiques communautaires (quatre hommes dont un arabe et un homosexuel, deux femmes dont une ex-communiste, etc.). Renonçant à inventer des formes (de lutte, de cinéma), l'espace (du parti, du film) se redessine en bastion défensif depuis lequel il s'agirait pour chacun de préserver son quant-à-soi. Et de cette teneur défensive le film ne se départit jamais, les Monsieur Tout-le-monde ne parvenant au bout du compte à donner de leur agrégat qu'une définition négative, l'antifasciste, cela en parfaite continuité avec le hors-champ où il est devenu le seul pôle structurant de la vie politique.

C'est justement cette continuité qui doit inquiéter, cet alignement sur l'air du temps quand il s'agirait aujourd'hui de le précéder. Plutôt que d'y couper par la créativité, *Vive la République !* ne fait que rejouer à sa manière une tendance lourde de l'époque, à savoir l'inféodation de la politique à la sociologie, de la revendication politique à l'exigence de revendication communautaire. Que le mouvement des sans-papiers porte bien au-delà de l'antiracisme, c'est une certitude, mais alors il revenait peut-être aux cinéastes impliqués de le hisser à cette dimension universelle et non identitaire, et de prévenir sa résolution en une apologie du métissage, aussi festivement bariolée soit-elle. En la matière, les cinéastes semblent aussi timorés dans la rue que caméra en main, et Jean-François Richet est peut-être le seul à avoir démontré avec éclat qu'il n'y a de politique qu'au prix du dépassement du souci communautaire, sans doute pour en avoir éprouvé lui-même les impasses (cela dit en haine du poujadisme d'un Éric Raoult, évidemment, et en mémoire de la seule paternité cinématographique revendiquée par Richet, celle d'Eisenstein). Que la rétractation communautaire se donne pour le symptôme de l'absence de la politique, cela a rarement été aussi manifeste que dans le récent *Marius et Jeannette*, le film-phénomène de Robert Guédiguian. Ici il y a eu lutte, mais ici il n'y a plus que mélancolique ressentiment. Ici la foi politique s'est faite tic culturel, et les relents de communisme affleurent sur le même plan que la dégustation commentée du Pastis ou les querelles de voisinage. Comme de bien entendu, le film est formellement peu épais : il joue du réel-vécu et exclut la macro-politique. *Marius et Jeannette* est donc un film tout juste *social*, comme la plupart de ses pairs dits réalistes. Comme *Fred* de Pierre Jolivet, qui veut également susciter la seule compassion, cette identification d'après l'histoire, et surjoue à son tour la discrétion formelle, la caméra singeant l'humilité des gens simples par elle saisis. Saisis sur le vif, cela va sans dire, comme quelque chose qui lui préexisterait, puisque pour ce cinéma-là le peuple existe toujours-déjà, inamovible, a-politique.

Le concret contre le possible, le réel contre la forme : pour Guédiguian comme pour les réalistes anglais, 68 n'a pas eu lieu. Ceux-là, *représentant* à outrance le « peuple », le lestent d'un poids fatal. Ceux-là se préservent de l'événementialité comme de la peste, et de l'histoire aussi, forcément diabolique. Ceux-là, naturalistes, ont horreur du vide et se tiennent loin, très loin, de tous les lieux déserts où (ne) crie (pas encore) le peuple absent.

Soyez réalistes : demandez l'impossible

Naissance d'une parole

A propos des films de Mai

David Vasse

A la question de savoir s'il existe des signes impressionnés d'un des épisodes les plus déterminants de l'histoire en France, on peut, sans la moindre ironie, répondre oui, 68 a été filmé.

Témoignage rare et strident que celui de ces petits films impérieux, nourris d'une prise de conscience proportionnelle à l'ampleur de ce qui se présentait à eux, et surtout irréductibles à toute idée de récupération, médiatique ou autre. Documents lancés comme des cris, jetés comme des pavés, les films de Mai avaient pour unique ambition de faire corps avec une réalité dont il fallait prendre acte sans minauderies ni calculs, épouser les soubresauts, absorber l'énergie, enregistrer les évolutions. C'était leur responsabilité première. D'une Nouvelle vague déjà lointaine, ils adoptaient symboliquement l'esprit en osmose avec l'attitude des citoyens en grève : quitter le confort du foyer bourgeois (les studios des années 50) pour enfin sortir dans la rue et filmer leurs contemporains. Les événements de Mai offraient alors le décor naturel idéal à quiconque avait le réflexe de tourner vite, à la mesure du présent, avec pour seule exigence le besoin de montrer, de revendiquer, de saisir à l'envolée des instants qui, à tous les niveaux, mobilisait (les sens, les corps, les masses, l'opinion) et faisait écran (au pouvoir en place). Bref, tout ce qui, d'une certaine manière, en appelait au cinéma, fût-il direct.

Avec le recul, la revision des quelques films de Mai autorise une autre lecture de ce moment crucial. Mises bout à bout, comparées les unes aux autres, confrontées à une sorte de prélèvement spontané des partis pris de chaque réalisateur, ces images d'un même spectacle finissent par dépasser, de manière imparable, l'objectivité rugueuse des figures imposées (l'occupation de la Sorbonne, les assemblées générales, la prise de l'Odéon, les manifs) pour déployer un potentiel imaginaire tout à fait déconcertant et propre à fonder une drôle de dramaturgie. On a tout à coup le sentiment, face à ces moments arrachés à une période que l'on croyait connaître par cœur, de découvrir de multiples variations autour d'un thème purement romanesque : l'apprentissage. Réalisés à chaud par des étudiants de l'école Vaugirard et de l'Idhec, ou savamment montés des années plus tard par des documentaristes professionnels, tous ces films-témoins participent d'un même projet inconscient : filmer l'avènement d'une parole au sein d'un monde jusqu'alors silencieux, encore sous le charme des débuts de la Ve République. A l'image de *La Reprise du travail aux usines Wonder*, ce plan-séquence de onze minutes qu'Hervé Le Roux et son *Reprise* ont rendu fameux, les films de Mai traquent avant tout la parole dans des corps devenus *parlants*, des corps ivres de pouvoir enfin parler, dialoguer, échanger, s'ouvrir à l'autre. La caméra au poing, les réalisateurs de ces traces brûlantes n'ont pas manqué d'enregistrer rien moins que la naissance d'une démocratie. Avec ferveur, tous ont été emportés par l'élan d'une trinité nouvelle, démocratie-parole-altérité. Un langage venait d'éclore, des gens ont appris ce langage et l'ont fait passer.

Se mettre en grève, c'est commencer à parler, entend-on dans *Le Droit à la parole*, le film de Michel Andrieu, monté en 1978 à partir d'images d'archives réunies ici après une décennie de la décantation. On y assiste aux balbutiements puis à l'élaboration d'un dialogue inédit entre étudiants et ouvriers, ressenti et assimilé du strict point de vue de ces derniers, c'est-à-dire de ceux pour qui ce type d'échange n'avait rien d'inné. *Le Droit à la parole* est un film résolument tourné du côté de *la première fois*, où les événements politiques et sociaux sont appréhendés par une classe en passe d'être façonnée par le langage. Apprendre les mots inspirés par les circonstances, le monde tel qu'on le reçoit, puis les utiliser pour en produire du sens, un sens civique. Le commentaire, jouant sur l'allitération et le bégaiement, traduit le bouleversement d'une communauté (les ouvriers) au contact d'un phénomène de rupture initié par une autre communauté, extérieure à elle, dans un au-delà de la vie civile. « *Le socialisme vient aux ouvriers de l'extérieur. De cet extérieur, les étudiants se sont fait témoins et porte-parole.* » Est ici énoncée l'idée d'un hors-champ social d'où surgissent d'étranges personnages tonitruants, apôtres d'un changement de conduite, comme dans un film fantastique. Beaucoup de choses dans le film d'Andrieu évoquent d'ailleurs quelques-uns des aspects du genre, donnant par là aux événements de Mai une dimension quasi surréaliste : premières prises de contact avec l'autre venu d'ailleurs. Avec, comme parfaite dynamique à cette configuration insolite, l'introduction d'un sentiment de peur qui agite la population sous la menace d'un pouvoir répressif.

La démarche d'Andrieu consiste bien à contextualiser dramatiquement Mai 68 (atmosphère de chaos, voix-*off* emphatique, montage dialectique en référence aux ciné-tracts de Godard) pour en faire au bout du compte le berceau des devenirs. Tentation du devenir-révolutionnaire chez les travailleurs, refus du devenir-bourgeois chez les intellectuels. Un même affect les unit car ils sont mus les uns les autres par l'euphorie d'une parole salvatrice, trop longtemps contenue. Dès lors, les lieux-phares de la révolte (l'Odéon, la Sorbonne, le Panthéon) apparaissent comme des champs d'expérience insoupçonnés où tout est à construire, où chacun invente de nouveaux gestes, de nouvelles formes d'expression, où il importe de prolonger l'apprentissage de la solidarité au regard d'une conscience définitive qu'un seul corps individué, éprouvé par une telle réalité, peut participer *lui aussi* à l'ébranlement du corps social dans son entier. « *Tu appartiens à un corps* », lance-t-on au comité d'action de l'Odéon pour définir ce qui devait résonner comme une maïeutique politique.

Oser lutter, oser vaincre, de Jean-Pierre Thorn (1969) décrit ce processus d'incarnation d'une seule et même voix, exposée contre celle, insituable, de l'État. Centré sur l'organisation des manœuvres syndicales à l'usine Renault de Flins, du 15 mai au 18 juin 1968, le film de Thorn se veut une chronique exemplaire sur l'engagement d'un groupe d'hommes soudés par une cause instruite de l'extérieur, par un milieu qu'on ne verra jamais dans le film, le milieu étudiant. On saisit alors très bien à quel point 68 fut en définitive un phénomène de contamination, de prolifération terminale. Avec pugnacité, sans concessions, le film isole une cellule touchée par le virus révolutionnaire (premier effet : on quitte l'espace clos de l'usine pour se positionner alentour, à l'air libre) et, petit à petit, au jour le jour, en enregistre les résultats. Dans cette logique de l'endémie, l'ensemble du personnel prend devant nous la forme d'un corps stimulé après une injection d'adrénaline, une sorte d'organisme vivant dont chaque membre représente un anticorps efficace agissant contre le poison patronal. Jean-Pierre Thorn ausculte les différentes phases d'une foudroyante *métastase politique* (chaque carton militant correspond à un diagnostic), un état d'urgence qui aura duré cinq semaines au terme desquelles se sera déclaré un effet secondaire et indésirable, celui du révisionnisme communiste. Cinq semaines pour en arriver là, pour des *« broutilles »*, pour un essai non transformé. Au final : un mort (Gilles Tautin, tué pour la classe ouvrière), les désillusions et les soupirs d'une révolution manquée. Scandé par des slogans « rouges », de Lénine à Mao, *Oser lutter, oser vaincre* est le prototype du film militant gauchiste, rageur et déclamatoire, dont l'autre vertu secrète est d'avoir su rendre compte des procédures de représentation d'une action à laquelle les ouvriers regroupés en un chœur antique, apportent un volume physique, donc filmable. Des voix comme un seul homme.

N'est filmable que ce qui *est* ou *rendu* visible. C'est un peu la leçon que « les films de Mai » ont repérée et admise. *Grands soirs, petits matins*, le documentaire réalisé par William Klein en 1978, souvent considéré comme l'exposé le plus clair sur cette période, avec peut-être le *Mai 68* de Gudie Lawaetz, accrédite le sens d'un retour à la parole qui n'existe que parce qu'elle est enfin audible à *l'œil nu*. La présence de Daniel Cohn-Bendit est à ce titre essentielle. Dans ses choix de montage, Klein en fait un homme qui revient de l'obscurité vers la lumière de la démocratie, à laquelle il surexpose une voix qui sera *vue* par tous (au double sens de voir et d'entendre). Le 28 mai 1968, lors d'une conférence de presse, Cohn-Bendit, rentré clandestinement en France, explique que tout militant expulsé du pays reviendra grâce à lui. De l'invisible (la clandestinité), le leader des militants étudiants a accédé au visible (la conférence de presse), là où la parole peut librement s'exercer. Telle est la condition de sa naissance et de son impact. Il faut sortir pour s'exprimer et se faire entendre. Klein privilégie les différents états d'une parole échappée dont on identifie les sources, de lieu en lieu. De la Sorbonne à l'Odéon, des comités d'action aux manifestations dans les rues, de l'usine Citroën à la place Saint-Michel, il importe de capter le mouvement de la parole, de ceux qui parlent à ceux qui écoutent, jusqu'à ce que ces flux de communication rejoignent l'idée d'une impressionnante vague humaine submergeant la surface d'un monde dans le but de le laver de son immobilisme asphyxiant. L'un des intérêts du film de Klein, outre sa précision de bulletin météorologique, c'est aussi d'identifier les deux camps rivaux, l'État et la population, selon deux statuts d'images bien spécifiques. A la force brute, convulsive, des séquences de manifs s'opposent les déclarations télévisuelles. Le contraste est saisissant, idéologiquement sans équivoque. D'un côté, le réel en colère, de l'autre, l'image fixe du politique retranché, la « mauvaise » image d'une télé défectueuse, mal réglée, espace (déjà) propice à une communication parasitée. Entre les deux, les barricades, la rampe d'une comédie sauvage où tout le monde s'appelle « camarade ».

Produit par l'Arc, tourné par un collectif militant peu

après les événements, *Le Joli Mois de Mai* se fait l'écho de la fièvre (toujours l'épidémie) qui frappa les classes révolutionnaires devant les stratégies de la gauche réformiste. Fièvre dans le sang, sang qui ne fait qu'un tour dans les veines des « enragés », tels qu'on les appelait à l'époque. *Mai 68 par lui-même* indique le premier carton d'un film ayant pour but de dresser un bilan vindicatif de la révolte. Dénonciation de l'ennemi (le système capitaliste européen, la petite bourgeoisie, les gardes mobiles), présentation des opposants avant et pendant leur offensive (lents panoramiques aériens sur la foule prête à bondir, suivis d'une salve de plans furieux à hauteur de drapeaux), perception troublée d'une insurrection libératrice. Sans médiateur ni alibi sociologique c'est, si l'on veut, une forme immanente de Mai en tant que bataille au corps à corps. On ne filme plus les comités d'action, juste les actions. En imposant la radicalité du point de vue des combattants, *Le Joli Mois de Mai* prend les choses en main, convictions et pavés. Ainsi fait-il la part belle aux émeutes successives dont les images, aujourd'hui encore, sidèrent par leur puissance d'immédiateté. Mais, au-delà de la pratique purement instinctive du cinéma-direct, le film témoigne lui aussi de la valeur que représente l'apprentissage. Apprentissage nécessaire, possible, accompli *avec les autres*, en réaction massive contre un régime réactionnaire, hostile au partage des chances et des égalités. Quelque part dans *Grands soirs, petits matins*, un parterre d'étudiants écoute attentivement un discours de De Gaulle, avec l'espoir qu'il démissionne. La voix, *bigbrothérisée* par les haut-parleurs, semble venir de nulle part. Les étudiants sont là, en position d'écoute, mais l'orateur est absent, évaporé. Filmé par ses protagonistes, on comprend ce qu'a pu être Mai 68 : le territoire d'une lutte entre des corps vivants et une voix sans corps.

68, et moi, émois, et nous

Questionnaire

1. Pensez-vous que Mai 68 a trouvé sa juste représentation artistique, au cinéma ou ailleurs ?
1bis. Quel film vous semble le mieux avoir saisi ou rendu l'esprit de Mai ?
2. Qu'a représenté Mai 68 dans votre vie et dans votre travail ?
3. Maurice Blanchot écrit dans *La Communauté inavouable* : « Mai 68 a montré que, sans projet, sans conjuration, pouvait, dans la soudaineté d'une rencontre heureuse, comme une fête qui bouleverserait les formes sociales admises ou espérées, s'affirmer la communication explosive, l'ouverture qui permettait à chacun, sans distinction de classe, d'âge, de sexe ou de culture, de frayer avec le premier venu, comme avec un être déjà aimé, précisément parce qu'il était le familier-inconnu. » Est-ce que cela correspond à votre expérience de Mai 68 ou à l'idée que vous vous en faites ?

Olivier Assayas
1. Je ne suis pas sûr de comprendre ce que vous voulez dire. Quel événement historique a-t-il eu sa « juste représentation artistique » ? Il faudrait se mettre d'accord sur les mots : qu'est-ce qui est juste ? Qu'est-ce que la représentation ? Et à plus forte raison qu'est-ce que la représentation artistique ?

Est-ce que la représentation d'un événement *collectif* dans sa complexité et ses contradictions peut être « juste » autrement que dans le registre de la relation historique ou bien dans celui de la réflexion théorique ? La représentation peut-elle être autre chose que fragmentaire ? C'est-à-dire le cinéma (simplifions : ne parlons pas d'autres domaines) peut-il être autre chose que subjectif, et peut-il prétendre – s'il veut viser le « juste » – à autre chose qu'à restituer la perception en tant qu'expérience *dialectique* du réel. C'est sans doute ce que vous entendez par « représentation artistique ». Mais vous admettrez que la formulation est plus qu'ambiguë.
Autrement dit, y a-t-il eu des films rendant compte par l'intermédiaire d'un regard singulier sur le monde – et donc forcément « injuste » – de l'expérience historique de Mai 68 en tant que telle ? Y a-t-il jamais eu de film de fiction rendant compte du passage de l'Histoire ? J'entends de façon *véridique*. J'en doute. Et si le sens de la question est de savoir s'il y a eu des fictions autrement que ridicules mettant en scène, ou prenant pour toile de fond Mai 68, suscitées par, impossibles sans, vous savez tout aussi bien que moi que la totalité du cinéma, et plus généralement la totalité de la société en ont été affectées.
1bis De mon point de vue, les films de Guy Debord.
2. Au-dessus de Gif-sur-Yvette, il y a dans la forêt une carrière de sable. J'avais treize ans, il faisait très beau, j'étais amoureux pour la première fois d'une fille qui s'appelait Christine comme le personnage de *L'Eau froide* ; c'est là-haut, avec elle et quelques autres que je séchais les cours, puis l'absence de cours, pendant Mai 68. Et à la fin de l'après-midi on allait à l'aumônerie en face du CES danser des slows très longs sur *Sad-Eyed Lady of the Lowlands* de Dylan, par exemple.

Je lisais *Action* et *L'Enragé* que mon père rapportait de Paris. J'ai vu de mes yeux vu les drapeaux rouges et noirs croisés au fronton de l'Odéon en étant très conscient que c'était un instant très important.
J'ai physiquement senti le monde trembler. J'ai vécu le temps historique, ou peut-être en ai-je eu l'illusion. Mais j'ai trouvé ça bouleversant.
Et surtout j'en ai conservé de façon tenace la ferme conviction que c'était possible puisque j'ai eu le temps de l'apercevoir.
3. J'aime penser que Mai 68 a été le fruit d'un *projet*, qu'il est issu d'une *conjuration* et non pas une sorte d'accident météorologique ou de conjonction planétaire imprévue. J'aime aussi penser que c'est le propre de l'histoire de *bouleverser les formes sociales admises ou espérées* et d'autoriser ainsi l'indicible jusque-là réprimé sans espoir de jamais venir au grand jour. Un indicible, un informulable que chacun portait fragmenté et silencieux au plus profond de soi, convaincu d'être absolument *le seul*. Et qui, du moment qu'il est socialement vécu, formulé haut et fort, suscite aussitôt cette intimité, cette évidence dont parle Blanchot.
Un peu comme aujourd'hui une telle chose serait possible.

Yves Boisset

1. L'un des problèmes majeurs du cinéma français réside dans le silence tonitruant qu'il observe face aux grands événements sociaux, politiques ou même historiques dès lors qu'ils sont un peu conflictuels. L'image de Mai 68 projetée dans les films français de ces trente dernières années est l'illustration parfaite de ce silence. Aucun film ne semble avoir vraiment rendu compte de l'effervescence de ces quelques semaines chargées de

rêve, de délires et d'imprécations vite assourdies. Que reste-t-il aujourd'hui de cette insurrection des fleurs et des pavés ? Pas grand-chose de concret mais probablement beaucoup d'idées passées directement de la rue à l'*establishment*, au cinéma comme dans d'autres domaines. Les contestataires d'hier sont passés sans grands états d'âme des barricades au Bottin mondain. Mais la presse, la radio, la télévision et le cinéma ne seraient sans doute pas les mêmes sans l'héritage.

2. L'incidence de Mai 68 ? Dans ma vie, un grand espoir déçu. Dans mon travail, une sorte de rage pour imposer contre vents et marées les sujets réputés tabous, voire impossibles à aborder au cinéma ou à là télévision : les brutalités policières (*Un condé*, 1990), l'affaire Ben Barka (*L'Attentat*, 1972), la guerre d'Algérie (*RAS*, 1973), le racisme (*Dupont-Lajoie*, 1975), le SAC et la corruption politique (*Le Juge Fayard dit le Shérif*, 1976), le martyr des enfants de la troupe (*Allons-z-enfants*, 1981), la corruption policière (*La Femme flic*, 1982), le dévoiement de la télévision (*Le Paix du danger*, 1984), la délation sport national français (*Radio-Corbeau*, 1990), le mandarinat médical et la remontée du fascisme (*La Tribu*, 1992), l'Affaire Seznec (1993), le délire affairiste des bétonneurs (*Le Tunnel*, 1995), l'Affaire Dreyfus (1996), les fusillés pour l'exemple (*Le Pantalon*, 1997). Peut-être que sans l'élan de Mai 68 et la fièvre rageuse générée par cette courte mais chaleureuse période, je n'aurais pas trouvé l'énergie (parfois récompensée, pas toujours) de suivre un chemin finalement assez solitaire dans le contexte du cinéma français.

3. Il serait tentant de compléter les impressions de Maurice Blanchot par l'évocation du slogan peut-être le plus significatif de Mai 68. Je veux parler de l'énigmatique graffiti relevé sur les murs de Censier : « *J'ai*

quelque chose à dire mais je ne sais pas quoi. » On ne saurait mieux définir le désarroi du cinéma français devant la chose politique.

Raymond Depardon

1. Ailleurs oui (photographies/prise de son/graphisme, cinéma… non !)

1bis. Une séquence du *Fond de l'air est rouge* de Chris Marker ! ? et *Mourir à trente ans* de Romain Goupil.

2. Une période unique pour les photographes que nous étions à l'agence Gamma.

3. Étant précisément absent de Paris en Mai… c'est plutôt dans le monde que j'ai ressenti les conséquences de l'année 1968. Plus tard, j'ai été troublé par les mémoires de Pierre Goldman dans son livre *Souvenirs obscurs d'un Juif polonais né en France* (Seuil, 1977) et je me suis posé un certain nombre de questions sur l'absence de participation de l'Afrique et de l'Amérique du Sud aux événements de 1968 dans le monde…

Jean-Paul Fargier

1. Si mes enfants (Alice, 13 ans et demi, Noémie, 11 ans et demi en 98) me posaient cette question (mais j'ai vérifié, par hasard, il y a peu, que les termes « Mai 68 » ne leur évoquaient rien), je leur dirais oui, voyez le film de votre mère, *Pano ne passera pas.* C'est en effet dans ce film réalisé par Danielle Jaeggi et Ody Roos, au cœur des événements, monté pendant l'été et diffusé à la rentrée à la Cinémathèque, puis dans quelques festivals (Locarno par exemple), que Mai 68 a trouvé, d'emblée, une de ses représentations les plus justes. Parce qu'il avait pris comme angle d'attaque, ligne de pénétration, nœud d'observations : l'information télévisée, ce film de semi-fiction, flécha la cible politique en plein centre.

Pano c'est Panorama, le magazine hebdomadaire de la 2e chaîne, qui n'a que quelques mois alors. Les journalistes veulent consacrer un deuxième Pano spécial aux événements en cours, après un premier qui avait mis en présence des étudiants (dont Daniel Cohn-Bendit), le préfet de police et quelques autorités universitaires, transportant à la télévision la liberté de parole qui régnait dans les rues et les amphithéâtres, et allait bientôt gagner les usines et les théâtres. Mais le ministre de l'Information (ça existait, c'était Alain Peyrefitte) veille. Et ce deuxième coup de projecteur sera censuré, Pano ne passera pas. Les journalistes, les réalisateurs et les techniciens de la Télévision se mettent en grève, commettant ainsi une erreur monumentale : ils laissent la place aux « jaunes » au lieu de s'emparer de leurs outils de travail et de produire librement une information libre. C'est ce que raconte le film de Danielle Jaeggi et Ody Roos (une Suisse et un Luxembourgeois qui sortaient de l'Idhec) dans un style narratif indexé sur son objet : le flux événementiel se dédoublant en images immédiates et en commentaires à chaud, bref : la télé. C'est pourquoi, sans doute, on y prêta peu d'attention à l'époque. Les cinéphiles rêvaient de cinéma-cinéma, pas de post-cinéma. Pourtant viser en 68 la télévision comme cœur de cible c'était avoir un flair auquel les décennies suivantes ont donné raison. Ce film dit ce que le Pouvoir savait (mais Mac Luhan aussi) et ce qu'ignoraient (et continuent de vouloir ignorer) les serviteurs de ces appareils idéologiques.

1bis. Davantage que dans *Un film comme les autres,* de Godard, tourné en août 1968 avec les acteurs de la fête même, mais plombé d'immobilisme comme un lendemain de cuite, davantage que dans *L'été* de Marcel Hanoun, où les orages d'un ego tourbillonnent en rond, l'« esprit de Mai », c'est dans *Vent d'Est,* de Godard et Gorin, qu'il souffle le plus sinon le mieux : parce qu'il essaie d'étendre aux formes mêmes du cinéma la révolution idéologique vécue en 1968 par de nombreux individus, et des foules entières, dans le monde (et pas seulement en France) mettant en crise les appareils traditionnels, y compris donc les appareils cinématographiques. Avec *H.* (Seuil, 1973), Sollers réussit le même coup en littérature. Mais en lisant le récent *Théâtre de Sabbath* de Philip Roth (Gallimard) – qui embrasse les effets du même mouvement de Libération aux USA – on se dit que le film ou le roman de Mai 68 reste à venir.

2. En Mai 68, j'étais étudiant en théologie à Paris (à l'université Catholique, rue d'Assas), aboutissement d'une vocation contractée en bas âge : le désir d'être ce que ma mère admirait le plus au monde, prêtre. Mais, contrepoison ingurgité également très tôt, je déclarais vouloir être cinéaste aussi. L'évolution de l'église (prêtres ouvriers, Vatican II, théologie de la libération, etc.) me permettait de croire que je pourrais être l'un et l'autre. Arrivé à Paris, en octobre 1967, je contactai aussitôt des revues de cinéma. En mai, je venais de publier mes premières critiques dans *Tribune socialiste*, le journal du PSU, où je militais. En diffusant TS à la sortie des meetings, je surveillais du coin de l'œil si les lecteurs s'arrêtaient sur la page culture ! *« Demandez TS, sa page culture, sa critique de cinéma... »* Participer aux événements – dès les premières manifs, début mai, et auparavant, aux protestations pour la réintégration de Langlois à la Cinémathèque – m'a permis d'avouer où était mon désir : du côté du cinéma, des images, de la création, et d'une sexualité non sublimée. Avec Mai 68, j'ai gagné du temps (un an ? dix ans ?) en allant plus vite où, je crois, je serais allé de toute façon.

En octobre, au Studio 43 (alors Cinéma National Populaire, animé par Jean Collet), au cours d'une Semaine du Cinéma politique dont j'avais la charge, je montrai *L'Été* de Marcel Hanoun et *Un film comme les autres* (et rencontrai Godard pour la première fois). Hanoun, qui était en train de créer une revue, me proposa d'y participer. En décembre 1968, paraissait le premier numéro de *Cinéthique*. Qui se voulait la seule revue de cinéma porteuse de l'esprit de Mai. Feu sur le quartier général de la réaction : les *Cahiers* ! En fait : début d'une longue marche vers les *Cahiers*. Toujours les ruses du désir. Et puis, Vidéo (Il faut que tu deviennes incontournable dans ce domaine, me dit Daney – OK), et puis au revoir les *Cahiers*, et puis bonjour la télé… Ces jours-ci j'achève mon 63e film (*Man Ray*). Merci Mai 68.

3. « *Frayer avec le premier venu comme un être déjà aimé* » : juste ! Souvenirs de contacts faciles, érotisés, illusion que ça allait durer longtemps, c'est déjà beau. Et ça peut recommencer. Mai 68 c'est l'irruption du subjectif, de la liberté individuelle, contre les carcans de tous ordres. Y compris politiques. Nicole, Pierre et moi gardant le local du PSU une nuit pour prévenir d'une attaque des fascistes : l'impression soudain que nous nous éloignons de *La Chinoise* pour nous rapprocher de *Jules et Jim*.

Romain Goupil

1. Oui bien sûr, avec l'intégrale de *Hélène et les garçons*.
1bis. L'épisode du 22 mars 1998 de *Hélène et les garçons*.
2. La possibilité de répondre à votre questionnaire, ce qui n'aurait pas été possible en 1967.
3. Marx a écrit à peu près ceci : « … *Les événements se reproduisent toujours deux fois : une fois en tragédie, une fois*

en comédie... » La seule grande interrogation est donc : votre question est-elle la tragédie de Mai 68 ? Mai 68 est-il la farce de la Commune ? La Commune est-elle la tragédie de 1830... La Révolution d'octobre est-elle ?

Marin Karmitz

1. et **1bis.** Je ne crois pas qu'il y ait de juste représentation artistique d'un événement historique, car les artistes ont un point de vue sur le monde et le transforment en fonction de ce point de vue. Et ce travail vient plus tard. En revanche, sur le moment, on a filmé les événements et cela a donné des documentaires intéressants comme *Reprise du travail aux usines Wonder* et d'autres. Par la suite, il se passa beaucoup de choses, car les années 70 ont été, avec le milieu des années 50, une période de grande émulation créative. Dans les années 50, il y eut un nouveau théâtre, un nouveau cinéma, un Nouveau Roman, un art pictural extraordinaire (Soulages, Rebeyrolle, Giacometti, Dubuffet, Tapiès, etc.), une nouvelle Constitution, et un nouveau journal : *L'Express*. Dans les années 70, il y eut ce même phénomène des peintres : Fromanger, Monory, Raucillac et beaucoup d'autres, une effervescence dans le cinéma, des philosophes : Foucault, Deleuze, Guattari, Barthes, etc., *Libération*. Beaucoup d'intellectuels et de cinéastes mettaient leurs forces à la disposition des luttes (luttes ouvrières, de l'antipsychiatrie, révolte dans les prisons, pour l'avortement, les homosexuels). Ce fut un mouvement général de révolte et de lutte. Pour ma part, j'ai produit un film qui me semble avoir bien témoigné d'un aspect des événements. *Mourir à trente ans* de Romain Goupil. Mais il n'y a pas un film unique, parce qu'il faut forcément rendre compte du pluralisme des luttes par différentes approches.

2. Mai 68 fut le début et la fin d'une partie de ma vie. Fin de mon travail de metteur en scène après *Coup pour coup* ; début de mon métier d'éditeur et de marchand de films, le tout étant intimement lié à Mai 68, parce que j'ai essayé de traduire la révolution intime que ces événements avaient constituée pour moi. J'ai voulu rester fidèle à l'apport de 68 dans mon travail de producteur et de distributeur, maintenir l'imagination au pouvoir, aller jusqu'au bout dans le maniement des contradictions entre marge et centre. Tenter de créer dans la production une zone de liberté qui se situe contre l'ordre établi, utiliser tous les moyens pour laisser les mains libres aux artistes. A l'époque, nous avions une culture politique, nous sortions du marxisme, nous réfléchissions sur le lien entre économie et pratique artistique. Il y eut plus de vingt projets de refondation aux états généraux du cinéma ! C'est un étonnement pour moi que le mouvement des jeunes cinéastes se préoccupe si peu de l'avenir de la profession. Autour de *Tout va bien* et de *Coup pour coup*, par exemple, il y eut un grand débat. Mon approche consistait à mettre ma connaissance et mon savoir au profit des luttes ouvrières, puis de développer ensuite la distribution du film, avec une énorme mobilisation du public dans toute la France. *Tout va bien*, qui est le remake de *Coup pour coup*, se présente comme le point de vue de Jean-Luc Godard. Il s'agit d'affirmer violemment le point de vue de l'artiste. Aujourd'hui, les deux positions me semblent intéressantes, mais à l'époque, c'était très tranché. On ne trouve plus ces conflits théoriques aujourd'hui.
3. Ça a surtout été un moyen pour les intellectuels, ou pour ce qu'on peut encore appeler la bourgeoisie ou la petite bourgeoisie, de sortir de ses murs, de ses appartements, de ses facultés, de ses assurances, de son savoir,

de s'ouvrir aux autres, à la générosité, de briser l'exclusion des autres, de reconnaître le droit à la parole, aux immigrés, aux femmes, aux jeunes, aux exclus de tout poil. Un journal comme *Libération* a très bien représenté cela. Ce fut sans doute le même sentiment pour les exclus, mais de leur point de vue, c'était légitime, c'était la possibilité d'accéder à quelque chose qui leur était défendu.

Propos recueillis par STÉPHANE BOUQUET

Claude Lelouch

1. et 1bis. Mai 68 a été très mal filmé. Ce fut un grand cri d'amour, et personne n'a été capable de le rendre de manière correcte, cinématographiquement parlant. Cela avait sans doute à voir avec un problème de culpabilité. Quelques-uns se sont sentis coupables d'être des nantis. Moi-même, je venais de rentrer dans le confort. De ce fait, nous avons oublié de filmer l'événement alors que nous y prenions part, trop occupés par nos problèmes personnels. Je n'ai pas songé un instant, pendant l'arrêt du Festival de Cannes, à sortir ma caméra, alors que j'en avais la possibilité. Personne n'a fait son travail. D'autre part, l'événement a eu un effet rétrospectif. Par exemple, en démodant le travail de la Nouvelle vague, notamment celui de metteurs en scène mineurs – je ne citerai pas de noms. Il est devenu impossible de voir les œuvres de la NV de la même façon. Certaines ont été rendues obsolètes. Mai 68 a fait le tri, nous a forcés à faire un bilan à un moment où personne ne souhaitait le faire. Et c'est une période qui reste à filmer. Peut-être qu'aujourd'hui, avec le recul, il y aurait un film intéressant à faire, avec des « survivants ». Pour l'instant, je n'ai rien vu d'autre au cinéma sur cette époque qu'une forme de démagogie.

2. Ce fut assez ambivalent. Beaucoup de cinéastes ne se sont pas remis de Mai 68. Personnellement, j'ai été troublé pendant dix jours, très perturbé, avant de reprendre mon sillon. Ça a été un choc, bien sûr. L'arrêt du Festival de Cannes a été une violente colère. Des choses essentielles se sont dites. Mais il ne fallait pas non plus se prendre trop au sérieux en acceptant cette colère en bloc. J'avais des projets de films, dont je n'ai pas modifié le sens. J'ai conservé des événements leur aspect positif. C'était la fin de la censure, de toutes les censures. Je me suis dit : *« A présent, le cinéma va pouvoir tout montrer. On ne cachera plus rien. »* C'était formidable. Je n'ai jamais fait un cinéma de la provocation. Mon intérêt s'est toujours porté sur les sentiments et les rapports humains. Mais après ce printemps, je ne me suis plus fixé aucune limite. Ce fut, je crois, une libération pour de nombreux cinéastes. Concernant le sexe, notamment. Filmer le sexe, enfin ! Les plus grands bénéficiaires de Mai 68 ont peut-être été les producteurs de X... *(rires)*. Plus sérieusement, tous ceux qui avaient envie de montrer le sexe à l'écran ont pu le faire sans avoir à pratiquer l'autocensure. Avant, les choses se passaient sous les draps... Mai 68 a tout dit, très crûment, et les gens n'en sont pas morts. Nous nous sommes donc autorisés à tout montrer. Reste que, dans le fond, sur les thèmes, la révolte de Mai n'a eu qu'un effet limité sur mes choix de cinéma.
3. Cette phrase de Blanchot est sans doute vraie. Pour moi, elle l'est un peu seulement. J'ai rencontré des gens de toutes sortes que je n'aurais peut-être jamais connus. Toutes ces réunions, qui se tenaient n'importe où, à n'importe quelle heure, c'était très nouveau. La découverte de l'autre. Cependant, j'occupais une position délicate, due au succès de *Un Homme et une femme*. Et

ce fut aussi une expérience douloureuse. Alors que je ne m'y attendais pas, j'ai constaté à quel point il existait une haine profonde à mon égard. Ça m'a fait mal. J'avais trente ans à peine, je suis arrivé dans des groupes où j'ai senti une immense rancœur. Cela m'a permis de me détacher, de reprendre mon chemin plus vite. Mais j'ai compris qu'il me faudrait travailler sans amour. Mai 68 m'a ouvert les yeux sur ma solitude de cinéaste.

Propos recueillis par OLIVIER JOYARD

Michael Lonsdale

2. J'étais très actif en 68. Je travaillais avec Peter Brook quand les événements ont éclaté. On faisait un travail d'approche autour de *La Tempête* de Shakespeare. Brook avait rassemblé trente personnes, dont dix de New York, dix Anglais de la Royal Shakespeare Company et un groupe de Français dont Delphine Seyrig, Sami Frey… On travaillait comme des dingues. Les Anglais et les Américains étaient logés au Quartier Latin. Ils étaient au milieu des fumigènes. Ils ne parlaient pas français et ne comprenaient rien à ce qui leur arrivait. On militait le matin, on travaillait avec Brook l'après-midi, et le soir on repartait encore chahuter. Il fut impossible de finir le spectacle ici. Surtout que le Théâtre des Nations, qui était censé nous aider, avait déclaré à la dernière minute ne pas avoir assez d'argent pour nous payer. Il pensait que des gens nous aideraient et enverraient de l'argent, mais avec les événements, personne n'a rien fait. Ce qui n'a rien arrangé. Brook décida de continuer à travailler en Angleterre. Le groupe des Français est resté travailler à Paris. Le problème est que notre propre groupe n'était pas vraiment formé. Les Américains étaient géniaux, et ils avaient fait beaucoup d'impro ensemble. De même que les Anglais. Nous, les Français, nous nous connais-

sions bien, mais nous n'avions jamais improvisé ensemble. Brook venait nous voir une fois par semaine. Début juin, nous sommes partis en Angleterre. Seulement, j'ai eu une angine carabinée qui m'a finalement empêché de jouer. C'était le résultat de trop d'excitation, de trop d'énervement, de trop d'engagement, parce que l'excitation était incroyable. On se réunissait. On parlait de politique, de l'avenir du théâtre. Les gens de théâtre s'étaient dispersés en plusieurs groupes. Le mien se réunissait au Théâtre de Poche à Montparnasse où Poirot-Delpech venait nous expliquer ce qu'il fallait faire et comment il fallait le faire. Je me souviens de Delphine Seyrig déclarant que c'était aux midinettes de faire du théâtre, et qu'elle-même se retirait. Puis à la rentrée, bien sûr, elle fut la première à recommencer à jouer dans un grand théâtre bourgeois.

3. Mai 68, c'était l'approche, magnifique, d'une liberté dont finalement nous ne savions que faire, parce que la vie était là, qu'il fallait travailler. Mais ça a façonné toute une mentalité. J'étais stupéfait d'entendre les discussions dans les rues. Vous ne pouvez pas savoir la sagesse et le bon sens qu'il y avait chez les gens. On entendait des choses splendides. Il y avait une connaissance de la justice qui était formidable. Je me souviendrai toujours par exemple de cette intervention de Cohn-Bendit dans l'Odéon alors occupé (on militait dans nos petits théâtres, mais le soir, on se retrouvait tous à l'Odéon). Il y avait un ingénieur du son qui passait son temps à courir nuit et jour dans les rues de Paris pour enregistrer tout ce qui se disait. Je crois qu'il détient des heures et des heures de bande.

Mai 68 a donc déclenché une prise de parole et une liberté extraordinaires. Parce qu'il ne faut pas oublier qu'à l'époque tout le monde était encore assez coincé.

Ensuite, ça a gentiment dégénéré. Le problème, c'est qu'on a eu affaire à des phénomènes extrêmement contradictoires. Par exemple, nous avons essayé de faire du théâtre dans les usines. Nous sommes alors allés demander aux ouvriers ce qu'ils voulaient qu'on joue. Ils nous ont demandé du Marcel Achard. Finalement, les ouvriers étaient aussi les seuls qui rouspétaient, quand on brûlait des voitures (même si moi, je n'en ai jamais brûlées). Tout était rempli de contradictions, de prises de position inattendues. On aurait cru que les ouvriers allaient marcher à fond là dedans. Mais pas du tout. C'était eux les plus sages, les plus raisonnables.

Liberté, liberté. Il y a eu un vent de folie, de liberté. Les barrières tombaient, les gens se mélangeaient. Une liberté magnifique. Mais la vie n'est pas faite que de cela. On ne peut pas faire ça tout le temps, passer son temps à imaginer, à inventer. Il faut bien gagner sa vie. Ce qui m'a plu le plus ce sont les comportements surprenants des gens. Beaucoup de gens après 68 n'ont plus été les mêmes. J'ai vu des gens du gouvernement complètement affolés, qui pensaient que c'était la fin de notre civilisation (ils étaient blêmes quand on les voyait à la télé, ils avaient une trouille incroyable). Or c'était tout le contraire. C'était quand même une révolution sympathique.

Propos recueillis par MATTHIEU ORLÉAN

Marc'O

1. Mai 68 a reposé en partie sur le surréalisme et sur le cinéma. C'était l'esprit Nouvelle vague qui dépassait largement le cinéma. Et c'est pourquoi j'étais en phase complète avec le cinéma. Il n'a plus du tout le même rôle aujourd'hui. A l'époque, il y avait une idéologie. Règne maintenant sur la planète la culture *middle-class*,

et cette idée aberrante qu'un film devient bon parce qu'il est le plus cher de l'histoire, ou qu'il a fait énormément d'entrées. A l'époque, je rencontrais souvent mes amis (Rivette, Schroeder, Rohmer). Je croisais Rivette deux fois par semaine en allant voir des films. Maintenant je ne rencontre plus personne. Qui fréquente-t-on aujourd'hui ? Moi, je ne fréquente plus que les milieux scientifique et philosophique.

2. Quand nous avons voulu faire *Les Idoles*, après nos expériences théâtrales de l'American Center avec le Living Theater ou Grotowski, quelqu'un nous a construit un théâtre rue Saint-Benoît, où les premières scènes du film ont d'ailleurs été tournées. Le spectacle a extrêmement bien marché. Il y avait des kilomètres d'articles partout. A tel point que les costumes des *Idoles* ont créé la mode. En fait, ils n'avaient pas été créés pour le spectacle, c'était la façon qu'ils avaient d'être dans la vie, sans se soucier une seconde de vouloir créer des symboles. C'est ainsi qu'en 1967, on a vu arriver à la Coupole Jean-Pierre Kalfon les cheveux teints en vert. Évidemment, après 68, les crêtes, les punks se sont répandus, mais à l'époque, il n'y avait rien, et se coiffer ou s'habiller de la sorte était déjà une forme d'expression. Rivette est venu nous voir. *L'Amour fou* ne s'est pas fait à la suite des *Idoles*, mais d'un spectacle postérieur dans un grand théâtre bourgeois. Quand il l'a vu, il a été complètement sidéré, et c'est ainsi qu'il a construit tout son film autour de Jean-Pierre Kalfon, qui avait un rôle incroyable dans la pièce, et de Bulle Ogier. C'est leur personnalité tranchée qui a beaucoup impressionné Rivette (rappelez-vous que ce sont les premiers qu'on a nommé les anti-stars). Après le succès des *Idoles*, je ne voyais plus ce qu'on pouvait faire, alors j'ai décidé d'arrêter. Je ne voulais absolu-

ment pas instituer un style de théâtre. Chacun est parti dans des directions différentes. 68 a été une rupture dans le sens où je me suis beaucoup politisé.

3. Ça a été comme dit Blanchot et ça a aussi été son contraire. Dans Mai 68, il y eut plusieurs mouvements, plusieurs groupuscules : les mao, les trotskystes, tous deux complètement hargneux et fermés sur eux-mêmes, le mouvement du 22 mars qui, né à Nanterre, était axé sur la sociologie et attaquait de manière très virulente la façon dont elle était enseignée. Il y avait aussi un côté libertaire, anarchiste, je dirais presque issu du surréalisme (des gens comme Guy Debord ou moi-même, par exemple) et puis les sartriens, qui formaient un groupe très important. Ils défendaient l'idée du « service du peuple ». C'est absurde, *au service du peuple !* alors que tout était au service d'une idéologie complètement abstraite. Enfin, certains comme Claude Lefort étaient *entre,* un peu partout et vraiment nulle part.

Beaucoup de ceux qui étaient proches, et même partie prenante du 22 mars, comme Godard, en découvrant la politique, sont allés vers la chose la plus terrifiante qui soit, à mon avis, c'est-à-dire le maoïsme. A côté de cela il y a eu des individus qui ont continué d'agir à travers des Comités d'Action. J'ai travaillé dans l'un d'eux, où j'avais amené Téchiné et Eustache, et où j'ai rencontré aussi bien Antoinette Fouque, qui avait fondé le mouvement des Femmes, que des camionneurs ou des étudiants. Ce Comité avait décidé de travailler très profondément, aussi bien sur des problèmes textuels que sociaux. Il y a eu des milliers de Comités extraordinaires, mais écrasés par l'activité groupusculaire et idéologique du maoïsme qui était en train de se développer de manière incroyable. C'est ce mouvement qui a eu la préférence des médias.

Ce qui était important dans nos Comités, c'était l'expression de la différence de chacun, alors que chez les maoïstes, il fallait au contraire globaliser, massifier, créer une force au service du Peuple. C'était terrifiant. Mai 68 a donc été le point de départ d'une expérience qui a complètement avorté, à cause de la prédominance d'idéologies qui ont fini par dégoûter tout le monde de la politique, et qui n'ont finalement donné naissance à rien, ou presque rien. Je suis un des rares de l'époque a avoir continué à travailler sur la différence, à m'être associé à un certain nombre d'associations (*Les Périphériques vous parlent*, par exemple). Là, on a gardé un peu de l'esprit de Mai

Propos recueillis par MATTHIEU ORLÉAN

Jean-Pierre Mocky

Réalisateur d'un film, *Solo*, qui fut pour beaucoup le seul film de fiction sur Mai 68, je voudrais d'abord constater un fait marquant et déroutant : *Solo*, réalisé en 1969, ne fut jamais diffusé à la TV (à l'exception d'un ciné-club à 24h). Un film voisin, *L'Albatros*, mit dix-sept ans à être programmé sur une chaîne cryptée – même les *Cahiers du cinéma* ne l'éditèrent pas en vidéo.

Donc et ceci étant,

Être fidèle à Mai 68, c'est désirer que change la situation générale des gens : tant pour les cinéastes que pour les citoyens spectateurs. La situation en 1968 était tellement portée à un paroxysme que Mai 68 a éclaté. Pour quelques jours… Une révolution en dentelles vite réprimée.

Trente ans après, en 1998, il y a plus de chômeurs et le cinéma – dans un État dirigé par la gauche – crève ; pensez, chers rédacteurs et néanmoins amis des salles obscures, en 1968, *Solo* sortait péniblement dans quatre

salles de merde, en 1998, *Robin des mers*, qui exalte la révolte contre la connerie et toutes sortes de choses, sort dans une salle (pas terrible) mais parce que c'est la mienne, autrement... De Révolution, il n'y en aura que lorsqu'une personne sur deux sera au chômage, et de révolution dans le cinéma il y en aura lorsqu'on distribuera équitablement les deniers réservés à la culture, et où le ministre de tutelle cessera de faire des déclarations ronflantes sur le cinéma indépendant dont visiblement il (ou elle) ignore tout. Quand les médias cesseront d'accorder cinquante colonnes à des films « in » et mépriseront les films « out ».
Une nouvelle révolution ? Un nouveau 1968 ? Les soixante-huitards ont remisé leurs couilles au vestiaire, quant aux jeunes je doute qu'ils cassent des voitures en allant voir *Titanic*. Quant à moi, fidèle à mes principes et à Mai 68 je continue à donquichotter.

Bien le bonjour.

N.B. : En échange de cette « participation précieuse » à votre numéro envoyez-moi donc une dizaine de spectateurs au Brady. Merci pour le personnel du cinéma ! *Robin des mers* reste à l'affiche cinq mois.

Luc Moullet

1. Non. Surtout des lieux communs, des images d'Épinal.

1bis. Parmi *Un autre monde* (Baulez), *Sous les pavés la plage* (Sanders), *La Maman et la Putain* (Eustache), *Bof* (Faraldo), *Sous le Signe du scorpion* (Taviani), *La Règle du jeu* (Renoir), *Messidor* (Tanner), *L'Amour fou* (Rivette), *The Holy Mountain* (Jodorowski), *La Concentration* et *La Cicatrice intérieure* (Garrel), *Les Petites Marguerites* (Chytilova), *Détruire, dit-elle* (Duras),

et *Week-end* (Godard), il est difficile de choisir. Mon cœur balance entre l'un de ces trois derniers films. Peut-être *Week-end* (Importance donc des films d'avant mai 68, et qui l'annoncent).
2. Mai 68 a rendu mes relations avec les femmes infiniment plus faciles, kif aidant. Il m'a permis (d'avoir le droit de tourner en 16 millimètres) de bénéficier trois fois de l'Avance sur recettes, qui, avant la création et l'intervention de la Société des Réalisateurs de Films, issue de Mai, était pratiquement interdite au cinéma « indépendant » et au « jeune » cinéma. Il a aussi créé des tensions au cours du tournage de mon premier film post-Mai : tous mes acteurs et tous mes techniciens voulaient prendre le pouvoir. Mais les trente dernières années, je les ai ressenties comme une lente période de régression, au cours de laquelle ont été perdus, peu à peu, la plupart des acquis de Mai 68.
3. Généralisation hâtive. C'est bien une phrase d'idéaliste. Effectivement, ça a pu se passer comme ça, mais c'était quand même un phénomène minoritaire et, de plus, inconnu dans nos campagnes et dans beaucoup de villes de province.

Philippe Sollers

1. Je ne comprends pas très bien ce que vous entendez par « juste représentation artistique ». On ne *représente* pas la révolution (encore moins au cinéma qu'ailleurs). Cela dit, on peut toujours relire *Paradis* 1 et 2.
1bis. Mais tous les films de Debord, bien entendu, en se reportant au volume de ses *Œuvres Cinématographiques Complètes.*
2. Une liberté redoublée.
3. Je dirai, au contraire : Mai 68 a été un projet et une conjuration, qui ont rencontré le réel. La fête dans ce

cas, est l'aspect le plus superficiel de l'événement. Rien de soudain : une longue préparation, engendrée par la négation de la liberté elle-même. La communication a montré comment elle pouvait s'interrompre. Les distinctions de classe, d'âge, de sexe et de culture sont devenues radicalement visibles. Pas question dès lors, de frayer avec le premier venu, ni de la confondre avec ce qu'on appelle l'être aimé. Pas question, non plus, de projeter de l'inconnu dans la moindre familiarité. Contrairement à l'éternel rêve gluant de la petite bourgeoisie, la non-communauté s'est rendue *enfin* avouable.

Jean-Marie Straub et Danièle Huillet

1.

1bis. *Un film comme les autres*, qui est un des meilleurs films de Godard. Il est à la charnière entre le Godard précédent et le groupe Dziga Vertov. Cela correspond vraiment à Mai 68.

2. J'ai fait un film sur Mai 68 qui s'appelle *La fiancée, la comédienne et le maquereau*. J'étais à Munich et je n'ai participé ni aux événements français ni aux événements italiens. Je me sentais loin, et avant de partir, en hommage aux Français, j'ai fait *La fiancée, la comédienne et le maquereau*.

3. Je n'ai pas d'expérience de Mai 68. Je répondrai, comme dans *Empédocle : « Jeder sei wie alle »*, que chacun soit comme tous. C'est le grand discours d'Empédocle, que j'appelle l'utopie communiste d'Hölderlin. On ne peut pas faire plus belle déclaration démocratique.

Propos recueillis par THIERRY LOUNAS.

Alain Tanner

1. Je ne crois pas que Mai 68 ait vraiment trouvé sa représentation au cinéma. C'est parti dans tous les sens, et si des choses ont certainement été produites, c'est à plus long terme… D'expression directe, il n'y a pas eu grand-chose. C'est peut-être une des raisons pour lesquelles un film comme *La Salamandre*, qui est sorti plus tard, en 1971, a eu ce succès. Je ne l'avais pas compris au départ, mais j'ai réalisé après qu'il était tombé dans un espace vide où il y avait une forte demande, ce que j'ignorais complètement en le tournant. Avant, il y a eu *Charles mort ou vif* qui, réalisé à 500 kilomètres de Paris, avec le Jura au milieu, s'en est fait l'écho. J'ai fait un film en mai 68 à Paris, qui s'appelait *Le Pouvoir est dans la rue*, un reportage télé d'une heure, réalisé à chaud. Puis j'ai écrit *Charles mort ou vif* en juin et je l'ai tourné à l'automne 68. C'était donc une émanation assez directe de ce que j'avais vu et entendu à Paris pendant le tournage du *Pouvoir est dans la rue*.

1bis. Ma mémoire me trahit… Il y a eu des choses… mais qu'il est très difficile de mettre immédiatement en représentation. Sur le moment, il y a eu des films militants, des films tracts, mais en fiction pas grand-chose. Ou alors tout à fait indirectement comme ce qui concerne par exemple le mouvement des femmes. En 1968 j'avais 38 ans, je n'étais pas militant, même si j'étais proche de tous ces courants d'idées et de pensées sans être engagé dans un mouvement. J'avais un certain recul.

2. Le pouvoir, les politiques ont cru que c'était un événement mineur, ils voulaient que tout reparte comme avant, avec certains acquis négociés au mois de mai. En ce qui concerne plus directement le cinéma, puisqu'il n'y avait absolument rien en Suisse, on a démarré à

Genève en 68 avec un petit groupe de travail qui s'appelait le Groupe 5. La date n'est pas un pur hasard. On a alors pu mettre la main sur un outil de travail, en fait, une branche de la télévision. Nous n'avions aucune envie de créer une industrie de cinéma, de faire du cinéma commercial, on se foutait éperdument de savoir ce qui arriverait après aux films. Mais dans l'esprit de l'époque, on pouvait tout inventer à partir de zéro : les moyens de production, les rapports de travail avec les techniciens qui étaient tous très jeunes. Une forme d'inventivité sort de là. Par exemple, *Charles mort ou vif* a été écrit en trois semaines, tourné en trois semaines avec un budget qui serait aujourd'hui l'équivalent de moins d'un million de francs. Il fallait avoir beaucoup d'inventivité à tous les niveaux, et le fait qu'il y ait eu cette révolution culturelle, tous ces discours qui partaient dans tous les sens, a débloqué beaucoup d'imaginaire. Et on a retrouvé cela dans la manière de travailler, dans les histoires que nous avions envie de raconter.

3. Comme c'est bien dit ! C'est tout à fait ça, c'est le sentiment que nous avions sur place pendant les événements. Effectivement, on pouvait parler à n'importe qui. Tout le monde pouvait prendre la parole à la Sorbonne ou à l'Odéon, tous ceux qui n'avaient pas parlé depuis cinquante ans et qui déballaient tout, on pouvait parler à n'importe qui, à 1 500 personnes… Il y a eu cette prise de parole et puis la nature d'un échange totalement ouvert et ça, Blanchot le décrit extrêmement bien, c'est tout à fait juste.

Propos recueillis par GABRIELLE HACHARD.

Jean-Pierre Thorn

1. Je ne pense pas qu'une représentation puisse être « juste ». Le bon terme serait plutôt « intègre ». Parce

qu'en 68, le problème était de savoir de quel côté de la barricade était la caméra. De quel côté filmez-vous ? C'est pour cette raison que dans mes films, je garde toujours les regards-caméra : c'est une question d'éthique que de signifier d'où l'on filme. *Oser lutter, oser vaincre* est un film « juste » au regard de la place que j'avais à l'époque mais forcément critiquable à le voir aujourd'hui : un film très monté, qui essayait de « donner à lire » pour comprendre l'Histoire et la transformer. Sans laisser beaucoup de place à la complexité de la vie ou à la liberté d'analyse du spectateur !

1bis. Deux films m'ont beaucoup marqué : l'un, d'avant les événements, *Le Dieu noir et le Diable blond* de Glauber Rocha (1964) et l'autre, d'après, *Le Droit du plus fort* de Fassbinder (1975). Deux cinéastes de la fureur. *Oser lutter, oser vaincre*, bien qu'excessif et peut-être insupportable par son côté péremptoire, incantatoire, était une tentative esthétique, sous influence d'*Octobre* d'Eisenstein que je venais de découvrir et du *Petit Livre rouge* (!), de vivre l'Histoire en la comprenant pour jouer mon rôle de cinéaste. C'est un film baigné dans l'esprit de l'époque et qui peut aider la génération de maintenant à lire les événements, y compris la folie dans laquelle nous étions enfermés : la reproduction à la puissance dix des méfaits du PCF, méfaits que nous dénoncions en même temps. C'est un film de contradictions, pour moi expérimental tant cinématographiquement que politiquement. Il m'a fallu dix ans pour m'en remettre, apprendre à mieux connaître les choses et répondre à *Oser lutter…* avec *Le Dos au mur*. Je revendique aujourd'hui plus de temps d'écoute et de modestie par rapport au réel.

2. Mai 68 a bouleversé ma vie. A la suite de 68, j'ai quitté le cinéma pour m'établir à l'usine parce que je

pensais que j'avais triché en parlant de choses sans les avoir expérimentées. Ça m'a fait connaître, partager et aimer des réalités ouvrières jusqu'en 1978, temps où j'ai eu trop envie de revenir au cinéma. 68 est un événement fondateur de ma perception de la vie et de mon plaisir à être aux côtés d'un monde qui n'est pas régi par les mêmes lois que celui de la bourgeoisie, même si ce monde du travail est éclaté, traversé de contradictions : les ouvriers professionnels avec vingt ans de militantisme derrière eux, les jeunes travailleurs, les femmes, les travailleurs immigrés qui découvrent la lutte de classes et manifestent une radicalité que, bien souvent, les OP n'ont plus. Mais ce qui est fondateur dans 68, c'est l'envie de connaître ce monde, de partager son histoire et ses plaisirs. Et ça me manque de ne plus le vivre de la même manière aujourd'hui.

3. Je reconnais assez dans cette citation ce que j'ai vécu en 68. Et le propre de notre génération, c'est peut-être d'avoir sans arrêt envie de faire vivre cette joie.

Propos recueillis par BERNARD BENOLIEL.

Johan van der Keuken

1. 2. et 3. 1968 a été préparé, en Hollande, par le mouvement anti-pouvoir Provo, ludique et dadaïste, qui a eu un gros impact dans les années 1965-1967. Pour moi, il n'y a pas seulement Mai, mais toute l'année 1968. Comme souvent, mes souvenirs s'organisent autour d'un film, *L'Esprit du temps* en ce cas-ci. C'est un film d'une quarantaine de minutes qui m'a permis de faire un saut dans le sens d'une libération du récit et du discours documentaires. L'enjeu en était le phénomène hippie et les « *drop-out* » : serait-il possible de tourner le dos à la société existante et de créer une société parallèle (qui arriverait éventuellement à séduire, à paralyser

et à transformer le centre de la société – tout cela de façon non violente, mais à travers une violente explosion des sens) ? ou le chemin vers le changement devrait-il en passer par la lutte politique *dans* la société ? A partir du printemps 1968, notre maison à Amsterdam se remplit de toutes sortes de personnages de la « scène ». On fumait et on avalait pas mal de choses. J'étais souvent sous le charme de mes nouveaux amis ; mais tandis que Yvonne, mon amour de jeunesse, avec qui je vivais depuis 1960, était de plus en plus prise dans une pensée que je qualifierais grossièrement de « mystique », je gardais, moi, mes doutes.

Le matin du 21 août 1968, la radio annonça l'invasion de Prague par les armées du Pacte de Varsovie. Tout de suite après, le cinéaste Louis van Gasteren me téléphona pour m'inviter à aller, en tant que cameraman et assistant, filmer la guerre du Biafra. Il fallait se décider tout de suite et partir le soir-même. Comme j'avais besoin de vérifier la thèse de mon entourage selon laquelle *« l'univers, on le porte en soi ; peu importe où on se trouve sur le globe »,* j'acceptai. Après huit jours dans la famine et la panique, j'ai compris l'ordre du monde. Pendant mon absence, Yvonne avait eu une expérience cosmique avec un certain gourou. Notre mariage était devenu impossible. Elle partit pour aller vivre à Londres, puis en Inde, où elle eut un enfant du gourou – je l'ai su plus tard. Moi, j'ai rencontré Nosh, avec qui je vis toujours. Et j'ai cherché mon chemin vers un cinéma plus directement politique, qui m'a semblé alors être absolument nécessaire.

Même si la mystique de notre 68 n'a pas marché pour moi, je ne peux pas en parler avec dédain. L'idée de l'amour et de l'art comme forces centrales d'une société digne s'est, quelque part, confirmée en moi. Je crois

qu'elle s'exprime – de façon contradictoire et fragmentée, bien sûr – dans beaucoup de mes films.
Je vous écris de Californie et hier, en route de Las Vegas à Death Valley à travers une partie du grand désert du sud-ouest américain, nous avons découvert Zabriskie Point, ne sachant pas que l'endroit « océanique » du film d'Antonioni existait là, à notre portée. Et pour aujourd'hui, je dirai que ce film, venu plus tard et partant d'un tout autre contexte que le nôtre, a exprimé le plus fortement l'esprit et l'émotion de « mon 68 ».
Révolte naïve des classes moyennes ?
Sans doute – et encore...

Avec mes salutations cordiales.

La parole est au coktail Molotov

Défense du cinéma

Entretien avec Jean-Henri Roger

En décembre 1968, Jean-Henri Roger embarque dans l'aventure collective du groupe Dziga Vertov. Sous le leadership *de Jean-Luc Godard. Il en résulte une expérience limite qui apporte au cinéma beaucoup de questions et quelques réponses sur sa radicalité. La représentation n'en sort pas indemne, ni les auteurs d'ailleurs. Quelques années et quelques films plus tard (*Neige *avec Juliet Berto, par exemple), Roger, membre actif de L'ACID, continue de défendre une certaine idée du cinéma. D'où notre envie de confronter cette idée avec ce qu'il reste de l'événement 68 dans les esprits, dans les mots et dans les mémoires.*

Qu'est-ce que vous avez fait en 68, cinématographiquement et politiquement ? Est-ce qu'il a été tout de suite question du groupe Dziga Vertov ?
J'ai rencontré Godard après Mai, à L'IFC, l'Institut de Formation Cinématographique. Noel Burch, Jacques Fieschi, Jacques Rivette y enseignaient alors. Parallèle-ment, j'étais au comité de rédaction d'*Action.* Jean-Luc m'a demandé si je voulais partir avec lui en Angleterre pour travailler sur *British Sounds.* Nous

sommes en décembre 1968. Puis ce fut la succession des films du groupe Dziga Vertov et l'arrivée de Jean-Pierre Gorin que Jean-Luc avait connu à l'époque de *La Chinoise*.

Faut-il considérer British Sounds *comme le premier des films du groupe Dziga Vertov ?*

Il faut être clair : c'est Jean-Luc qui décide. Le point de vue que j'ai sur le groupe est celui-ci : il correspond à un désir très fort de Jean-Luc de rompre, dans son œuvre, avec la manière de fabriquer les films alors en cours, aussi bien (et même plus) du point de vue de la production que de celui de la distribution. Et ce désir se manifeste par la disparition de son nom au générique. Mais ces films sont évidemment de Godard, de Godard en discussion avec d'autres gens. Ce qui ne veut pas dire que l'appellation Groupe Dziga Vertov n'est qu'un camouflage. C'est sa manière de marquer la radicalité du changement, de rendre compte de toutes ces discussions sur le cinéma et sur la politique. Ce changement ne s'est pas fait sans heurts. Beaucoup, surtout au sein des militants, n'ont pas accepté une telle radicalité un peu folle, qui ne reniait rien du cinéma en même temps qu'elle portait un nouveau discours politique, une sorte de rêve idéaliste. Mais ce changement était productif. Une grande partie du cinéma européen digne d'intérêt doit quelque chose à sa radicalité.

Cette question du nom est intéressante, car elle raconte bien ce qui s'est passé à l'époque où Godard retourne à une production plus normale, je veux parler de *Tout va bien.* Il ne peut monter ce film que sur son nom qui permet d'y accrocher ceux d'Yves Montand et de Jane Fonda. Et il fait ce film avec Jean-Pierre Gorin, celui d'entre nous avec qui le dialogue était le plus profond.

Ils signent le film de leurs deux noms, et non plus groupe Dziga Vertov.

Pourquoi la référence à Dziga Vertov ?
Il y a une raison politico-esthétique. Vertov nous semblait être celui de tous les cinéastes soviétiques qui mettait le mieux en avant le fait que toute invention du contenu politique passe nécessairement par une réinvention de la forme, sans que celle-ci soit un instrument de domination – Vertov n'a pas ce rapport extrêmement ambigu avec le pouvoir qu'a Eisenstein. Pour Vertov, le cinéma doit rompre radicalement avec tous les arts précédents et donc avec toutes les formes précédentes. C'est ce qui nous a séduits, beaucoup plus que les visées sociales-démocrates et réformistes des états généraux du cinéma, lesquels ne proposaient en fait qu'une seule chose : un cinéma de service public. C'est le sens de la dispute Truffaut-Godard autour de *La Nuit américaine.* Nous avons dit : plus jamais ça. Nous n'appartenons plus au cinéma qui fabrique *La Nuit américaine.* C'est à partir de cette certitude que se sont développés ensuite tous les mouvements issus directement ou non du groupe Dziga Vertov, aussi bien le groupe Cinélutte que, dans la critique, les *Cahiers.* Il fallait prendre ses distances avec la fiction de gauche et avec l'idée que l'on peut reprendre le système tel qu'il est, en lui insufflant simplement un contenu « de gauche », de la révolte et du social. Nous avons certainement été un peu injustes avec certains films, mais très honnêtement, pour nous, à l'époque, *Z* de Costa Gavras, les films de Boisset ou de Tavernier, ce n'était rien ou pire que rien.

Quels étaient, esthétiquement, les grands traits de la radicalité du groupe Dziga Vertov ?

Nous mettions en cause tous les films qui, dans leur forme même, désapproprient le spectateur de sa capacité de penser. La représentation romanesque des luttes dessert les luttes. Ce travail sur la représentation, Godard l'avait déjà entrepris plus tôt, depuis assez longtemps. *Deux ou Trois Choses que je sais d'elle* ou *Un film comme les autres* ne sont pas très éloignés de ce qu'a pu produire le groupe Dziga Vertov. Mais, au moment de 68, il a pour la première fois des alliés, non pas uniquement dans le cinéma mais également au sein du mouvement politique. Notre but n'était pas – c'est l'éternel malentendu – de faire des « fictions politiques » mais de nous réapproprier la fiction. Et, lorsque des cinéastes influencés par ces recherches sont revenus à des modes de production et de représentation plus classiques, ils ont conservé cette posture morale : le refus de la simplification, le refus de la *doxa* sociale comme plus-value morale inattaquable. Ces cinéastes ont continué à se poser la question sociale de la fabrication des films. C'est la question, par exemple, que continue à se poser Guédiguian en créant une maison de production avec d'autres réalisateurs (Agat Films), instrument qui lui permet de faire avant *Marius et Jeannette* six films minoritaires. Et qui lui permet aussi de travailler avec les mêmes gens et de répartir la pénurie d'argent comme la richesse, selon les circonstances, d'une autre manière que celle du mode de production dominant. Voilà l'influence d'un groupe comme Dziga Vertov dans le cinéma tel qu'il se fait aujourd'hui, reprenant ce vieux combat contre la figure aristocratique de l'auteur et la séparation des tâches : d'un côté il y aurait la production, d'un autre la technique, d'un troisième l'histoire et d'un dernier l'auteur qui regarde tout cela de haut. Ce combat était déjà amorcé par la Nouvelle vague dans sa critique du mode de production de la Qualité française, mais pas sous le thème de la radicalité politique. Godard l'a fait, et les cinéastes de sa génération ne lui ont pas pardonné.

De quels cinéastes parlez-vous ?
Je crois que Truffaut ne lui a jamais pardonné, lui qui était pour Godard le cinéaste important, l'interlocuteur privilégié.

Tous ces groupes qui ont émergé après 68 étaient-ils liés par une réelle communauté d'esprit ? Au moment où se crée le groupe Dziga Vertov, Marker de son côté crée le groupe Medvedkine, et vous rejoignez ensuite Cinélutte. Par quoi se singularisaient ces différents groupes ?
Si je pars pour Cinélutte, ce n'est pas en raison d'une rupture ou d'une exclusion. Le groupe Dziga Vertov, c'est le chemin de Godard. A un moment donné, ce chemin en croise un autre, puis un autre encore... Je peux parler de Chris Marker et du groupe Medvedkine, car nous avons fait des choses ensemble, comme ce journal vidéo en 1969 qui était diffusé à la librairie Maspéro, temple du gauchisme du Quartier Latin. Paul Bouton qui était l'opérateur sur plusieurs films du groupe, était aussi l'opérateur de Chris Marker. Il n'y avait pas d'opposition avec le groupe Dziga Vertov ou Godard. Du reste, Marker a aussi fait des Cinétracts. La vraie opposition n'était pas là. Elle était d'abord du côté des militants qui ne comprenaient pas ce que l'on faisait. Ils nous disaient : « *Faites-nous des films militants !* » c'est-à-dire des films qui puissent être montrés dans les meetings pour chauffer les foules. C'est sur ce problème de la forme que s'est faite la vraie division, non pas sur les appartenances politiques (Marker n'était pas maoïste, à

l'époque il était proche du PCF). Il y avait, en gros, trois attitudes. 1. J'en ai déjà parlé, la fiction de gauche : représentons la contestation sociale dans le système de production classique. 2. Une version d'extrême-gauche de la fiction de gauche : *« Donne-nous des films pour nos meetings »*, des films utilisables. 3. Notre point de vue : des films faits politiquement et non des films politiques au sens utilitaire. A mon avis, le plus beau film jamais fait sur 68 est *Osez lutter, osez vaincre* de Jean-Pierre Thorn parce qu'il ne se résume pas au discours politique qu'il revendique, mais qu'il a trouvé une forme qui organise le réel cinématographiquement au nom d'un point de vue sur la lutte des ouvriers de Flins, créant ainsi du complexe et pas seulement des slogans. La vraie ligne de démarcation séparait donc les militants de ceux qui cherchaient la politique dans les films et faisaient des films critiques. Les militants ont une conception de l'art principalement utilitariste. Ce débat formel n'est pas nouveau, c'était déjà celui qui préoccupait Maïakovski. Et même au moment de Cinélutte, nous étions en porte-à-faux par rapport à l'immédiateté de la demande militante. Nous étions sur le terrain des luttes, décidés à les filmer – ce que le groupe Dziga Vertov s'est toujours interdit de faire – tout en restant fidèle à l'exigence du groupe Dziga Vertov, que l'on peut résumer par *« faire politiquement des films »*. C'est cette exigence qui nous rassemblait, et non pas telle ou telle appartenance politique. Cinélutte n'était pas le département agit-prop d'une quelconque organisation politique.

Pourquoi le groupe Dziga Vertov n'a pas filmé les luttes ? Par exemple Jusqu'à la victoire, *tourné en 1970, n'a jamais vu le jour ; sinon pour être repris en partie et critiqué dans* Ici et Ailleurs, *en 1975.*

C'est à Godard qu'il faudrait poser la question Ce que je peux vous dire, c'est qu'il n'était pas question de produire ou de reproduire des images de propagande. Or, quand on se retrouve face aux appareils politiques, la seule demande est de ce type-là. L'OLP voulait que Jean-Luc Godard, grand cinéaste mondialement connu, fasse un film « démocratique » qui dise au monde que les Palestiniens sont malheureux et que l'OLP a raison.

Mais pourquoi ce qui n'était pas possible pour Godard l'est devenu pour vous ?
D'abord, il faut savoir que ce n'est pas la même période. Je me répète : la radicalité du groupe Dziga Vertov a permis l'émergence un peu décalée des autres groupes. Ce n'est pas l'histoire d'un groupe contre l'autre, mais celle de deux groupes différents séparés dans le temps. A cette époque, l'histoire va très vite. Tout ce dont on parle se déroule sur une durée de quatre ou cinq ans. Ensuite, Godard s'est toujours refusé à faire des documentaires (pourtant le documentaire le passionne). Tout ce qui, chez lui, ressemble à un documentaire est en fait un essai cinématographique. C'est sa manière de saisir l'abstraction des enjeux.

Cette incapacité à montrer les luttes est aussi à l'origine du naufrage tel que Godard le décrit dans Ici et Ailleurs. *Entre la lutte et son image, il y a inévitablement le cinéaste qui parle à la place de la lutte, qui la mène à sa place.*
Il a raison quand il décrit ce processus. Il y a un malentendu entre la démarche de Godard et les gens à qui il croyait s'adresser. Il avait une conscience très aiguë de tout cela, plus aiguë que la nôtre. Et ce malentendu court toujours : un cinéaste ne devrait pas avoir de

point de vue sur une lutte. Bien sûr, c'est faux. C'est sûrement à cause de ce malentendu que Godard a inventé ses luttes. *Luttes en Italie* est une lutte inventée. Ce malentendu est encore présent lorsque les gens ont réagi à l'affaire des sans-papiers. Certains ne comprennent pas pourquoi nous n'avons pas fait dix films à la gloire des sans-papiers au lieu du petit film collectif *(Nous, sans-papiers de France)* que je considère comme une grande réussite politique et cinématographique.

Dans quelle mesure le cinéma peut-il servir la lutte ?
Le cinéma est une fausse question, et c'est sur cette fausse question que le malentendu porte. Je suis sûr que des films servent des luttes, mais ces films ne le savent peut-être pas. Le petit film de trois minutes est utile aux sans-papiers parce que son discours est indissociable de celui des sans-papiers. C'est une parole. C'est un acte de militant qui a trouvé une forme filmique : un plan-séquence de trois minutes. D'une façon générale, il est sûr qu'il n'est plus possible de croire à un cinéma de propagande. Je n'y ai jamais cru. Mais les militants, eux, voudraient continuer à y croire. Et lorsque l'on affirme le contraire, on passe pour des « Ovni chieurs », parce qu'eux croient à un *Cuirassé Potemkine* en 68.

Dans Pravda, *il est dit à un moment :* « Mettre un son juste sur une image fausse pour retrouver une image juste », *phrase ensuite contredite par* Vent d'Est *:* « Non pas une image juste mais juste une image. » *Comment interprétez-vous ce repositionnement, et la sanction qui ensuite tombe dans* Ici et ailleurs *?*
C'était notre illusion, qui n'était pas uniquement celle du groupe Dziga Vertov mais aussi celle de *Tel Quel*, et en définitive celle de tout un mouvement. C'était une

folie : celle de remettre les compteurs à zéro ou plus exactement la croyance que par une critique et une rupture avec l'ancien on peut retrouver la pureté d'une forme. Vertov aurait sans doute dit *« un son juste avec une image juste »*, et Godard a ajouté une étape dialectique afin de conserver l'illusion qui est celle de toutes les avant-gardes. Maïakovski c'est exactement la même chose. On tente de trouver la phrase, la représentation ou simplement l'image qui serait identifiable uniquement à la révolte dont elle rend compte. C'est une illusion d'artiste, ce n'est pas une illusion politique.

A l'heure de l'image à portée de tous, faut-il croire qu'il revient en priorité aux acteurs de la lutte (je parle par exemple du mouvement de cheminots en 1995) d'en prendre en charge l'image ?
Non. Parler ainsi au mieux c'est de la connerie, au pire c'est de la démagogie, c'est politiquement dégueulasse. Parce que les formes ne sont pas spontanées, elles ont une histoire. Croire qu'il existe une forme, une mise en image spontanée de la lutte, ou vouloir le faire croire, c'est de la connerie. Du reste, ceux qui tiennent ce discours n'ont jamais fait de film, ou alors ils sont mauvais. Il n'y a jamais eu d'ambiguïté, et c'est pour cela que ce qui reste filmiquement de 68 est très pauvre. Il y a *Osez Lutter, osez vaincre* et *La Reprise du travail aux usines Wonder*. Le premier est le film d'un cinéaste qui est un monteur génial, le second a une formidable intelligence du cadre et du moment.

Que reste-t-il de 68 dans la fiction ?
Je ne vois pas de film de fiction qui vienne directement de Mai 68. On cite souvent *La Maman et la Putain*, mais pour moi c'est différent. L'œuvre d'Eustache est

difficile à comprendre. Il a montré que l'on ne peut plus filmer innocemment, que la connaissance ne passe plus que par une connaissance mensongère du monde. C'est très fort, mais cela implique précisément que l'on s'interdise de filmer l'événement. Pour mesurer cette connaissance, Eustache s'extrait du social. Il décrit comment les rapports entre individus d'un même groupe ne cessent de se recomposer, de s'ajuster. En fait, à l'exception d'Eustache, qui est un cas à part, 68 n'est jamais réapparu au cinéma dans un cadre politique. Ceux qui ont repris 68, ce sont Patrick Grandperret avec *Court-circuit*, Serge Le Péron avec *Laisse Béton*, ou le premier film que j'ai signé (co-signé avec Juliet Berto), *Neige*. C'est arrivé après, mais je crois qu'il fallait ce retard.

Certains cinéastes ont repris 68, mais de manière très intime. On pourrait parler de Garrel ou d'Akerman.
Bien sûr, et c'est d'autant plus intéressant qu'ils ont fait la même chose que nous : ils ont déporté la question. Garrel est le grand cinéaste de notre génération et celui qui a toujours voulu s'exclure de la politique comme mode de vie. Il serait passionnant d'entendre ce que lui ou Akerman ont à dire sur le groupe Dziga Vertov, parce que malgré tout, ils ont aussi utilisé cette radicalité comme garde-fou.

On a le sentiment que l'enseignement du groupe Dziga Vertov n'a pas beaucoup profité. Prenons, par exemple, Romain Goupil et son Mourir à trente ans *de 1982.*
Le film de Goupil a joué un rôle. C'est une vraie réminiscence. Il y a là une vraie douleur. Je ne l'ai pas revu récemment mais, dans mon souvenir, le film avait une grande beauté mélancolique.

La mélancolie est tout de même le triste revers de l'enthousiasme. Ce que s'interdisait le groupe Dziga Vertov, Goupil l'a fait et l'a passé en contrebande sous le mode de la mélancolie. On sait, on l'a encore vu récemment avec les derniers films de Ken Loach, quelle part de négation, de réaction et d'élan finalement très normatif emporte cette mélancolie.
Je ne suis pas d'accord. La mélancolie est cinématographique. C'est la perte du temps. Dans la mélancolie, il y a du style, dans les slogans il n'y en a pas.

Nous parlions du refus de la posture d'auteur par le groupe Dziga Vertov ; nous parlions aussi de Robert Guédiguian. N'avez-vous pas le sentiment que des cinéastes comme Manuel Poirier ou Guédiguian sont les figures de proue d'un cinéma d'auteur qui se pique de politique ?
Le problème n'est pas de dire qu'il n'y a pas d'auteur, il est d'affirmer que le cinéma ne doit pas être fondé sur un dispositif qui ferait qu'au centre se trouverait l'auteur et en périphérie la production. Le groupe Dziga Vertov a affirmé sa primauté de la production. Nous étions revenus du cinéma-vérité. Il est évident que Guédiguian est davantage du côté de la théâtralité que du réel. Mais le plus drôle encore est de voir que des gens s'attaquent à son dernier film *Marius et Jeannette* uniquement parce qu'il a eu du succès. S'il s'agit de dire que Guédiguian n'a pas la radicalité qui était la nôtre au début des années 70, c'est évident, car les certitudes sur lesquelles elles se fondaient n'ont plus cours. Cette radicalité n'a plus cours. Mais pourquoi n'a-t-elle plus cours ? Parce que le cinéma est moins fort. Quand Godard dit à l'époque : « *A partir d'aujourd'hui, ce n'est plus moi qui filme mais le groupe Dziga Vertov* », cela crée un effet. Je ne suis pas sûr qu'aujourd'hui cet effet serait

le même. On ne peut pas transporter des stratégies anciennes dans le cinéma d'aujourd'hui. Ce serait suicidaire. Il faut trouver d'autres solutions.

En même temps, le contre-exemple de cela, c'est le Mouvement des cinéastes, qui prouve que le cinéma a encore un pouvoir d'intervention.
J'ai le regret de vous dire que c'est encore plus simple que cela. Le mouvement des cinéastes existe uniquement parce que les hommes politiques sont nuls. 1. Les cinéastes occupent une position très particulière. Ils n'ont pas le monopole de l'indignation sur les sans-papiers mais ils ont l'avantage d'être moins isolés que d'autres. Même si c'est une somme d'individualités, la réalité de la production d'un film fait qu'à l'intérieur de ce groupe on se parle énormément, beaucoup plus que dans un autre corps social. Nous avons élaboré les choses ensemble en maintenant une tension démocratique entre nous. 2. Il est évident que le cinéma continue à exister dans l'imaginaire des gens comme un lieu de libre prise de parole. 3. En face, sur la même question, c'était le désert, il n'était donc pas difficile de se faire entendre. Mais ce mouvement n'a jamais dit ce que dit l'article de Christophe Honoré (« La triste moralité du cinéma français », *Cahiers n°* 521). Il a dit : *« Nous sommes citoyens, nous nous parlons et nous agissons ensemble. »* Il n'a pas dit que nos fictions sont les bonnes fictions du réel.

On peut pourtant, dans un second temps, se demander quels films ces citoyens font. Bien sûr, ils ne sont pas obligés de prendre pour sujet cette revendication, mais il n'est pas saugrenu de voir de quelle manière ils parlent de politique quand ils le font, qu'ils s'appellent Guédiguian, Poirier ou Rochant

(lequel, il est vrai, n'a pas fait partie du Mouvement des cinéastes). Or ces films sont très décevants. Western, *jusque dans sa représentation du Front National, construit un spectacle politique extrêmement simplificateur.*
Mais tu es dans une folie grave ! Il faut ramener les choses à leur réalité. Quand on a signé ce texte à 52 cinéastes, nous n'avons pas dit grand-chose politiquement. Nous avons simplement dit que nous refusions de dénoncer nos voisins. La force de l'appel tient à ce qu'il a su trouver la bonne forme, celle de l'implication modeste.

Je ne remets pas en cause le mouvement, j'interroge les films.
Oui, mais ces questions il faut avant tout les poser au cinéma, sans faire l'amalgame comme l'a fait l'article des *Cahiers* déjà cité. Si vous n'aimez pas un film, dites-le.

Posons autrement la question : est-ce que vous avez le sentiment qu'en 1998, il y a des façons nouvelles de dire la politique ?
C'est très compliqué. Je ne pense pas, parce que, comme je vous l'ai expliqué tout à l'heure, il me semble que cette question n'appartient plus à notre époque et qu'il faut répondre à d'autres questions. En revanche, je pense que quelque chose est en train de se déplacer. Je trouve formidable que dans une même cinématographie on puisse simultanément trouver *Reprise* d'Hervé Le Roux, expérience de cinéma atypique qui reprend des enjeux très forts du cinéma (un plan n'existe que pour le plan que l'on fera après ; une idée morale : tout le monde a droit à une seconde chance, etc.), et *Gadjo Dilo* de Tony Gatlif, un très beau film qui n'aurait pas été possible sous cette forme il y a vingt ans, mais aussi le travail que fait Nicolas Philibert, et d'un autre côté

celui de Desplechin, Rochant, etc. Il est évident que quelque chose lie tous ces films et tous ces cinéastes. Et c'est bien parce quelque chose les lie que ce n'est pas si compliqué de se retrouver ensemble pour signer un texte sur les sans-papiers. Tout cela me semble nouveau et me rend confiant. Je pense qu'il y a eu un long détour et qu'une nouvelle radicalité, en réponse à la domination de la télévision, se met actuellement en place. Contre le dire télévisuel renaît au cinéma un rapport intime au réel, et comme la réalité est de plus en plus violente, ce phénomène va s'amplifier. Mis à part Garrel, Eustache et quelques autres, combien de cinéastes de cette génération sont passés armes et bagages du côté de la télévision ? Cela ne veut pas dire qu'ils n'aiment pas le cinéma, cela veut simplement dire qu'ils n'en font plus.

A vous entendre, on a le sentiment que le seul combat à mener est de sortir de la télévision pour aller vers le cinéma. Je trouve le dénominateur commun à tous ces cinéastes un peu faible. Au fil de la repolitisation, il est probable que, très vite, les prises de position et les trajets vont diverger.
Je ne pense pas. Les choses vont s'approfondir.

Non, elles vont éclater.
Elles vont s'approfondir, et je pense que ce qui lie tous ces cinéastes n'est pas faible. C'est une longue discussion théorique. Ce n'est pas un projet de cinéma, c'est un projet démocratique. Je ne crois pas que davantage d'unité puisse se faire. Ce qui se joue est profond, très important. L'état de la télévision est tel et son discours tellement primaire – la représentation ne sert plus à rien, vive le direct – qu'il fallait bien que l'on commence à réagir pour sauver le cinéma et la représentation.

En comparant le projet du début des années 70 et celui d'aujourd'hui, on peut dire qu'on est descendu d'un cran. Quand il s'agissait à l'époque de trouver une représentation, disons rapidement la meilleure possible, il ne s'agit plus aujourd'hui que de la sauver contre la non-représentation de la télévision.
Je vais faire un peu de dogmatisme. Marx disait que l'humanité ne se pose que des questions qu'elle peut résoudre. A chaque situation sa question.

Si l'unique projet est de sauver la représentation coûte que coûte, de brandir quelques films français et d'acclamer chacune des apparitions de leurs auteurs comme celle d'un héros revenu du front médiatique, je préfère m'abstenir puisque pour moi le débat est ailleurs. Au risque de vous déplaire, je pense que la télé – malgré elle – donne plus à penser que le film de Poirier ou celui de Guédiguian.
Être contre la représentation, c'est être contre la démocratie parce qu'il n'y a de démocratie que représentative. La télévision travaille actuellement à substituer à la représentation l'effet de direct, et avec l'effet de direct, il n'y a pas de jugement. Comme il n'y a plus de jugement, il n'y a plus besoin de politique, juste des gens qui gèrent le social. La télévision aujourd'hui, par cette substitution de l'effet de direct à l'effet de réel, organise un monde où le jugement critique est absent. On ne critique pas ce que l'on nomme « comme si j'y suis », on ne peut critiquer que des représentations du réel. Comme de l'autre côté, la télévision est un immense instrument à fabriquer du consensus, du catéchisme comme disait Serge Daney, l'esprit critique sans lequel il n'y a pas de démocratie a tendance à disparaître. D'ailleurs je n'ai pas lu de travail critique dans les *Cahiers*, sur les deux auteurs que vous citez, qui travailleraient ce que vous affirmez. On est dans une période où on a substitué au

travail critique le registre de l'équivalence : j'aime, je n'aime pas. Les cinéastes, eux, travaillent le réel alors que les politiques nous disent aujourd'hui que le réel *est*. Comme si l'économie, la mondialisation était un état de nature. L'histoire de l'AMI (Accord multilatéral sur l'investissement) est exemplaire, sur la disparition du débat démocratique et son remplacement par une gestion du monde fabriquée par un consensus dont CNN est le modèle. Le cinéma est sans doute un des lieux de résistance à cette uniformisation du monde, et je me sens assez proche de ce que disait Daney à la fin de sa vie : « *Je suis l'avocat de tout le cinéma.* » A vous de faire le travail critique sur les films.

Propos recueillis à Paris le 6 avril 1998
par STÉPHANE BOUQUET et THIERRY LOUNAS.

68 / 98, retours et détours

Emmanuel Burdeau

Dans le cinéma français d'aujourd'hui, on peut parler du « retour du politique », mais aussi du « retour du psychanalytique ». Deux tendances opposées et qui, dans leur opposition, font face à la même question : comment mettre en mouvement un film, une fiction ? Et en particulier, comment produire ce type spécial de mouvement qui s'appelle la politique ? A la proposition d'un « cinéma du retour du politique », attendu et figé, se substitue une contre-proposition de cinéma, imprévisible dans ses effets, riche par ses traversées, celle du film de fous.

Retour du politique (1). Mieux vaut d'abord ne pas se tromper de modèle. L'effet de mode, consolidé par un vieux réflexe anti-hollywoodien, conduit à vouloir ériger en référence du cinéma français le cinéma britannique. Armé du slogan *« Français, encore un effort si vous voulez être aussi réalistes et "sociaux" que les Anglais »*, on croit pouvoir inciter nos cinéastes à s'inspirer des leçons de Mike Leigh, de Ken Loach, de *The Full Monty* et des autres. La référence est à portée de main mais c'est bien évidemment un leurre, l'incorporation de la figure populaire dans ce cinéma ne se faisant qu'au prix d'une théâtralisation excessive, donnant naissance à des films qui ne sont « sociaux » que par le petit spectacle social qu'ils orchestrent, spectacle qui consiste toujours plus ou moins à relever de quelques couleurs un peu fortes (celles du strip-tease par exemple), mais singulièrement vaines, la misère et la grisaille du prolétariat britannique. *The Full Monty* a besoin de postuler l'indécrottable laideur de ce prolétariat pour faire rire de ce que, contre toute attente, au bord de la complète nudité, il soit regardable, voire désirable. Mais à aucun moment il ne peut passer outre cette laideur qui est la condition de son gigantesque succès. Spectacle alors un peu obscène du prolétaire de cinéma devenu vendeur par la répulsion qu'il inspire *a priori*. Le cinéma français n'a rien à apprendre de ce cinéma-là pour qui le réalisme (politique ou non) est toujours affaire d'accumulation de signes (ou de points) : signes de laideur (physique et/ou morale, voir les grimaces des films de Mike Leigh), signes de pauvreté, signes de détresse..., et où le meilleur est celui qui en fait réserve du plus grand nombre possible. Mais puisque *le* ou *la* politique y fait retour, et davantage comme sujet ou argument que comme nouvelle façon de concevoir et de produire les films, notre cinéma a considérablement plus à tirer d'un cinéma dont la vertu politique est depuis longtemps avérée : le cinéma américain. Ce qui en fonde la puissance est son immense capacité à organiser la conjonction de régimes de fiction aux exigences différentes. Il peut donc être politique en son centre même et pour ainsi dire naturellement puisqu'il inscrit la politique à l'intérieur d'un trajet et comme composante essentielle de l'action. En France, politique et fiction n'ont pas l'habitude de faire bon ménage (que l'on songe aux fictions de gauche de sinistre mémoire), et il faut toujours réinventer les conditions à l'intérieur desquelles la politique va pouvoir cohabiter avec le système de cinéma (identifiable par le type de fiction qui y est pratiqué) qui la convoque. Dans le cinéma américain, le problème ne se pose quasiment pas : tout film est indissolublement historique, policier, amoureux *et* politique. Ainsi, dans *Titanic*, grande fiction historique et « petite » fiction amoureuse marchent main dans la main, s'animent l'une l'autre et produisent par leur excitation mutuelle le mouvement même du film. Idéalement, un scénario américain fait exister différents niveaux dans un rapport de parfaite simultanéité et non de verticalité, et vaut en même temps et de la même façon pour moi, mon couple, ma famille, ma ville, ma patrie, la planète et l'histoire de l'humanité. Ce qui voudrait être une insulte – « grosse machine américaine » – est probablement l'expression la plus juste pour caractériser le fascinant résultat né de cet enchevêtrement et de cette excitation réciproque de forces apparemment contradictoires. Alors que le cinéma français est dans une phase où il cherche à produire un cinéma narratif-politique, ce sont donc des questions américaines qu'il convient de lui adresser : si la politique n'est jamais seule, avec quelle fiction peut-elle ou doit-elle faire équipe ? Autrement dit : quand elle fait retour dans le cinéma, qu'est-ce qui la met en mouvement, et au contraire qu'est-ce qui l'empêche ? Ou encore : par où entre-t-elle ? – par où sort-elle ?

Dernier plan du film de Laetitia Masson, *En avoir (ou pas)* : Sandrine Kiberlain s'en va, tenant par la main son fiancé, elle se retourne, nous jette un regard en signe d'adieu, et c'est la fin. Au début, elle travaillait à la chaîne dans une usine du Nord de la France, mais c'était au début et entre-temps a eu lieu le film, qui l'a conduite des rivages pollués du politique à ceux, mieux fréquentés, de la fiction romanesque. Tout comme Marius et Jeannette, qui vivent à Marseille en 1997, mais qui, dès l'instant où ils se mettent à s'aimer, revivent l'éternel scénario de la faille enfouie au plus profond. Ici comme là, il n'y a de fiction digne de ce nom que dans l'arrachement violent à la situation politique, dans la négation de l'ici-et-maintenant selon une opération qui relève de la stricte métamorphose, non du rite initiatique.

Mais pour la politique, peut-être vaut-il mieux encore être exclue qu'avalée vivante par le cinéma. Sorti en 1995, *La Haine* a été l'occasion ici-même de forger l'expression de « banlieue-film », par quoi était indiqué que se constituait un genre nouveau du cinéma. *La Haine* effectivement ne dit rien de décisif ou d'intéressant sur la banlieue (se gardant par exemple de nous renseigner sur ce qui s'y passe), puisqu'il en transfère soigneusement toutes les questions de la sphère politique vers celle du langage cinématographique, établissant pour les films à venir une gamme de standards, de figures et de situations-type (comme la visite à la grande ville), aux contours assez précis pour être aisément reproductibles. Intronisée par Kassovitz dans le grand corps du cinéma, inscrite au registre prestigieux de ses genres, la banlieue devenait enfin regardable, mais elle cessait par la même occasion de nous adresser des questions d'ordre politique. C'est le très vieux problème des films de genre : ils ne font signe vers rien, si ce n'est vers d'autres films du même genre[1].

Par genre (considéré ici uniquement dans son acception négative) on entend la neutralisation par le code que le cinéma fait subir à une réalité dont il n'a pas *a priori* le monopole. Neutralisation qui est à l'œuvre dans un film comme *Grève party* (Fabien Onteniente), précurseur d'un genre en devenir, auquel manque encore un nom bien arrêté, mais qui pourrait bien être le « grève-film ». Une journée de « mouvements sociaux » sert de point de départ à la peinture d'une petite communauté organisée autour d'un ancien gréviste pur et dur, qui fut de toutes les luttes sans rien perdre de sa foi en l'engagement. Mais, surprise et horreur, ce gauchiste, figure somme toute assez rare au cinéma, est un pur être de parole, et la grève n'engendre plus que du pittoresque langagier digne des films dialogués par Audiard, où le militant reconverti en libraire s'autocite aussi complaisamment qu'il fait référence aux grands auteurs, ponctuant ses phrases d'un mot de Hugo ou de Proust, ou d'un *« nous le petit peuple »*. Ce à quoi on assiste là n'est pas l'exacte reproduction de la représentation du peuple en vigueur dans le cinéma des années 30. C'est, par-dessus 68, par-dessus la nouveauté que Mai avait imposée, la constitution d'une figure composite, bricolée avec les restes de ce cinéma-là, quelques traits d'esprit hérités d'Audiard, quelques poses typiquement « françaises », le souvenir du café-théâtre, la laideur télévisuelle... Le cinéma, nul ne l'ignore, est volontiers paresseux, et s'alimente fréquemment aux mythologies déjà établies et dont l'efficacité est certaine. A la limite, il lui est indifférent de savoir où il va puiser ses modèles, pour autant qu'il puisse les faire s'équivaloir et préparer (et déjà célébrer) la grande réconciliation où révolutionnaire et gouailleur de droite, cinéma militant et cinéma de papa se mélangent et finissent par ne rien signifier d'autre que l'égalisation à zéro de tout et de tout le monde, et la vanité de ceux qui persistent à croire au partage des choses. 68 (et par extension la politique en général), qui n'était venu que dans l'abandon des référents, devient Grand Référent à son tour, réduit à ses éléments de folklore. Et l'on sait combien le folklore paie, qu'il y a à présent en France d'authentiques succès de folklore *(La Vérité si je mens !)*.

68 est devenu filmable, cela s'est vu à travers *Le Péril jeune* (Cédric Klapisch) et quelques films de la série d'Arte *Tous les garçons et les filles de leur âge*. Trente ans ont passé – un peu plus d'une génération –, c'est assez pour qu'ait lieu son rapatriement de l'histoire de tout le monde au roman d'apprentissage de chacun. Au terme de ce transfert d'une fiction à une autre (mais il faut prendre garde de ce que toutes les fictions ne se valent pas), 68 est devenu, maintenant et pour l'éternité, le fétiche de la Jeunesse. Je, tu, il, elle a eu, a ou aura sa phase 68 ; et le soixante-huitard assagi, dont on a dit tant de mal, est l'autre nom de l'âge adulte. Une fois de plus, la politique est vaincue, réduite à rien par une autre fiction dévorante, la biographie. Jadis cependant la politique l'interrompait, et ce jusqu'à la rendre haïssable, elle poussait le *je* à faire silence quand s'imposait la sévère discipline du *nous*. A présent c'est différent, on se souvient de 68 comme de son premier baiser, et si possible on prend soin, dans le petit récit que l'on se fabrique pour soi et pour les autres, qu'ils coïncident rétroactivement. Mensonge pour mensonge, il faudrait bien évidemment opter pour la proposition inverse : 68, c'est l'inracontable, l'incommémorable, l'indigérable par excellence.

Élevées dans le refus légitime des années 80, dans l'évocation légèrement béate de la fin des années 60 et du début des années 70, nos années 90 se réchauffent mollement au doux contact du souvenir, réel ou fantasmé.

Elles croient à 68 comme à une légende des temps passés. En cela, elles sont parfaitement en phase avec *Marius et Jeannette*, dont les espoirs brechtiens des premières minutes – scènes de conflits et de travail, découpage en moments autonomes, attribution d'une couleur par personnage, utilisation de la musique comme commentaire et *jingle*, outrance du jeu… – ne durent pas, puisqu'il s'agit en fait de faire le compte des survivants de la défunte guerre sociale : ex-communiste, ex-gréviste, ex-électeur du FN… Soudée, la communauté de l'Estaque l'est à la hauteur du précieux trésor dont elle a la garde, ce trésor chéri par ceux qui portent la mémoire de ce qu'un jour on nomma la politique. Des enfants, Marius, Jeannette et leurs amis n'attendent ni l'espoir ni la relève, tout juste un peu d'écoute, assez pour qu'à leur tour, devenus grands, ils se fassent les passeurs de la légende, et que lorsque leurs enfants demanderont : *« qu'est-ce que la politique ? »*, ils soient en mesure de répondre : *« la politique, c'est ce qui a eu lieu avant nous »*. Ce qui a eu lieu avant nous et désormais se parle (jargon affûté du militant professionnel dans *Grève party*, langue fleurie de la remémoration dans *Marius et Jeannette*).

Dans les films du retour (1)– ceux dont on vient de parler, auxquels il faudrait joindre, avec quelques nuances, ceux de Pierre Jolivet, Éric Rochant, Manuel Poirier ou Judith Cahen –, rien n'est à sa place en somme. Soit la politique est recrachée aussitôt qu'ingérée dans le film, soit l'un et l'autre s'amalgament, et fixent leur alliance en genre : fiction de gauche il n'y a pas si longtemps, banlieue-film tout récemment, cinéma social aujourd'hui, et demain pourquoi pas grève-film, chômage-film ou même FN-film. Derrière nous (que la fiction vienne et nous délivre de la politique), sous nous (la politique comme toile de fond) ou avant nous (la politique comme légende ou conte morts), la politique n'est jamais que le fond d'évidence et d'impensé sur lequel s'enlèvent les films. Ce cinéma-là est très exactement imperméable aux enseignements du cinéma américain qui, grâce à l'union *en action* de la fiction et de la politique qui s'y réalise, déclare que celle-ci est au contraire ce qui surgit du fond et troue la toile – la mobilité même. Les cinéastes français savent peut-être ce qu'est une figure populaire, mais ils sont rares, très rares, à avoir une idée précise de ce qu'ils pourraient bien en faire. On pourrait objecter qu'on n'en est pas encore là, et qu'il s'agit pour commencer de faire revenir ces figures avant de se soucier de les inscrire dans une trajectoire. Or justement non : Chabrol avec *La Cérémonie,* Poirier avec *Marion* (à tous égards infiniment supérieur à *Western*) ont montré que le rapport de classes peut constituer la matière même de la fiction pour autant qu'il est relancé et non paralysé par le recours à un imaginaire qui lui est extérieur (jouissance du jeu de massacre et exécution venue en droite ligne du Moyen Age pour le premier, ainsi que l'indique son titre ; vol d'enfant, vampirisme ou encore fascination sexuelle pour le second). Les films sont alors emmenés par la stimulation réciproque de leur sujet politique et de la fiction qui l'accueille. Non plus retour *du politique* donc, tel que l'entend Badiou : retour du lien, du rapport, de l'illusion du « faire un » (toutes choses que résume assez bien l'expression « le social »), mais, nuance de taille, retour de *la politique*, laquelle est forcément mouvement, déchirement et déplacement des liens.

Retour du psychanalytique (2). Les films du retour[1] se peignent avec les tons neutres et pâles des tautologies : un prolétaire est un prolétaire, un personnage de fiction est un personnage de fiction – un point c'est tout. Cinématographiquement, le résultat est quasiment nul. « Retour du psychanalytique » désigne au contraire tous les films où, au ciment sec et lourd de l'identité se substituent les sables mouvants de ceux et celles que l'on peut dire fous ou déments parce qu'ils ou elles se livrent en capture à l'irrationnel du langage et du désir. Et de fait, des psychanalystes et des gentils fous, il y en a pas mal dans le cinéma français récent, chez Benoît Jacquot, chez Laurence Ferreira-Barbosa, chez Pascal Bonitzer, chez Arnaud Desplechin, mais encore chez Michel Piccoli, Mathieu Amalric, Pierre Salvadori, Danièle Dubroux (celle de *Border Line* plus que du *Journal du séducteur*). La vertu majeure de la folie douce, par opposition au statisme du cinéma social, est d'engager le film et le personnage sur une ligne qui, sans nier la socialité, y fait trouée, la traversant de courants inédits – courants alternatifs de démence contre courant continu et filet d'eau tiède du social.

Logiquement, ces films-là sont aussi obsédés par la question de la place que ceux du retour (1), mais d'une manière diamétralement opposée. Importe moins pour eux la place que l'on occupe (dans la société, dans la fiction – mais c'est au vrai une seule et même chose) et à laquelle on se cramponne parce que sans elle on n'est plus rien, que celle que l'on pourrait (ne pas) occuper. Importe moins la place que le changement de place. D'où que Bonitzer, Jacquot et les autres bâtissent nombre de leurs scènes sur le modèle du jeu, car c'est là que se dit le plus explicitement l'*arbitraire* des places (et des liens), qui ne sont bonnes qu'à être continûment redistribuées. Le *faisons comme si* ou le *je serais* remplace le *je suis*, et le film nous fait passer et repasser de malade à patient, de désirant à désiré, de jouer à joué, de parleur à parlé, de manipulateur à manipulé... Si tout tourne et s'échange c'est que l'essentiel est ce qui (se) passe *entre*, et qui n'est pas le lien mais son hypothèse, son incertitude productive. Refus de la place fixe où se lit une contre-proposition aux films de retour (1).

Il ne s'agit pas en effet d'être là où l'on est, mais de ne pas y être : pas d'inventer les figures, mais de les désinventer. Un doit se diviser en deux – sinon plus. Claire Simon, lorsqu'elle tourne *Coûte que coûte* (qui n'entre pas dans la catégorie « retour du psychanalytique » mais montre bien ce que défaire les figures veut dire), filme la situation (les derniers jours d'une petite entreprise) et ses acteurs tels que cette situation les fait (des travailleurs à quelques jours du chômage), en même temps qu'elle leur permet de *se faire autres* et par là de ne plus être uniquement commensurables à la situation. Les trois cuisiniers sont les premiers et les meilleurs à s'engouffrer dans l'espace des possibles ouvert par la présence de la caméra, ils en profitent pour apparaître en séducteurs, bonimenteurs ou trio comique. De semblable façon, la fiction de *J'ai horreur de l'amour* s'articule autour de figures instituées en haine de ce qui existe simplement par la place qu'il occupe : un médecin qui n'a de médecin que le cabinet et le titre ; un malade du sida qui rechigne à accepter les soins et dont le credo tient en ces quelques mots : *« être malade du sida, c'est bien la dernière chose qui ferait mon identité »* ; un hypocondre délirant, donc quelqu'un qui fait profession de s'attribuer les identités qu'il souhaite. Significativement, l'unique scène de groupe est une scène de danse où la réunion s'accomplit dans l'hétérogénéité désarticulée des manières de danser, chacun n'écoutant que la mélodie de sa propre musique dissonante. La synthèse en un mot, est obligatoirement disjonctive. Car on n'existe vraiment qu'à être déplacé, aussi bien à l'intérieur de soi-même que par rapport aux autres. Contre le vrai, à quoi aspirent opiniâtrement les films du retour[1] s'affirme le faux dans toutes ses acceptions : faux rythme, jouer faux et faux raccords (tremblements conjoints de la voix et du cadre) ; un film entièrement « à faux » en définitive, où le faux est l'opérateur d'un nombre infini de pas de côté et de mini délocalisations. On remarquera de quelle mobilité fictionnelle et sociale (fictionnelle-sociale, le tiret étant en fin de mise) jouissent les fous, chez Ferreira-Barbosa *(J'ai horreur de l'amour)* comme dans le récent film de Salvadori *(... Comme elle respire)*, mobilité à la faveur de laquelle un SDF peut devenir secrétaire médical et une mythomane occuper successivement les fonctions d'infirmière, de livreuse de pizzas, de serveuse, de gosse de riches... Et qui est à cent lieues de la métamorphose de Sandrine Kiberlain dans *En avoir (ou pas)*, dont le mouvement la retire de la société pour la porter au ciel de l'amour et du romanesque. Là, ce n'est pas que l'on passe d'un registre de fiction à un autre, au simple prétexte que le film en a décidé ainsi, mais que s'exécute une traversée de la socialité qui est une exaltation des possibles et au fil de laquelle se dit, en passant, beaucoup plus de choses sur aujourd'hui que dans tous les films du retour (1) réunis.

Être toujours déjà à côté a-t-on dit : de sa supposée fonction, de son désir et du désir de l'autre (Jacquot), de sa parole (Desplechin, Bonitzer). La psychanalyse, ou plutôt le petit savoir (non-savoir) commun psychanalytique – mots de passe, phrases-clés, petites leçons – fait massivement retour, non comme système d'élucidation du film, venant *in fine* en ouvrir toutes les portes :

comme moteur du récit. Pour user d'une distinction fameuse, la psychanalyse s'est déplacée du domaine de l'interprétation, où elle faisait peur et avait fini par lasser, vers celui de l'expérimentation. Elle était blocage, elle est devenue déblocage. En sorte qu'à propos du *Septième ciel* ou d'*Encore*, c'est de fictions-analyses qu'il faudrait parler, faisant progresser les films au rythme désynchronisé des changements de place et des matérialisations successives du désir. Et si les mots font office de lien, c'est pour en démontrer l'inconsistance, car un mot n'appartient à personne en propre (ni à un individu, ni à un groupe), ne signifie jamais plus que ce que l'on y met et menace toujours de revenir, qui plus est sous une forme inattendue, voire dangereuse.
Au lieu du lien, la *dé-liaison* (j'emprunte ce mot à Alain Badiou, qui le tient lui-même de Lacan). Même *Comment je me suis disputé* fonctionne ainsi. La voix-*off*, loin de dicter sa loi à ce que l'on voit, entre avec lui dans une relation problématique de critique et de mise en doute, de la même façon que se contredisent les différentes lectures auxquelles le film invite. Desplechin et Paul demandent, semble-t-il, des preuves de l'existence de l'autre, mais ils savent bien que toute preuve sera immédiatement défaillante, et *Comment je me suis disputé* a beau se clore sur l'idée que Paul ayant été changé l'altérité est attestée, ce n'est qu'artifice de fin de film[2]. Dès demain, tout le travail sera à commencer. Ici et chez les précédents (Jacquot, Bonitzer, Ferreira-Barbosa) se démontre ce que l'on savait peut-être mais qui s'oublie si facilement : ce sont les ratés qui font les bons films, c'est dans les trous qu'il se passe le plus de choses, au cinéma comme partout.
En ces temps où triomphe ce que d'aucuns nomment le marxisme vulgaire, la conviction universellement parta-

gée et bêtement rationnelle que l'économie a raison de nous, qu'il y a et qu'il y aura toujours des propriétaires et des exploités, des grands qui profitent et des petits qui peinent, il y a tout à espérer de la folie, même douce, qui rompt les vieux liens et destitue les vieux mythes du social, et les remplace par d'autres, notamment ceux, jamais très sûrs, du langage. Par une paradoxale inversion de l'ancienne polarité, il y a aussi tout à espérer de la psychanalyse, puisque la dictature du sens figé et du déterminisme lourd ne s'exerce plus de son côté mais de celui d'une certaine orthodoxie politique condamnée aux « c'est comme ça ». Des années post-68 à nos années 90, le *come-back* à saluer, ce n'est pas celui du politique, moins réactivation d'une forme supposément périmée de cinéma (ledit cinéma politique) que *flash-back*, pèlerinage en pensée aux anciennes scènes où se jouait la politique, ou même que *retour du même* (le « faire un » du social ou le fonctionnement en vase clos et en autoréférence du genre). Le vrai retour, inattendu, imprévisible dans ses effets, c'est celui de la psychanalyse (entendue dans son acception la plus large) : comme ce qui remet en circulation, en les faisant vaciller, la langue, le sens, les affects et les gens. Badiou y a suffisamment insisté dans l'entretien de ce numéro pour que l'on comprenne que, par les déplacements qu'elle rend possibles, la psychanalyse revient précisément comme condition de la politique, et que les films les plus politiques ne sont pas ceux qui s'auto-proclament comme tels. Dans la cohésion molle et sans avenir du groupe, dans le tissu étouffant du folklore, dans le plaisir trop plein et content de lui du souvenir, comme d'ailleurs dans l'obsession presque morbide de l'ancrage vrai (la Bretagne de *Western* ou la province belfortaise de *Nettoyage à sec*, le film d'Anne Fontaine), plus rien ne se dit, plus rien ne se produit qui puisse nous concerner. En politique comme en cinéma, en politique en même temps qu'en cinéma, la chance est ailleurs, et c'est vers ces endroits incertains, plus *passages* que lieux, hantés plus qu'habités, secoués par les étranges jeux du langage et du désir et où tout promet de défaillir, que doit maintenant se transporter le cinéma français.

1. Ceci dit, *La Haine* reste un bon film, précisément parce qu'il est le premier « banlieue-film » digne de ce nom. Privilège des aînés.
2. L'insistance de Desplechin à indiquer que son film se déroule en intégralité (ou presque) dans le Quartier Latin, est bien évidemment un attrape-nigauds. C'est le dernier de ses soucis.

Nos années non-légendaires

Entretien avec Pascal Bonitzer

Pascal Bonitzer est un des rares à avoir su aborder avec élégance et justesse les rivages de la théorie critique, de la politique et de la psychanalyse, puis de la pratique cinématographique, via *l'écriture de scénario d'abord, la mise en scène ensuite. Chez lui, amour du récit, précision théorique, goût de la forme et souci politique cohabitent sans se contredire. D'où cette rencontre, à tous égards essentielle.*

Peut-être peut-on commencer par votre expérience de 68. Que faisiez-vous à ce moment-là ?
En 68, je ne savais pas du tout ce que j'allais faire de ma vie. J'étais intéressé par le cinéma, mais sans que ça me porte encore vers quelque chose. J'étais à Nanterre, j'ai milité à la JCR, puis au mouvement du 22 mars avec Cohn-Bendit, que je connaissais. Je lui ai rendu visite après qu'il a été expulsé de France. Il était en exil à Francfort. Il y avait là Marie-France Pisier, et puis sont venus aussi Godard et Anne Wiazemsky. C'est anecdotique, et en même temps c'est ce qui a préparé ma rencontre avec le cinéma. Un peu après, j'ai fait la connaissance de Michel Delahaye, qui était critique aux *Cahiers*.

Est-ce que le mouvement du 22 mars s'est accompagné d'une quelconque croyance dans le pouvoir politique du cinéma ?
Il y eut effectivement cette croyance, mais dans des groupes extérieurs au 22 mars, plutôt chez certains maoïstes. C'est une idée qui circulait, et qui a pris momentanément forme dans les cinétracts, le cinéma militant, l'agit-prop. Nous, nous étions simplement cinéphiles, au sens ancien du mot.

Quelle était la situation au moment où vous êtes entré aux Cahiers *?*
Je suis entré aux *Cahiers* en février 1969. En 1968, les *Cahiers* furent surtout mobilisés par l'affaire Langlois et les états généraux du cinéma. Mai 68 a eu un retentissement important dans les institutions cinématographiques, accompagné de certains effets spectaculaires, comme lors du festival de Cannes. Mais surtout, à l'époque, on a assisté à une redéfinition assez chaotique des choses, à un changement profond des structures. Le cinéma avait éclaté dans les années 60, il n'avait plus l'homogénéité industrielle qu'il possédait auparavant. Les cinémas nouveaux fleurissaient un peu partout, par exemple au Brésil. C'était cela qui intéressait les *Cahiers*. Un peu plus tard, dans la foulée de mouvements littéraires et intellectuels pour lesquels les *Cahiers* se passionnaient, comme *Tel Quel*, nous nous sommes engagés collectivement dans une réflexion qui se voulait marxiste, puis dans le gauchisme.

On dit souvent, à propos du virage politique des Cahiers, *que la revue était assez en retard par rapport au parcours politique « classique » de l'époque. Est-ce votre avis ?*
Ça veut dire quoi ? En retard par rapport à quoi ? Il y a des gens qui avaient connu individuellement le militan-

tisme avant d'être aux *Cahiers*, moi si l'on veut, ou Serge Toubiana qui, d'une certaine façon, est entré dans la revue *via* le gauchisme, le marxisme-léninisme. Ensuite, l'engagement est devenu collectif. Nous avons cherché désespérément, même si tout cela est resté très aseptisé, à nous « rapprocher du peuple ». C'était peut-être idiot, et ça nous a coûté cher, mais je ne vois pas par rapport à quoi c'était « en retard ».

En parlant de retard, nous pensions notamment au recours massif qui fut fait alors à Eisenstein, et qui pouvait connoter quelque chose d'assez archaïque, lié au soviétisme, en tout cas à une forme plutôt vilipendée de marxisme.
Oui, Eisenstein. Les *Cahiers* sortaient à ce moment-là d'une sorte d'examen de conscience, d'une remise en cause d'un certain nombre de principes théoriques sur le cinéma, ceux d'André Bazin et de Roberto Rossellini, qui pouvaient se résumer à la fameuse formule rossellinienne : *« Les choses sont là, pourquoi les manipuler ? »* Il y avait un besoin de reconsidération de ces acquis. En relation avec les meccanos structuralistes, nous nous sommes alors intéressés au montage *via* le cinéma militant, l'agit-prop, Vertov ou Eisenstein. Mais nous n'étions pas les seuls. Il y eut un numéro d'une revue éphémère appelée *Change*, dirigé par Jean-Pierre Faye et quelques autres dissidents de *Tel Quel* comme Claude Ollier, consacré au montage, numéro qui a lancé la querelle entre *Tel Quel*, *Cinéthique* et les *Cahiers*. L'utilisation d'Eisenstein reflète l'ambivalence qu'avaient beaucoup de mouvements gauchistes à l'égard du PCF : une sorte de connivence en même temps qu'une prise de distance interne et ironique par rapport aux positions rétrogrades du parti sur les questions culturelles. Il existait bien *Nouvelle Critique*, revue

intellectuelle du PC, qui organisait des colloques où étaient invités des rédacteurs de *Change*, de *Tel Quel*, des *Cahiers* également, puisque je me souviens avoir participé à l'un d'entre eux. On trouvait là Elisabeth Roudinesco, Julia Kristeva, des gens qui se détestaient entre eux mais venaient discuter sous l'égide du PC. Et puis, à un moment, il fut clair que le PCF se servait de cela pour des raisons de pur opportunisme politique, qu'Eisenstein, Artaud, Bataille, etc., ne les intéressaient en rien. Vieille histoire, celle des rapports ratés entre les avant-gardes artistico-théoriques et le parti communiste.

Est-ce l'abandon des théories de Bazin et de Rossellini qui a conduit à la méfiance absolue à l'égard du cinéma, ou est-ce plutôt la radicalisation politique ?

Je crois que la radicalisation politique a induit un retrait de la revue par rapport au cinéma industriel, voire plus généralement au cinéma de fiction. La période était traversée par un soupçon général quant à la fiction, toujours à travers *Tel Quel* qui assimilait fiction narrative, illusion bourgeoise et représentation métaphysique. Mais nous avions aussi un dégoût réel, un dégoût croissant, pour les films tels qu'ils arrivaient, une désaffection, un amour déçu pour le cinéma. C'était comme la crise de croissance de la cinéphilie correspondant à une crise réelle du cinéma : crise du cinéma hollywoodien, défaite des cinémas du tiers-monde. Il ne faut pas oublier que 68, dans le monde, fut certes un ébranlement qui a conduit à des changements profonds dans nos sociétés, mais a aussi suscité des réactions brutales et féroces. Au Brésil, 68 aboutit à la dictature militaire, à l'exil de Glauber Rocha, à une censure radicale, à la disparition massive d'intellectuels et d'étudiants, à des tortures et des meurtres en masse. La distance que nous avons prise objectivement à l'égard du cinéma reflétait sans doute cet état de choses.

L'introduction du marxisme dans la réflexion esthétique, dans la mesure où elle déplace la question du produit fini (l'œuvre) au processus de production ne conduit-elle pas, presque automatiquement, à en échec, à faire l'impasse sur les films ?
Je ne vois pas en quoi cela est un échec. C'est très bien de s'intéresser au processus de production. Je ne vois pas comment on peut réfléchir aux productions artistiques si on ne s'intéresse pas à leur processus de production.

Par exemple, se demander si la caméra n'est pas, par définition, du fait même de son organisation technique, un appareil bourgeois…
Ah, ça, je ne sais pas si cela est marxiste. Je crois que c'est un gauchissement dans tous les sens du terme. L'idée que la caméra est par nature bourgeoise s'autorise naturellement du marxisme, mais je ne suis pas certain aujourd'hui que ça veuille dire quelque chose, profondément, même si à l'époque nous étions fascinés par les articles de Baudry et nous nous demandions s'il ne fallait pas retourner comme un gant l'appareil. C'est une idée que Godard a soutenue jusqu'à maintenant : il est politiquement et moralement juste de montrer les conditions – ce qui n'est pas tout à fait pareil que le processus, d'ailleurs – de production. D'une certaine façon, ce n'est pas complètement étranger à la problématique rossellinienne. Je pense qu'il serait intéressant de montrer la continuité entre le gauchisme de Godard et ses sources rosselliniennnes. Quoi qu'il en soit, l'inté-

rêt porté au processus de production est une nécessité de la critique, à moins qu'elle n'en reste à « l'humeur », au subjectivisme, d'ailleurs général aujourd'hui.

Pourtant, dans la deuxième partie des années 70, les Cahiers *(par exemple vous-même) ont appelé de leurs vœux le retour d'un cinéma du récit, sans que cela s'accompagne forcément d'un recul de la pensée critique.*

De façon contingente, ou peut-être pas si contingente que cela, le retour vers le récit s'est accompagné d'une baisse tendancielle du taux de réflexion théorique, réflexion qui s'est ensuite complètement arrêtée. Retourner vers le récit, vers le cinéma tel qu'il perdurait, a voulu dire redonner le pas à l'activité – voire à la routine – critique et délaisser les tentatives plus ou moins réussies, plus ou moins ratées, plus ou moins stériles, plus ou moins fécondes, de la théorie, c'était sans doute nécessaire pour sortir de la rigidité. Mais du même coup l'exigence critique s'en est trouvée affaiblie.

A ce moment-là, l'idée n'est-elle pas revenue que le spectateur (donc en un certain sens le critique) pouvait très bien vouloir ne pas savoir ? Que c'était aussi fondamentalement cela la relation au cinéma, une relation faite autant de savoir que de non-savoir ?

Que le spectateur ne veuille rien savoir de ce qu'il y a à l'envers de la machinerie n'empêche pas que le devoir du critique est d'essayer de retourner la tapisserie, pour reprendre une image jamesienne. Si on ne fait pas ce travail, ce n'est pas la peine de faire de la critique, il faut se contenter d'être spectateur et de jouir du spectacle. Dans la période « technique et idéologie », il y eut une sorte de dérive qui consista à idéologiser à mort le processus de production des films. L'appareil était considéré comme une machine à illusions, spécifiquement idéaliste, métaphysique et bourgeoise, issue de la Renaissance et de la *camera oscura*. Tout le travail de l'avant-garde se devait de faire éclater, de fissurer, de casser, de décevoir. C'est évidemment une façon particulière, et caricaturale, d'envisager le travail, de vouloir entrer dans la machinerie pour essayer d'en percer les secrets. Mais cela n'empêche pas que ce travail est légitime.

Il semble bien qu'à un certain moment le terme « illusion » a cessé d'être utilisé de façon exclusivement négative.
Pour une raison évidente : l'autre position est intenable. Ou bien on se détourne complètement de la représentation, et on décide que le théâtre, le cinéma, la peinture, tout cela est complètement parasité par la bourgeoisie et on fait autre chose, sauf à ressasser cette position et à la décliner sous toutes ses formes. Ou bien on se remet à s'intéresser aux œuvres telles qu'elles fonctionnent, c'est-à-dire aux fictions. Si de nouveau l'on admet la notion de fiction, si l'on admet avec Lacan que *« la vérité n'advient que dans la structure d'une fiction »*, toute cette problématique de « l'illusion bourgeoise » s'écroule comme un château de cartes, quelles que soient les réflexions intéressantes qu'elle a pu susciter.

Quels films intéressants sont nés de ce qu'on pourrait appeler la paranoïa sur la représentation ?
Les seuls, je crois, sont les films de Godard, ceux du groupe Dziga Vertov.

Les Straub ?
Leurs films ne sont pas du tout faits comme ça.

Il y a quand même chez eux une grande méfiance théorique envers la représentation classique.
Pas sur le mode : la caméra est bourgeoise, l'illusion que donne le cinéma est de l'ordre de l'idéalisme métaphysique.

Ils soutiennent néanmoins l'idée que ce n'est qu'au terme d'un travail que la caméra peut être délestée de son idéologie et qu'il est possible de trouver ce qu'ils nomment le point moral.
Il n'y a pas de grand artiste qui n'ait un point de vue éthiquement puissant sur l'endroit où l'on place la caméra, que ce soit Mizoguchi, Dreyer ou Bresson.

Mais chez ceux-là, ça ne s'énonce pas en termes explicitement politiques ! Chez les Straub, la référence systématique à un texte est une des façons de faire obstacle à ce que serait un « pur cinéma ». Le texte est porteur d'une mémoire, et cette mémoire pour ainsi dire contrecarre la caméra qui, si elle est livrée à ses propres moyens, est seulement idéologique. Cette méfiance-là est réelle dans leur cinéma.
Je ne sais pas s'ils seraient contents de vous entendre dire que tout cela procède d'une méfiance. Je ne crois pas que ce soit le mot. Une rigueur plutôt, qui atteint à un rigorisme excessif ou au contraire à une position éthique et esthétique totalement passionnante. Justement je crois que ce qui paralysait la réflexion de *Tel Quel* et des *Cahiers*, même si elle était loin d'être vaine, et qu'elle était riche en signification, c'était cette méfiance. On ne peut pas fonder une position féconde sur un point de vue uniquement critique. Deleuze nous a aidés à sortir de cette difficulté. La philosophie de Deleuze repose entièrement sur des affirmations, sur des conceptions actives et non pas réactives. La théorie

des machines, dont on peut dire qu'elle croisait cette question de la méfiance envers la représentation, dans la mesure où chez Deleuze il est aussi question de théâtre et de représentation, est entièrement active : c'est une affirmation. Face à la scène ou à l'écran, il n'a pas seulement l'analyse critique radicale. Le cinéma est image-mouvement, image-temps. Il y a des plans d'immanence, des agencements, concepts qui furent un souffle d'air frais parce que c'était une façon de renvoyer toute cette problématique négative de la déconstruction de la représentation à des vieilles lunes.

Pourquoi les Cahiers *n'ont-ils pas croisé Deleuze plus tôt, en 1972, au moment de* L'Anti-Œdipe *?*
Nous étions trop engagés dans le marxisme-léninisme d'une part, d'autre part dans le structuralisme et notamment dans Lacan dont les *Écrits* datent de 1966 et le livre XI du Séminaire de 1971. Ce livre-ci en particulier nous intéressait directement parce qu'il était question du regard, même si nous n'étions pas sûr d'y comprendre grand-chose. Les *Cahiers* furent très imprégnés par le lacanisme, que portait notamment quelqu'un comme Jean-Pierre Oudart, qui a proposé une transposition quasiment directe de la lecture de Lacan et de Jacques-Alain Miller pour penser le champ-contrechamp classique sous le terme de suture. Pour ma part, j'avais été très marqué par la lecture de *Logique du sens* dès sa parution en 1969, qui était une étape de la pensée de Deleuze antérieure à sa rencontre avec Guattari, à la radicalité de *L'Anti-Œdipe*, même si c'est un livre au fond très marqué par Mélanie Klein et les conceptions préœdipiennes du désir. Mais quand est venu le virage maoïste, nous n'avions plus rien à faire avec Deleuze. On s'est plutôt intéressé à Althusser parce

qu'une partie du maoïsme, pas celui social-populiste de la Gauche prolétarienne ou de *La Cause du peuple*, mais celui de Badiou, venait de lui. Althusser avait publié un article, que je préfère ne pas relire, sur les Appareils Idéologiques d'État, et nous nous en étions servis aux *Cahiers* pour commencer à penser la télévision. Au moment de sortir de l'impasse maoïste, ce fut assez conflictuel, et je me souviens avoir été censuré pour la première fois à l'occasion d'un article sur *Céline et Julie vont en bateau* de Rivette, que je lisais à travers une grille inspirée de *L'Anti-Œdipe*. On m'avait refusé l'article. Par la suite, ça a travaillé, nous nous sommes débarrassés du dogmatisme, et Deleuze est devenu notre dernier grand interlocuteur, avec toujours Godard comme intercesseur parce que dans toutes ces années-là, dans la période militante la plus aiguë, la plus dogmatique, la plus fermée comme dans celles plus ouvertes, c'est de ne pas avoir lâché le fil rouge Godard qui nous a permis de rester reliés au cinéma.

Le recours à la psychanalyse, que vous utilisiez abondamment dans votre analyse de la mode rétro, n'a-t-il pas été un moyen de revenir à une certaine innocence de l'illusion tout en sauvant la politique ?

Plusieurs choses ont joué : le recours à la psychanalyse, celui à Foucault, et la critique polémique contre la fiction de gauche et la mode rétro. Ce fut notre façon de sortir du militantisme qui est un mot faux en l'occurrence parce que nous n'avons jamais milité (nous nous sommes seulement frottés à des groupes militants, à des collectifs, à des mouvements) et de rentrer dans le cinéma. Grâce à un marxisme plus dialectique, disons, croisé de psychanalyse et des théories foucaldiennes, nous avons pu nous réaffronter aux films.

Faisons un bond dans le temps. Vous êtes aujourd'hui scénariste et cinéaste. A l'intérieur de ces activités, la politique insiste-t-elle encore ?
Je suis citoyen. Je m'intéresse plus ou moins à la politique. Je lis les journaux. je suis sensible à ce qui se passe dans ce pays. Certainement, ça infuse les films que je fais. Mais, pour paraphraser Rose Sélavy, j'aurais plutôt tendance à m'intéresser par tempérament aux transes de la confusion plutôt qu'aux contusions de la France.

Pour prendre les choses par un autre bout, ce n'est sûrement pas anodin que pour l'écriture de votre premier film, Encore, *vous preniez comme passe de fiction un épisode de l'autobiographie d'Althusser, et que le titre du film (mais la référence joue bien sûr un rôle beaucoup plus large) soit emprunté à Lacan.*
Je me suis servi d'un élément très anecdotique de l'autobiographie d'Althusser. Maintenant, ce n'est sûrement pas un hasard si le personnage plus ou moins quinquagénaire qui est le héros du film est un philosophe ex-communiste qui a supposément eu un certain nombre de croyances qu'il a laissées de côté. Je ne renie pas une partie du terreau qui a fécondé ce qui a été ma réflexion, ce que j'ai pu penser ou aimer au cinéma ou ailleurs.

Dans Secret Défense, *le dernier film de Rivette, dont vous êtes un des coauteurs du scénario, on peut dire que vous vous posez au travers du personnage interprété par Sandrine Bonnaire une question directement politique qui est celle de ce que pourrait être au cinéma un corps résistant.*
La touche politique dans le film de Rivette vient de – mais je ne sais pas si elle a une effectivité – l'allusion

aux années Mitterrand. Dans l'esprit de Rivette, ce film est une façon de régler ses comptes avec le mitterrandisme. Le noyau de l'intrigue est une espèce de métaphore de ce qu'ont été les années 80 et le règne de Mitterrand : le fric, la corruption... Ce n'est pas indifférent dans le processus de production. De même que *Le Pont du Nord* voulait régler son compte à l'époque Giscard. Mais cette convocation est très légère. Ce sont des films qui prennent date, qui, même s'ils peuvent paraître complètement stratosphériques, sont quand même inscrits dans leur époque.

Que pensez-vous du « retour du politique » dans les films récents ?
Aujourd'hui, avec l'accentuation du racisme, les archaïsmes sociaux, la question de l'immigration, il y a un souci politique, qui a saisi tout particulièrement les cinéastes, puis qui s'est diffusé. Pourquoi les cinéastes ? Sans doute sont-ils plus engagés dans la vie que les écrivains, parce que faire des films passe par rencontrer des gens, se battre pour qu'ils existent. Il n'y a pas de tour d'ivoire quand on est cinéaste.

Peut-on dire que le politique aujourd'hui accorde plus de crédit au sujet comme instance de l'action alors que 68 était plutôt le règne du mouvement et du collectif ?
Non, en Mai 68, le mouvement étudiant partait de l'idée qu'il fallait foutre en l'air la société bourgeoise – ce qui a permis de nettoyer le paysage. Aujourd'hui, personne, absolument personne, ne prétend vouloir foutre en l'air la République, sinon l'extrême-droite et encore, elle dénie vouloir le faire. C'est au contraire dans un esprit républicain qu'on se mobilise aujourd'hui. L'appel des cinéastes par exemple était éminem-

ment raisonnable, l'inverse de « *soyons réalistes, demandons l'impossible* », et son succès a été justement fonction de son caractère juste et raisonnable.

Mais est-ce que cela ne donne pas lieu à un cinéma très régressif par rapport aux avancées formelles du cinéma des années 70 ?

Ce n'est pas aux années 70 qu'il faudrait revenir, mais plus loin encore, à Brecht : une théorie de la contradiction, de la distance et de la contradiction.

Au fond, plusieurs films d'aujourd'hui retombent dans le piège du réel, de l'immédiateté, de la spontanéité, du vécu – toutes choses que le gauchisme avait répudiées : on ne croyait pas au peuple comme bloc, ni surtout à la possibilité de le montrer tel qu'il est.

Des films sont peut-être tombés dans la représentation populiste du peuple. Cela dit, je préfère les films où se dit de la vie et du réel aux meccanos de Peter Greenaway. Qu'est-ce qui rassemble ces films ? C'est qu'ils ont à la base des idées saines et justes de fraternité, de solidarité, d'antiracisme, etc. C'est gentil, mais quelquefois c'est un peu court et quelquefois, je demande à voir.

Est-ce que le mouvement des cinéastes ne proposait pas ce genre de fraternité parfois un peu suspecte ?

Le mouvement des cinéastes voulait dire simplement qu'il y avait des gens qui se trouvaient être des cinéastes – en l'occurrence des réalisateurs, purement une fonction qui exonérait de la question du contenu, de la diversité des conceptions – et qui disaient juste ceci : nous qui nous trouvons être de façon contingente techniciens de cinéma, en l'occurrence réalisateurs, nous déclarons, etc. Ça ne dit rien sur le cinéma que font ces gens-là, cela indique juste qu'ils pensaient la même chose en tant que citoyens sur ce point précis. Ce qu'on peut inférer, c'est que quelque part, dans le cinéma des signataires, ce discours se reflète d'une façon ou d'une autre, mais ces façons justement sont si diverses que dire cela, c'est en même temps ne rien dire.

Propos recueillis le 4 avril 1998 à Paris
par Stéphane Bouquet, Emmanuel Burdeau et
François Ramone.

Cours camarade, le vieux monde est derrière toi

Mai 68 et après

Leslie Kaplan

Depuis Maintenant *est un beau livre sur Mai 68, un livre qui se remémore, qui raconte, qui forge une écriture pour décrire ce qui s'est passé, dans les rues, dans les cours, dans le ciel. Leslie Kaplan revient sur 68, mais pour en repartir : ce que nous dit Mai sur Papon et Le Pen, sur la politique, le récit, le détail, et la rencontre avec l'autre.*

Mai 68 et après : ET MAINTENANT. Il se trouve que les trente ans du mouvement de Mai 68 coïncident avec la fin du procès de Maurice Papon, ainsi qu'avec l'alliance d'une partie de la droite avec le Front National (et aussi avec le fait que le Premier ministre déclare à propos de cette alliance qu'il n'y a pas de crise politique en France). A moi, qui suis après tout une Juive américaine vivant en France et écrivant à l'intérieur de la langue française, cette coïncidence paraît importante.
Le crime contre l'humanité pour lequel Maurice Papon a été jugé se définit comme : crime de bureau (Michel Zaoui, avocat des parties civiles), crime administratif. Une certaine catégorie de l'humanité définie par

d'autres hommes par certains critères (de soi-disant race : les Juifs, les Tsiganes…, niveau mental : les aliénés…, comportement sexuel : les homosexuels…, apparence physique : les laids…) est exclue de l'espèce humaine. Celui qui entre dans ces catégories est déjà MORT SUR LE PAPIER, on le tue sans fusil ni couteau, par une signature qui le parque, le déporte, le raye. C'est UN DOSSIER, comme a dit Maurice Papon à propos de Sylvain Molho : « *Je n'ai pas connu ce dossier* », c'est un déchet potentiel, comme l'a dit un haut fonctionnaire français à propos des trains d'enfants qui partaient de Lyon : « *Nous comptons avec 20% de déchets.* » Le crime contre l'humanité est dans la logique d'un système totalitaire, mais les ORIGINES du totalitarisme sont présentes dans les sociétés industrielles de masse, comme l'a amplement démontré Hannah Arendt. Dans le cas totalitaire, c'est un meurtre branché directement sur le désir du chef, il faut tuer telle catégorie parce que le chef le veut, parce que : PARCE QUE. Ce côté direct peut sembler grotesque : « *Je tuerai tout le monde et puis je m'en irai* » (Ubu), et la vérité des dictateurs sera pour toujours figurée par les personnages de Chaplin, qui font penser à des vieux enfants monstrueux vitupérant et piétinant, dont Le Pen explicite le fond, à savoir l'inceste. « *Je préfère mes cousines à mes voisines, et mes filles à mes nièces, et c'est normal…* » MAIS est-ce tellement plus grotesque de mettre des tampons verts ou rouges sur les bras des travailleurs immigrés importés (cf. l'extraordinaire documentaire *Mémoires d'immigrés*, de Yamina Benguigui), ou de CROIRE une seconde à une des quelconques catégories que l'on a créées pour, mettons, les besoins de l'Administration (« titulaire », « résident », « avec » ou « sans-papier »…). En dernière analyse, ce qui est arbitraire, c'est l'acte même de définir et mettre de l'autre dans une boîte, et c'est la dérive de la société défaite, déstructurée, de maintenant… « *Ce qui, dans le monde non totalitaire, prépare les hommes à la domination totalitaire, c'est le fait que la désolation qui jadis constituait une expérience limite, subie dans certaines conditions sociales marginales, telle que la vieillesse, est devenue l'expérience quotidienne de masses toujours croissantes dans notre siècle* » (Hannah Arendt).

Or, si le mouvement de Mai 68 est venu questionner, contester la société de consommation, la société du spectacle, l'impérialisme d'une façon si radicale, c'est que ce mouvement a trouvé des FORMES D'ACTION nouvelles, différentes pour le faire, qui en tant que FORMES étaient radicalement opposées à toute la merde nazie et totalitaire, MAIS PAR CONSÉQUENT AUSSI opposées à : être un numéro, une chose, un produit, une place.

Ces formes : la prise de parole, le récit, l'importance accordée au questionnement, aux histoires singulières, au détail.

« *Imaginer : la cour, cour d'usine, et des chaises posées, des gens assis. Même si on ne voyait que ça, on voyait bien que quelque chose basculait.*

Le terrain tout à coup était devenu mouvant. L'espace s'ouvrait, énorme. Tout était très petit.

Très petit : les repères changeaient. Ce qui était important ne l'était plus. Ou peut-être : la seule chose qui comptait, c'était l'espace lui-même, l'espace vide, et le temps. Le cadre. On était amené à penser au cadre. Mais en un sens penser au cadre, c'est penser. On était amené à penser, à penser ce que c'est, penser.

Circuler, plutôt qu'être à sa place. Circuler : et les mots détachés, faisaient ça aussi, prenaient de drôles de sens. Tout d'un coup on se demandait, ah oui, on se demandait.

Il faisait beau, c'est vrai. On regardait beaucoup le ciel. Ciel large, déployé. On n'en avait jamais vu un si large, on le répétait souvent. Je la vois encore cette scène. Des hommes et des femmes assis dans une cour encombrée, en train de parler du ciel, des nuages. La vie se découpait sur ce fond bleu et blanc, et on le voyait bien, entière. Flux et reflux »

Ou encore :

« Une fois vers la fin il y a eu un bal. Les fils tendus, la sono. Un accordéon. Tout le monde a dansé. C'était heureux et forcené en même temps. Occuper de façon visible les lieux à l'envers. Ou peut-être essayer de donner une représentation physique, concrète de ça : quelque chose se passe.

Les femmes des presses surtout étaient déchaînées. Leurs grands corps, leurs petites robes à fleurs. Elles dansaient ensemble dans les bras l'une de l'autre, la cigarette à la bouche, sensuelles et massives. C'était joyeux et bizarre comme des statues tout d'un coup en mouvement. Elles chantaient les paroles, elles interpellaient ceux qui ne dansaient pas, elles s'amusaient et tournaient, présentaient leurs bouches très maquillées, rouges, leurs cheveux courts et leurs seins, et avec leur allure double, carrure d'homme et mine de femme, elles étaient comme l'usine entière, joyeuse et menteuse, rassemblée.

Il fallait des mots, mais les mots étaient à peine suffisants, ils couvraient tout juste, en fait ils laissaient beaucoup dessous, et c'était voulu, ils étaient posés légèrement, à peine, personne ne voulait se les approprier ; les phrases étaient comme ces fils tendus. Étonnant à quel point on ne pouvait pas dire, sans doute dire aurait été trop violent, et pour soi-même d'abord. On serait arrivé à une critique trop forte, insoutenable de tout.

Mais assis, attentifs, sur les caisses, sur les grilles, sur les murs, ou debout, sur les tables, discutant. Positions inattendues. Jeux de ballons, jeux de boules. Musiques et pique-niques. Tout le monde enfant.

Venir la nuit.
Parler aux hommes.
La nuit, les hommes. La fonction de production transgressée, en idée et en fait. »

Le mouvement de Mai a donné une ampleur collective, politique, à la prise de parole, au récit, au détail, pendant ce mouvement « les gens » se sont mis à explorer ces formes de pensée et d'action et ont pris au sérieux précisément ce qui permet de rencontrer l'AUTRE, de le considérer et de le rencontrer en tant que tel. Le détail, on sait que Le Pen le tourne en dérision, et c'est dans sa logique nazie. C'est dans le détail que se situe la *« vie vivante »*, pour parler comme Dostoïevski (sa définition de l'art) : c'est là où passe le sujet, n'importe quel sujet, dans le RÉCIT ET LE DÉTAIL, dans le mouvement de l'expérience concrète, dans la narration singulière, dans l'élaboration et le TRAVAIL de pensée, dans l'intérêt pour le déroulement du TEMPS. C'est là et ce n'est pas dans ce qui se veut hors temps, fermé, définitif, la catégorie, la case ou le cas, le dossier ou la définition, qui n'a qu'un changement de ton pour devenir injure (Juif ! étranger ! femme ! etc.).

Il n'y a pas longtemps, je suis allée à Morlaix en Bretagne, où le Théâtre des Lucioles donnait plusieurs représentations d'un spectacle tiré de mon livre *Depuis Maintenant*, adapté et mis en scène par Frédérique Loliée. Ce travail, formidable, a la particularité d'avoir inventé une forme, un « spectacle à installer partout dans la ville » qui correspond et prolonge le propos du livre : Mai 68.

A Morlaix il y a eu un débat dans un café, le Tempo, sur « ce qui reste de Mai 68 ». Rencontre remarquable : on avait l'impression que tout Morlaix était là, personne ne voulait arrêter, les gens les plus différents, instituteurs, petits patrons, chômeurs, femmes, se remémoraient, racontaient. Un monsieur de l'union locale avait rapporté les tracts qu'il avait gardés dans une boîte... Un instituteur parlait du sens... Un petit patron parlait d'amitié, et de comment il était venu à Paris voir les étudiants... Un monsieur qui était ouvrier racontait comment il s'était lié avec un « fils à papa » qui mettait sa voiture au service de la communauté... Une dame avec une mise en plis racontait comment à l'époque on était obligé d'aller en Angleterre chercher des spermatozoïdes, non, des spermicides, et comment le médecin ne savait dire qu'une chose. Débrouillez-vous...

Je reviens au procès Papon, et à l'alliance honteuse. Ce qui a été occulté après la guerre, la participation de l'État au meurtre des Juifs, revient maintenant sur la scène historique et politique. C'est sans doute le moment où la génération dont les parents n'ont rien pu dire éprouve la nécessité de raconter à ses enfants, de leur transmettre, d'où ils viennent, c'est-à-dire : de là. Et c'est sans doute aussi que la dérive de la société industrielle de masse s'accentue, se répète (Yougoslavie, Algérie...), se diversifie, touche des domaines nouveaux (bioéthique...) et que la question QUE VOULONS-NOUS se fait encore plus pressante.

Continuer à expliciter ce qui a été à l'œuvre en Mai 68, réfléchir à comment faire EXISTER le récit, le singulier, le détail, la rencontre avec PERSPECTIVE historique, me semblent des façons possibles d'essayer de sortir des impasses de la société industrielle de maintenant.

Les citations de ce texte sont extraites du livre de Leslie Kaplan, *Depuis Maintenant*, POL, 1996.

« Que les vivants me pardonnent... »

Entretien avec Carmelo Bene

Carmelo Bene n'appartient à aucune avant-garde (il les considère comme des leurres), n'est d'aucune façon un expérimentateur de formes, un artiste maudit ou un aristocrate démiurge. Il est une masse, la *« masse de ses atomes »* comme il aime à le répéter, c'est-à-dire ni du côté des larmes dominantes et de la maîtrise, ni du côté du peuple, ni du côté de l'art. Entre 1968 et 1974, cette masse a « mis en scène » (quand on aura lu l'entretien, on comprendra la nécessité de ces guillemets) cinq « films » *(Notre Dame des Turcs, Caprice !, Don Juan, Salomé, Un Hamlet de moins)* qui dessinent l'une des trajectoires les plus fulgurantes et les plus radicales du cinéma moderne. Il est également (surtout) « homme » de théâtre, auteur de nombreuses « pièces » comme *Macbeth, Lorenzaccio, Pinocchio, SADE, Roméo et Juliette*... Gilles Deleuze, qui lui a consacré quelques pages dans *L'Image-temps* (comme dit Bene : *« c'est mieux que d'être dans* L'Image-mouvement ») et composé un petit livre en sa collaboration, ainsi d'ailleurs que Camille Dumoulié dans son ouvrage consacré à l'auteur du *Théâtre et son double*, ont parlé de lui comme d'un continuateur, voire un dépassement, d'Artaud.

Connaissant la façon très singulière qu'a Carmelo Bene de relativiser la production artistique, de mettre souvent tout à un même niveau de misère pour ne sauver que la grandeur géniale de quelques œuvres, nous allions à sa rencontre avec en tête un fantasme de physicien : l'unification des forces en une seule, fondamentale et universelle, dont découleraient toutes les autres, avec l'idée que derrière le théâtre, le cinéma, la musique et la peinture, il y avait encore mais indissolublement le théâtre, le cinéma, la musique et la peinture, tous unis dans l'absolu d'une alternative qui, à force de retranchements, atteindrait à l'art dans sa fuite même. Comme d'autres, Bene a mis à mal la représentation et le langage, mais loin de piéger l'art dans une pure réflexivité, de l'accompagner dans sa dérive solipsiste, il l'emmène au bord de lui-même, vers *« un pur dehors où les mots se déroulent indéfiniment »*.

Cet entretien réalisé à Rome a rencontré sur sa route un certain nombre de ces handicaps chers à Carmelo Bene.

1. La SNCF : nous devions à l'origine faire l'entretien à deux, mais la participation d'Emmanuel Burdeau à la discussion fut empêchée par un incendie qui immobilisa le train Paris-Rome pendant près de cinq heures, et fit qu'il n'avait pas encore franchi la frontière italienne à l'heure à laquelle avait été fixé le rendez-vous.
2. La langue : la discussion a eu lieu dans la langue des *Cahiers*, le français, et non en italien, langue maternelle de Carmelo Bene. Ceci pour expliquer certaines tournures et expressions qui paraîtront probablement étranges à certains.
3. SONY : la technique a une nouvelle fois montré ses

limites. Pour des raisons qui demeurent aujourd'hui encore inexpliquées, le magnétophone n'a pas daigné enregistrer l'entretien dans son intégralité. Manque donc une demi-heure de discussion. Ce n'est que par l'entremise de Jean-Paul Manganaro, traducteur et spécialiste de l'œuvre de Bene, que les brèches ont pu être colmatées lors d'une conversation téléphonique entre les deux hommes au cours de laquelle furent reposées (en italien cette fois) les questions manquantes. Que Jean-Paul Manganaro en soit chaleureusement remercié.

Si Carmelo Bene, comme il le dit lui-même, travaille à ressusciter l'oral, la restranscription écrite d'un tel entretien va inévitablement plutôt en sens inverse. Il faudrait sans doute, pour être absolument fidèle à la discussion, joindre, ainsi que les *Cahiers* le firent jadis à plusieurs reprises, un disque vinyle (ou un CD). A titre de compensation, des cassettes pirates circuleront.

THIERRY LOUNAS

Il m'est très difficile de faire cet entretien en français, parce que lorsque l'on aborde les problèmes du langage, de la représentation, de l'anti-représentation, de l'irreprésentable, les choses deviennent vite complexes, et il faut alors avoir recours à un vocabulaire précis : c'est un travail chirurgical. Mon ami Gilles Deleuze, à qui tout le monde doit quelque chose, a trouvé les mots justes pour parler de ce que je fais (je ne suis pas sûr que ce que je fais appelle le commentaire, mais quitte à le faire, autant que ce soit Deleuze qui le fasse) : le bégaiement, son autonomie par rapport au « bien-parler » majeur, le retranchement, la minoration, le devenir-minoritaire universel.

Veuillez aussi m'excuser pour le peu de temps que j'ai à vous consacrer mais, en ce moment, avec un collaborateur, je travaille à un livre que l'on peut qualifier d'autobiographique, mais qui est en fait un prétexte pour revenir sur un ensemble de choses cruciales. Vous arrivez d'ailleurs au bon moment. Je suis en train de décrire ma parenthèse cinématographique, la folle histoire du cinéma. J'ai fait cinq films avec très peu de moyens, de façon très précaire. Pour certains, cinq films c'est peut-être peu, mais pour d'autres, cinq films de Carmelo Bene c'est peut-être déjà trop. Le fait est qu'en 1974, j'ai décidé de mettre un terme à ma parenthèse cinématographique.

On a parfois dit de votre travail qu'il poursuivait celui d'Artaud. Qu'en pensez-vous ? A quel moment avez-vous lu Artaud ?
Quand j'ai commencé à faire du théâtre, en 1959, je n'avais pas lu Artaud. Je l'ai lu plus tard grâce aux œuvres complètes publiées chez Gallimard. Ce qu'il a fait est admirable : il a crucifié la langue, il a été le destructeur de la langue française. Cependant, la très belle théorie qu'il met en place dans *Le Théâtre et son double*, il n'a pas été capable de la mettre en pratique, de la montrer, de la présenter, et non pas de la représenter. Nous parlons ici de jeu d'acteur. Je dis toujours *« togliere di scena »*, qu'on peut traduire littéralement par « ôter de scène », ce qui est tout le contraire de mettre en scène. Pour revenir à Artaud, je disais que ce formidable désastre, cette mise en ruine des ruines qu'il a opérée, il n'a jamais su la montrer. Je l'ai fait et je l'ai appliqué non seulement au jugement de Dieu, à la morale, mais aussi au théâtre. Car je déteste le théâtre. Je déteste aussi le cinéma, la littérature, bref l'art. Ce que je fais, c'est un « théâtre sans spectacle », ou si vous voulez : un « spectacle sans théâtre », ce qui est une recherche

impossible. Mais la recherche impossible n'est pas l'impossibilité de la recherche. Car quand on cherche, il ne faut jamais trouver, sinon ce qu'on trouve n'est rien d'autre qu'une trouvaille. C'est pour cela que la recherche est impossible.

Quel est votre rapport avec l'écrit ?
La lecture est la fin du souvenir. Je ne parle pas du souvenir de l'écrit, qui est la mort de l'oral, l'oral mort. Quand je lis Léopardi, que je joue Léopardi – j'ai joué beaucoup de choses : Beethoven, Byron, Schumann, l'*Hyperion* de Luporini –, je lis pour oublier l'écrit, pour ressusciter la parole. Et pour oublier l'écrit, j'ai réalisé le rêve de Charles Baudelaire, qui écrit dans son journal intime : « *Je n'irai plus au théâtre tant que les comédiens ne se décideront pas à parler avec un mégaphone. Ce que j'ai toujours trouvé de plus beau dans un théâtre, c'est le* lustre. *Cependant, je voudrais que les comédiens fussent montés sur des patins très hauts, portassent des masques plus expressifs que le visage humain, et parlassent à travers des porte-voix.* » J'ai appliqué cela à la lettre en mettant en place l'instrumentation phonique amplifiée, une amplification monstrueuse grâce à des haut-parleurs. Le public du Théâtre de l'Odéon, lorsque j'ai présenté *Macbeth*, a d'abord été très étonné. Tout le monde s'est mis à crier et à hurler, mais à la fin c'était l'enthousiasme. Grâce à cette instrumentation phonique amplifiée, l'acteur, au lieu de dire (on en a fini avec le dire), est dans l'écoute. Ce n'est pas l'acteur qui s'écoute, il est le lieu de l'écoute. Ce n'est pas le dire, c'est la voix qui est dite : « *cogito erga est* » dit Nietzsche. Prenons un exemple : si je regarde cette image en couverture du livre de Camille Dumoulié sur Artaud, à cette distance *[une longueur de bras]*, c'est l'équivalent sonore des voix nues, c'est-à-dire le théâtre

et le mélodrame. Si je rapproche le livre, la forme globale disparaît et les détails commencent à apparaître. Si maintenant je le tiens de cette façon *[juste devant les yeux]*, tout est fini parce que rien n'a commencé. Voilà l'équivalent du son tel que je l'entends. L'acteur n'existe plus, le soi manque, nous sommes dans l'abandon, dans la mort de la signification. L'intérieur a coupé la communication. Entre l'acteur et le spectateur, on ne communique plus. L'intérieur de l'acteur se précipite dans l'intérieur du spectateur. C'est un transfert. A ce stade, la représentation, les mots comme volonté n'existent plus. Le *logos* n'existe plus. Les affects, les sentiments, la Patrie, Dieu, la grammaire, l'âme, l'esprit n'existent plus. C'est le jamais-dit, le non-dit qui parlent à l'intérieur. Nous sommes dans la sensation. Et enfin, c'est le corps qui va disparaître. J'ai essayé de faire cela au cinéma, avec l'image (que je déteste), en cherchant à la massacrer par le montage, en faisant jouer l'inclinaison des visages, afin de trouver une musicalité visuelle. Deleuze a appelé cela l'image-cristal. Nous sommes dans le temps, dans le non-concept du temps, dans l'actuel, c'est-à-dire dans l'acte et non pas dans l'action, dans le présent en tant qu'il est immédiatement passé, dans le passé et le présent qui coïncident en devenir. Nous sommes dans cette virtualité qui est au centre de *Salomé* et de *Notre-Dame des Turcs.*

En quoi l'action et l'acte s'excluent-ils ?
Lorsque Brutus assassine César, il y a d'un côté l'action représentée par la conjuration, c'est-à-dire la somme des bonnes et des mauvaises raisons de l'Histoire qui conduisent à assassiner César, et qui constitue le pain quotidien de nos historiens, qui ne comprendront jamais rien à rien parce qu'ils ne pensent qu'en termes

d'histoire, de pensée, de causalité et d'action, et gomment sans cesse les trous en historicisant. Ils oublient l'oubli. Ils se trouvent alors bien dépourvus devant ce que j'appelle « l'énigme Lorenzaccio ». Parce que lorsque Brutus perce César de sa lame, nous ne sommes plus dans l'action, nous sommes dans l'abandon, dans l'acte. L'acte fait en quelque sorte un croc-en-jambe à l'action. L'acte est toujours précédé par son action, par le geste. Tous les gestes sont déjà faits. L'acte oublie toujours la finalité de l'action, l'acte est un oubli du geste même. L'acte est l'oubli de l'action. Le langage ne demeure que parce que les historiens le font demeurer. En réalité, il fait partie d'une longue histoire, ce que Musset, dans *Lorenzaccio*, a bien compris. Lorenzaccio ne tue pas par intérêt, afin que lui revienne le duché de Florence, puisqu'au bout du compte il ne lui reviendra pas. Il tue sans raison. Dans le *Lorenzaccio* que j'ai montré, j'ai procédé en utilisant trois niveaux. D'abord l'orchestre occupé par le bruiteur ; en haut, le tyran qu'il faut assassiner ; et au milieu, Lorenzaccio, que je joue. Sur scène, les gestes, ce sont les bruits, les bruitages déjà accomplis par le bruiteur. L'acteur ne fait que répéter ce qui a déjà été fait par le bruiteur ou par d'autres, il est toujours en retard sur l'action. L'acte au contraire est l'immédiat, l'*aîon*, il déréalise l'action au lieu de la réaliser. L'auteur de l'acte n'est plus l'auteur parce qu'il est dépossédé de son geste et qu'il a oublié l'action. Il n'est même plus en lui-même lorsqu'il frappe le tyran. Il s'agit donc de saisir l'immédiat, ce que ni le théâtre ni le cinéma ne sont capables de faire. On ne trouve l'immédiat que dans des exemples extrêmement rares, comme un photogramme de Bacon, c'est-à-dire chez un peintre qui excède la peinture. Toutes les formes d'art ne sont que des métiers qui doivent être excédés, dans et par la différence. Tout ce qui ne se place pas dans la différence, est horrible. Une peinture de Bacon, par exemple, ne communique que dans l'absence d'action. Tout n'est que sensation, *sensazione*, ou comme dirait Jean-Paul Manganaro : *senz'azione*, sans action. On ne peut pas raconter la sensation, ce n'est qu'un noir intolérable et dont on ne peut pas témoigner. On ne trouve au théâtre, même dans le mien, que deux ou trois moments d'immédiat. Ce ne sont que des instants. C'est pourquoi tout le théâtre de la représentation ne vaut rien et est à jeter. N'importe quel photogramme de n'importe quelle œuvre, pourvu que ce ne soit pas une œuvre d'art, n'excède la forme que dans la différence, la différence comme répétition sans concept. Il faut déconceptualiser : voyez Nietzsche et Deleuze. On peut penser aux photos de petites filles de Lewis Caroll. Je pense également à des photos de cadavres, des photos d'enfants pris dans le coma par David Harali... Tout cela fait partie de l'immédiat. Le théâtre ne l'offre qu'une ou deux fois par siècle : quelques instants mais jamais tout un spectacle. Les peintres qui ont excédé l'art se comptent sur les doigts d'une main, et le plus grand est Bacon. La sensation corporelle – nous sommes des corps, nous n'avons pas de corps : le fait d'être quelque chose ne signifie pas l'avoir –, suggère beaucoup plus d'énergie et de dynamique que tout ce septième art cinématographique que l'on dit en mouvement. On ne sait jamais d'où le geste part et où il va finir, s'il finit. Un film qui compte sur l'action n'est jamais qu'un film déjà filmé. Ce n'est qu'un documentaire. De même que le texte, dans la dramaturgie, n'est que du documentaire, même s'il y a un auteur. Parce que l'auteur a trahi ce qu'il a déjà mis en scène dans sa tête, parce qu'il a été trahi dans le fait même d'écrire le texte et ensuite de le mettre en scène. C'est une somme de trahisons et d'actions où chaque représentation de cette triple représentation – la pensée, l'écriture, la mise en scène – ne représente jamais la même chose et retire l'immédiateté de l'acte. C'est pourquoi l'auteur n'existe pas. On peut *être* un chef-d'œuvre mais on ne peut pas *faire*, en art, un chef-d'œuvre. Tout le sens de l'abandon obtenu par la machine actoriale tient justement dans l'oubli de l'action et dans le passage dans l'immédiat de l'acte, dans le fait même d'être perdu, qui ne passe par aucune écriture de scène. Pour pouvoir s'abandonner, se perdre, il faut remplir la scène comme si elle était un champ de mines ou de handicaps, d'empêchements où l'on compte les retards par rapport au temps. Par exemple, dans *Lorenzaccio*, les temps sont tellement allongés que celui qui doit tuer trouve déjà mort celui qui devait être tué et ce pourquoi il devait tuer, parce qu'il a déjà été tué par le bruiteur, parce que l'histoire s'en est déjà chargée. Il est donc toujours en retard sur lui-même. L'humilité de Musset est de dire : « *moi, je n'y étais pas* ». La machine actoriale doit faire la même chose, mais ce n'est pas évident. Cela ne m'est arrivé que très rarement, car cela ne dure que l'espace de quelques instants – *attimi* en italien, qui est un mot très difficile à traduire –, et jamais le temps de tout un spectacle. Même l'instant est de trop. Le théâtre sans action, le théâtre de l'immédiat, est ce noir que l'on ne peut pas comprendre et qui est soustrait au *logos*. Comment raconter ce qu'on y voit ? Il faut même plus y entendre qu'y voir. Comment raconter une sensation qui est un fait de peau, soustrait à toute pensée ?

Si Artaud avait vécu plus longtemps, il aurait pu admirer la sensation dans l'œuvre de Bacon, et il lui aurait dédié son livre sur Van Gogh, *Van Gogh ou le suicidé de la société*. J'en suis sûr. Parce que la peinture de Bacon est une sensation pure. Il n'y a pas de *logos* ou un quelconque discours sur la peinture. Ce n'est pas étonnant que Deleuze ait écrit sur Bacon. Deleuze appelle cela la perception. Mais la sensation ne m'appartient pas, à moi, spectateur. La sensation est déjà peinte, là. L'image est cachée par l'image même. C'est donc forcément une présence/absence qui m'intéresse. Pour revenir au cinéma, disons que le tableau d'un peintre est l'équivalent d'un photogramme. Au cinéma, avec 23-24 photogrammes par seconde, on obtient un effet réaliste, comme dans la vie, et c'est ce qui m'embête. On reste au niveau de l'humain, et je trouve l'humain dégoûtant. Ce que l'on appelle film d'action, cela me fait rire. Ce que l'on appelle film d'horreur, cela me fait rire aussi, surtout lorsqu'on offense l'œuvre de Poe, cet immense poète. Si vous voulez voir le plus grand film d'horreur, il ne faut pas aller le chercher dans le cinéma. Il faut aller lire Henry James, *Le Tour d'écrou* par exemple. C'est formidable parce que vous voyez sans voir, ce qui est essentiel. *Ulysse* de James Joyce, c'est le même principe : chaque phrase est dans l'immédiat, toujours dans l'immédiat. Voilà le plus grand film. Il ne faut pas aller chercher la littérature dans la littérature, ou la philosophie dans la philosophie, le cinéma au cinéma ou le théâtre dans le théâtre. Même la musique : il faut être dans la musicalité et non pas dans le « musicisme ». Le cinéma est une mésaventure. Ce n'est pas le septième art puisque c'est l'art lui-même que je refuse. Je le refuse quand il est seulement conservatoire, ou décoratif, ou humain. Je déteste l'humain comme je me déteste moi-même. Je suis la masse de mes atomes, la masse d'atomes de la machine actoriale.

Au cinéma, il est plus difficile de faire disparaître l'image derrière l'image, parce que tout y est déjà image, illusion, dans une virtualité qui tue la virtualité. Ce n'est pas non plus facile de la faire disparaître en peinture ou en littérature, mais on trouve des pages sublimes qui ont précédé la page, l'image de la page. C'est ce qu'a fait Artaud écrivain, ou Rabelais, ou Lacan, qui a compris le problème et que j'estime. Pour mesurer la disgrâce d'un corps qui est massacré au sol, il faut calculer la hauteur de laquelle il a été précipité. Qu'est-ce qui se passe au cinéma ? Prenons le cas d'un individu qui est au sommet d'un gratte-ciel. Vous le voyez debout, il perd son équilibre, et en bas il touche la terre. Un ralenti vous permet d'apprécier la trajectoire. Pour ma part, je couperais la trajectoire, je ne montrerais que le début et la fin. Ainsi, nous serions moins dans le descriptif et un peu plus dans l'immédiat. Je déteste le ralenti, ou alors le ralenti infini. Cinq millions de photogrammes ou un seul photogramme, c'est exactement la même chose. A la condition toujours, et vous devez commencer à le savoir, que la répétition soit une différence sans concept, ou la différence une répétition sans concept. A la condition que l'on soit dans la différence, que l'on excède le genre, ce qui est fondamental. Je considère le théâtre comme le plus difficile et le plus fascinant des exercices, parce que l'on y pratique le possible.

Quels cinéastes, pour vous, sont allés dans cette voie ?
Je ne vais jamais au cinéma. Je ne dors jamais, je prends donc beaucoup de somnifères, il m'arrive de voir des films à la télévision. Aucun cinéaste ne m'intéresse. Même ce que j'ai fait ne m'intéresse pas, sauf deux ou trois moments : l'autocrucifixion manquée dans *Salomé*, la pellicule brûlée et mise en morceaux dans *Notre-*

Dame des Turcs comme parodie du souvenir. Ce qui est important, c'est l'amplification, que ce soit celle du son ou des éclairages. Cette amplification est au maximum du *bloom-up*. Elle permet de montrer que plus on rapproche quelque chose moins on le voit.

A un moment, j'ai trouvé quelque intérêt à voir les films de Bresson, Vertov, Keaton ou Tati. Bresson a ce goût du détail qui ne correspond pas au bon goût. J'aimais par exemple beaucoup *Lancelot du Lac*. Mais à présent Bresson me dégoûte. Il ne fait qu'à moitié les choses, il n'a pas de courage. J'avais une certaine estime pour Keaton et ses acrobaties – je faisais des choses de ce genre au théâtre, des chutes qui pouvaient aller jusqu'à dix mètres, quand j'étais beaucoup plus jeune. C'était toujours en flèche, pas au ralenti, c'était une parodie de quelqu'un qui essaie de voler. Keaton ne jouait pas, c'était un singe. Le cinéma ne peut pas faire mieux que cela : des singes qui tournent. Je ne parle même pas de Chaplin que je déteste. Le cinéma, c'est le XXe siècle. On n'est jamais plus dans l'immédiat. Mozart ou Rossini faisaient des choses légères. Aujourd'hui tout est lourd, les gens écrivent sur des choses mortes. Tout le monde ne fait plus que des essais sur des chefs-d'œuvre. Même Stendhal, quand il avait à peine 18 ans, avait écrit à Rossini pour lui dire que ce qu'il avait fait était la chose la plus étonnante que le suprême effort du génie humain nous ait donné à entendre. Il avait raison, parce que tout le langage y est mis à mal, cassé. Avec Schoenberg, nous sommes toujours dans la maladie. Alors je dis : Ravel et le premier Stravinski. Certains font la fine bouche sur Kafka, mais Kafka est tout.

Il y a beaucoup d'intellectualité dans ce qui a été produit et est encore produit, mais pas d'abandon, pas de dépassement. On ne pense que la pensée. Il faut en finir avec l'histoire de la philosophie et la philosophie de l'histoire, des histoires. Il ne s'agit plus de détruire, il faut prendre la mitraille et commencer par se détruire soi-même. Il faut avoir pensé, mais après il faut passer à autre chose.

Que retenez-vous de votre travail avec Pasolini ?
C'était un rapport de très grande estime réciproque. Au théâtre, il ne supportait que ce que je faisais. Son cinéma ne m'intéresse que relativement, sauf *Salo*, qui n'est pas un film, comme *La Comédie de Dieu* de Monteiro (voilà une chose qui me plaît), qui n'est qu'une pure perversion, qui n'est pas un film, mais de la vie. Quand ce ne sont pas des films, ça va. Mais tout le reste est cinématographié. Le temps n'existe pas, donc l'action non plus, *Kronos, l'aîon*. Il ne faut pas oublier que le mot acteur vient de *agere* et non pas de *agire*. On a fait une confusion étymologique. L'acteur n'est pas celui qui agit mais celui qui évoque. On a toujours pensé que l'acteur était ce crétin qui était le faquin de la scène. *Agere* veut dire demander, évoquer, par exemple la Vierge Marie. C'est l'avocate par excellence auprès de ce cochon de Dieu qui s'en fout.

Pour vous, Mai 68, ça n'existe pas ?
En Italie ? Ce n'est pas la même chose qu'en France. Ici, on a transporté le modèle 68 sans qu'il y ait de besoins ou d'exigences complexes. Les Français avaient certaines raisons pour faire Mai 68 – des raisons qui d'ailleurs ne m'intéressent pas parce que je n'ai aucune conscience du social ou du politique. Mais en Italie c'était simplement une parodie.

A cette époque Bertolucci fait Partner.

Partner a été présenté à Venise la même année que *Notre-Dame des Turcs*. Bertolucci aurait pu faire quelque chose d'intéressant, mais il n'y est pas parvenu. Il ne faut pas faire des chefs-d'œuvre, il faut *être* des chefs-d'œuvre, parce que si on se coupe du discours, de la communication, du sujet, l'auteur n'existe plus. Dans mon cas, nous sommes dans un « corps d'opéra », comme le note Deleuze, mais sans l'artifice. Il faut en finir avec le cinéma d'auteur. Au début, il faut rompre et nier chaque paternité, sinon on remplace l'État. La solution n'est pas dans la révolution copernicienne, mais dans la révolution tout court. Il faudrait abattre un pouvoir pour se poser à sa place. On n'échappe pas à la machine. Kafka a tout apporté. Il faut comprendre cela une fois pour toutes.

On pourrait discuter un peu de Brecht, de son ambiguïté.
Non, non, non. Il y a un double chez Brecht, mais son comédien est dans la civilisation alors qu'il faut juste être dans la sincérité, présenter et non pas représenter. Son comédien joue son rôle comme un espion, comme un flic, c'est ridicule. Un double ne suffit pas. Dans la dérive, dans le chaos du signifiant, qui joue ? Ce n'est plus moi. Il faut qu'il y ait des millions de doubles. Et à la fin de toute ces virtualités, il y a encore celle du spectateur. Bresson le savait, grâce à Dieu, il jouait du cinéma et pas du texte. On ne parle jamais d'un texte. Il faut lire Sartre. Lorsque je lis un texte, je prends tout ce qui n'y est pas dit. J'oublie, je prends ce qui manque, nous sommes ce qui nous manque, il n'est pas nécessaire de lire Saussure ou Lacan pour savoir cela. Il faut manquer quelque chose, c'est cela la possibilité de la recherche, et la raison pour laquelle elle est impossible. Dès que j'ai trouvé quelque chose je le jette, et je ne me

contente pas des résidus, je les oublie. La forme me dégoûte, l'esprit me dégoûte, le beau me dégoûte, l'habitude et la connerie du théâtre moderne me dégoûtent. Et je ne veux être ni décoré ni consolé. Il faut arrêter avec cette histoire d'auteur. Nous sommes toujours dans le discours, mais le discours, disait Saussure, n'appartient pas à l'être qui parle. Si je vous parle, si je vous en parle, je tourne encore dans la parole. Je ne peux pas le dire : c'est le non-dit. Le langage, pour dire le *je*, est un champ miné. Il faut donc créer un court-circuit du langage et de ses trous noirs, dépsychologiser le tout. Le tout, c'est le rien que nous ne sommes pas. La voix ce n'est pas le dire, nous sommes dits.

Comment appréhender la communauté, s'il n'y a pas d'histoire, de politique, de communication ?
La communauté fait ce qu'elle veut, ce n'est pas mon problème. Je n'ai pas de conscience. Le problème de l'ouvrier ne m'intéresse pas. Deleuze a raison quand il parle de la classe populaire comme du narcissisme de l'ouvrier. Le groupe ? Il y a partout des groupes. Nous sommes dans des démocraties gouvernées pas des hommes politiques qui sont des hommes à demi et qui se moquent de résoudre les problèmes. C'est cela désormais la politique. Saint-Just avait raison : il faut se couper des institutions, séparer toutes les lois des institutions.

L'argent n'intervient pas ?
L'argent m'intéresse énormément, parce que l'on n'arrive jamais à être seul. Il y a un tel « n'importe-quoiisme » au-dehors que le luxe du silence, on doit le payer, si l'on veut vivre dans la sainteté de mort, dans notre sainteté de mort. Je suis un mort qui tente de

vivre. L'argent est lié au luxe du silence. L'argent dans l'art ? Il faudrait poser la question à Marx. Je ne suis pas marxiste parce que je ne suis pas romantique à ce point. Marx parle bien du capital, qu'il faut abolir. Il a raison : le capital, c'est pire que la religion. Mais chez Marx, il s'agit moins de l'abolir que de le déplacer. Donner le capital au peuple, ce n'est pas possible. Au lieu d'Ivan le terrible nous avons Staline le terrible. Vertov, lui, a fait un cinéma pour l'homme délivré de l'histoire. A l'inverse, j'ai toujours considéré les films d'Eisenstein comme le stalinisme du Beau. Pour en revenir à l'argent, il est utile pour l'inutile, pour se délivrer de la question de l'éternel cadastre. Je m'en fiche d'être riche.

Mais le spectateur n'est pas en dehors de l'histoire ?
Tant pis. Il est dans le pire. Il se pose seulement la question du citoyen, et jamais celle de l'homme et du dépassement de l'homme, de sa misère. Il est *privé* dans tous les sens du terme. L'art populaire ne veut rien dire, c'est exécrable. Pour être libre, il faudrait d'abord se délivrer de la liberté. C'est comme pour la transgression : il faudrait transgresser la transgression. C'est un paradoxe, mais c'est ça : il faut se délivrer de la conscience. Il n'y a pas eu de délivrance en 68. Que viennent faire les problèmes des ouvriers avec ceux des étudiants ? Leurs problèmes ne m'intéressent pas. Le spectateur, lorsqu'il assiste à mon « théâtre sans spectacle », il est impressionné ou embêté par le court-circuit, pas par la polémique.

Propos recueillis le 2 avril 1998 à Rome
par THIERRY LOUNAS.

L'usine à organes

Stéphane Bouquet

68 – et ce qui a suivi – a travaillé en profondeur les corps, initié de nouvelles façons de les faire fonctionner : seuls, à deux ou même en groupe. L'activité du corps devient alors la grande préoccupation de quelques cinéastes importants, Akerman, Fellini, Pasolini, Eustache, Garrol, Fassbinder, Cassavetes. Que produit-il, avec qui et comment ?

C'est après 68. Sur un des murs des Beaux-Arts, quelqu'une graffita : « *Les femmes pètent aussi.* » Ce n'était pas qu'on ne savait pas, c'était qu'on avait préféré faire comme si (on ne savait pas, elles ne pétaient pas). Depuis des siècles de représentation, la femme est une icône, d'accord pour qu'elle pleure (les larmes sont l'expression de l'âme), moins d'accord pour qu'elle pète (rote, pisse, chie). Réduite à son apparence physique, à la surface de sa peau, à une sorte d'existence cosmétique, la femme est dégagée des sales contraintes du réel, mais du coup, méchante conséquence, elle est exclue des processus productifs (et forcément dégradants) de ce même réel. Un corps non pétant est un corps improductif, hors circuit, immobile. Certains appellent cela un bibelot. Tout le travail des féministes fut de faire de la femme un corps à part entière, soit un agencement productif d'organes, une circulation des gaz à réintroduire dans le vaste circuit des échanges de fluides, une chose qui turbine et qui pète. Au cinéma, il n'y eut guère que Chantal Akerman pour comprendre qu'il ne fallait pas se contenter de proclamer : « *Nous sommes des corps travaillés* » (faire des films féministes), mais qu'il fallait le montrer (faire féministement du cinéma). Jusqu'à *Jeanne Dielmann* (1975), tous ses films témoignent du même souci, rendre visible ceci : la femme est un moteur, qui peut bien fonctionner pour soi, en circuit fermé, mais qui fonctionne cependant et produit sans compter. *Je tu il elle* (1974) est, de ce point de vue, une œuvre emblématique. Ce film en trois parties introduit peu à peu la femme-moteur dans le système général de la production. Premier temps : Chantal tourne en rond dans sa chambre, ramasse des feuilles, écrit, pendant que la bande-son dit ou redit ce que le personnage fait, a fait, va faire, mais jamais ce qu'elle pense, espère, attend. La femme est activité pure, même si pour l'instant le moteur tourne à vide. Deuxième temps : Chantal part en voyage, elle monte dans un camion, branle le chauffeur, puis l'écoute déballer les malheurs de sa pauvre vie. Ce serait un retour total à la passivité (la femme ne conduit pas, elle sert de confidente quasi muette) si Chantal ne sauvait son autonomie en branlant le chauffeur, main-bielle, bras-moteur, qui conservent, en dernière instance, le contrôle des flux corporels. Troisième temps : Chantal retrouve son amante. Elles baisent. Emballées, elles gémissent, mouillent, halètent. Branché sur un autre corps, le corps de Chantal produit de l'activité, en l'occurrence des fluides, de la jouissance et de la libération ; copulation veut dire ici moteurs couplés, passage de la salive d'une bouche à l'autre, chaîne organique de production. L'histoire de *Jeanne Dielmann* est à peu près comparable, sauf que plus pessimiste. C'est la face tragique ou aliénée de *Je tu il elle*. Le corps sec et sévère de Jeanne reste captif des deux réseaux traditionnellement féminins de production (elle fait interminablement à manger pour son fils, elle vend rapidement son corps aux hommes). Jeanne est l'anti-Chantal, celle qui n'a pas su (ou pas voulu) détourner pour son compte le circuit des moteurs et qui tuera le premier client qui la fera jouir et lui dévoilera qu'elle peut, elle aussi, devenir une machine désirante productrice de matière.

Les femmes donc sont des séries d'organes, mais les hommes aussi. Car, en ces années-là, c'est tout un pan du cinéma qui se réclame du corporel et de l'organique. C'est alors, par exemple, que Fellini touche au plus épuré de son inspiration vitaliste et tératologique. Dans *Le Satyricon* (1969), le spectacle se débarrasse au maximum de l'apparat – minimalisme des décors et des costumes – et se réduit à une contemplation du corps dans tous ses états, et surtout dans ses états de sur-régime. Sexe et festin sont au programme selon les mœurs romaines, où festoyer n'est pas manger mais s'abandonner au circuit fermé et reproductible du cycle engloutir/vomir, et où le sexe est sans repos puisque tous les corps sont permis (la sexualité romaine n'a de frontière ni d'âge ni de genre). Le trajet du bel Encolpe est donc une mise à l'épreuve de sa vitalité, sommé par un Lycas toujours-mangeant, toujours-baisant, d'être plus humain, c'est-à-dire de s'abandonner au monstre organique en lui, à la machine folle (mais Encolpe est bêtement amoureux de Giton) jusqu'à destruction. Sans doute, chez le cinéaste italien, le souci de l'organique et de l'excroissance n'est pas exactement nouveau mais il s'exprime dans *Le Satyricon* avec une telle puissance monomaniaque qu'on a du mal à ne pas le rattacher à l'air du temps (au sens où le temps aurait rendu *cela* possible), même si pour Fellini il ne s'agit certainement pas de s'inféoder à la proposition politico-esthétique en vogue à l'époque : le corps réduit à son immanence fonctionnelle est l'instrument majeur de la mise en crise du système.

Car ce qui fait alors retour, dans le cinéma comme dans les champs artistique et intellectuel, c'est l'idée que le corps, étant le lieu singulier de l'incarnation des contraintes, est aussi celui où chaque sujet, singulièrement, peut s'en défaire, se débrider, ressaisir sa liberté et faire exploser les carcans sociaux. On connaît la *Messe pour un corps* (1969) de Michel Journiac, où l'artiste fit du boudin avec son propre sang et le distribua, en guise d'hostie, aux célébrants du happening. Le corps devenait directement producteur de sacrilège, le sang n'avait pas été versé pour la patrie mais pour le blasphème. C'est évidemment dans la même voie qu'œuvre un cinéaste comme Pasolini. *Théorème* (1968) introduit l'idée que le sexe est un instrument de la lutte (le patron, baisé par l'étranger, abandonne son usine aux ouvriers), même si le sexe ne conduit dans le film qu'à des états-limites du corps : catatonie de la fille, nymphomanie de la mère, miction débridée du fils, lévitation de la bonne, nomadisme du père. Le sexe dérègle quand il surgit. Il faut du temps au sujet avant de le domestiquer, en maîtriser les rouages, devenir un producteur raisonnable. La Trilogie de la vie *(Le Décaméron, Les Contes de Canterbury, Les Mille et une nuits)*, réalisée de 1971 à 1974, est le moment où le sujet devient le patron de son propre désir, mais, d'une certaine façon, c'est un échec.

Les sexes sont peut-être lourds, les seins gonflés, les films lumineux, mais tout cela est de l'ordre de la mécanique répétitive. Les coïts succèdent aux coïts avec une monotonie lassante ; les corps réprimés ont fait place au désir taylorisé ; un film puis un autre puis un autre, c'est le pesant retour du même. Le corps a raté sa libération, un circuit organique autorépressif s'est substitué à un circuit social répressif, il n'y a plus en vue que la vaine répétition. C'est sans doute pourquoi Pasolini a ressenti le besoin d'en venir à Sade comme à une figure de l'invention perpétuelle. Inventeur de postures, et surtout créateur de circuits, tel est Sade qui sait que le sexe n'est vivant que de s'étendre à tout le corps. Pisser, chier ou saigner, sont aussi des éjaculations. Sade vient donc à point pour ré-organiser les choses, ou plutôt pour les dés-organ-iser, pour créer si l'on veut un « corps sans organes », c'est-à-dire un corps sans fonctionnalité organique, où les couples d'organes se renouvellent chaque fois et chaque fois avec une fonctionnalité et une intensité différentes. Chie-moi dans la bouche et regarde comme je jouis, ou bien : arrache-moi la langue de tes dents et vois mes yeux se dilater d'horreur. (Qu'ensuite Pasolini fasse le lien entre l'extrême liberté sadienne et les fascistes de Salo, c'est une autre affaire. Un contresens d'une certaine façon, mais révélateur, car le vieux fond catholique du cinéaste peut difficilement supporter que la liberté se trouve dans une désorganisation effective des corps, dans la suppression de toute loi de composition corporelle, puisque aussi bien nous sommes à l'image de Dieu.)

Corps sans organes est une expression qu'on entend par ailleurs, ces mêmes années, dans la bouche de Jean-Noël Picq lorsqu'il décrit *Le Jardin des délices* de Jérôme Bosch, dans le film éponyme de Jean Eustache (1979).

Bosch – vu par Picq/Eustache – c'est le peintre absolu de la confusion des choses, de la « *déhiérarchisation de tout l'univers par la profusion, l'excès des emboîtements, des noces*[1]*, des conjonctions, des pénétrations* », ce qu'est aussi, à sa manière, *Salo ou les cent vingts journées de Sodome*. Seulement Bosch (ou Pasolini) n'est pas Eustache, même s'il en est l'horizon (faussement ?) rêvé. Le cinéma d'Eustache tient très fort à une et une seule, toujours la même, liaison – celle du regard et de la voix, soit une triple machine organique : yeux, oreille et gorge. Si on pouvait passer par pertes et profits le reste du corps, il n'est pas dit que ce soit un drame. En cela, Eustache invente une radicalité par défaut, un corps révolutionnaire parce qu'il s'absente de lui, ou plutôt parce qu'il s'absente de ce qui, en lui, peut porter l'action. On dit souvent que *La Maman et la Putain* (1973) est le grand film de 68 ; que là, les femmes enfin parlent de leur corps (de leurs règles, de leur désir) avec une crudité inaccoutumée. Mais, paradoxalement, les protagonistes du film n'auraient pas pu participer à 68, parce qu'ils ne sont pas pourvus du corps qu'il faut. Du côté du commentaire plutôt que du faire, du discours plutôt que de la pratique, les corps eustachiens, calés dans des fauteuils ou étalés sur des lits, sont rigoureusement aproductifs, c'est-à-dire que la question de la matière n'est pas leur affaire, qu'elle ne les regarde pas. Ils se sont inventé une forme machinique inédite qui consiste à broyer l'énergie du vide et surtout à ne pas transformer les conditions de l'être. Des organes sans corps plutôt qu'un corps sans organes, où disparaît le risque du mouvement, où règne le figé (le régime boschien de l'être constitue donc une sorte d'utopie négative). On sait, d'ailleurs, qu'Eustache portera cette logique nihiliste à ses plus extrêmes conséquences puisqu'il se laissera devenir quasiment impotent, état radical de non-intervention sur le réel. Il est, au reste, fort étrange que les deux seuls cinéastes français à avoir pris acte de 68 l'aient fait sur un mode involutif, régressif et intime, qu'ils se soient comme retirés d'une réinvention festive des corps, du fameux *changer la vie* des barricades, de l'apologie de la jouissance à tout crin. Car, à la fixation d'Eustache sur un seul agencement organique correspond le « *Que la folie vienne vite !* » de Philippe Garrel. Pose romantique si l'on veut, mais qui cesse de l'être à partir du moment où la folie devient effective (et, de toute façon, le Romantisme est une grande chose). *Le Révélateur*, tourné fin mai-début juin 68, et *La Concentration*, tourné en août 68, sont deux films qui répudient toute possibilité de s'intéresser au devenir tant que n'a pas été percé le mystère de la naissance (des corps, du cinéma). Dans *Le Révélateur*, titre-manifeste, un enfant soumet ses parents à la plus vieille question de la jeune humanité (Freud) : « *Comment suis-je né ? Qu'est-ce que c'est faire un enfant, produire un autre corps ?* » Mais les corps des parents ne sont pas doués de parole (le film est muet), ils semblent flotter au milieu d'espaces oniriques, ils sont plutôt des fantômes que des parents, en somme des corps presque abolis. Dans *La Concentration* (autre titre-manifeste puisqu'il désigne, d'une part, les camps du même nom, de l'autre, l'idée que le cinéma se concentre sur une seule et même question : comment devient-on un corps ?), Jean-Pierre Léaud se tranche les veines avec un morceau de pellicule. On ne dit pas mieux le statut de l'être : pure image puisqu'il meurt du cinéma, effet de lumière, captation de photons, tremblement des grains. Se comprend alors l'attente garrelienne de la folie, non pas espérance de la perte, mais attente de la ressaisie de soi.

Comme lorsque Deleuze et Guattari font du schizo, dans *L'Ami-Œdipe* (1972), la grande figure de libération du désir, l'inventeur de lignes de fuite qui permettent d'échapper au système répressif du capitalisme ; comme lorsque, dans ces mêmes années, la plasticienne Gina Pane invente de se laisser envahir par la pulsion de mort et s'auto-sadise à outrance pour devenir seule maître de son corps. Garrel trouve dans la folie le moyen de toucher à une réelle corporéité, à une existence pleinement organique, au touffu de la vie. Son corps est proprement attesté par la présence des aliénistes. C'est pourquoi *L'Enfant secret* (1982) est un film bouleversant, parce qu'on y assiste à la (re)naissance d'un corps, à un retour *via* la folie et les électrochocs vers l'existence. L'enfant secret, peut-être est-ce simplement Garrel revenu dans son corps. En France, Mai 68 a généré un cinéma négatif, du retrait et de l'absence, un cinéma criant que ce n'est pas si simple d'être une profusion organique[2]. En Allemagne (côté RFA), au contraire, le tumulte des années 60 finissantes a tout de suite été intégré dans un courant vitaliste, sulfureux et violent. C'est en Allemagne, par exemple, et en Italie qui eut son lot de cinéastes de l'outrance organique (Ferreri au premier chef), que se développe un terrorisme débridé. Rien que de très normal : Garrel ou Eustache ne pousse pas au meurtre, Pasolini ou Fassbinder oui. C'est en Allemagne aussi que naît ce qu'on pourrait appeler grossièrement un cinéma homosexuel, démonstratif comme le *Nicht der Homosexuelle ist pervers, sondern die Situation, in der er lebt* (1969) de Rosa von Praunheim, ou plus ouvertement sexuel et joyeux. Fassbinder, il va de soi, résume au mieux et dépasse de beaucoup ces films-là, parce que, comme tous les grands cinéastes de ces années de chaos, il instaure un régime particulier de corps, crée des circuits spécifiques, bricole son propre agencement productif d'organes. Dans *L'Allemagne en automne* (1977), tourné pour protester contre l'assassinat dans leur cellule des membres de la Fraction Armée Rouge, Fassbinder propose une méthode théorique de survie. Il se plante devant la caméra (nous, l'État) et commence à se branler. Il faut donc, dit-il, créer sa petite usine autarcique, produire et consommer soi-même sa jouissance, être son propre patron, montrer que – littéralement – on s'en branle de leur police, de leur justice, de leur démocratie. L'entrepreneur de son propre corps, bien sûr, comme tous les entrepreneurs, ne rêve que d'une chose : s'agrandir, avoir des employés sous ses ordres. Pas dupe, et en même temps pas complètement préservé de ce déviationnisme patronal (vu comment il gérait sa troupe de théâtre), Fassbinder a souvent, dans ses films, essayé de brancher un corps sur un autre. Si ce branchement en passe presque systématiquement par le couple sadomasochiste *(voir* Martha, 1973, laquelle Martha n'est pas contrainte par hasard de lire un livre sur les barrages et les tuyaux), c'est bien sûr que soumettre un corps, en faire une machine annexe et accessoire, ne va pas sans quelque violence, celle en somme du capitaliste ou du propriétaire puisque, comme le fait remarquer Marx, à l'origine de toute propriété il y a forcément spoliation volontaire, opposition consciente du capital au travail. *L'Année des treize lunes* (1978) raconte, sur un mode cynique, l'histoire corporelle de cette spoliation. Un homme, pour appartenir à un autre (un patron), se coupe les couilles et change de sexe. Le vol originel du capitalisme est rejoué sur la scène du corps et évidemment (Fassbinder étant un tragique), ça ne suffira pas à faire que le corps désirant (et soumis) se branche correctement sur le corps désiré (et bourreau).

Un autre grand cinéaste, John Cassavetes, se posait alors des questions problématiques de branchement d'un corps sur l'autre. Là aussi, ça ne fonctionnait pas bien, mais c'était pour d'autres raisons. Un corps cassavetien est un truc qui ne tient pas ensemble, qui fuit de partout, qu'on remplit d'amour, d'alcool, de médicaments éventuellement, et qui pourtant continue à être désespérément vide, ou plutôt : qui ne parvient pas à rester plein, tant il est vrai que ça fonctionne jusqu'à épuisement, un personnage de Cassavetes, jusqu'à la dernière larme d'énergie. Il suffit de voir les longues danses et les interminables palabres de *Faces* (1968) ou de *Minnie et Moskowitz* (1971), l'errance sans fin avant la beuverie infinie de *Husbands* (1970) pour être sûr que le corps est agencé de telle façon qu'il ne peut rien garder, conserver, contenir. Cette fuite perpétuelle, cette sorte d'évidement par le flux, convoque un des grands thèmes de Mai (Mai conçu comme mouvement mondial) que les cinéastes européens ont finalement très peu travaillé : celui du dérèglement de tous les sens, celui d'un abandon total de l'idée de circuit, celui de la pure désaccumulation. Tout ceci qui explique que le bouddhisme soit devenu un horizon essentiel de la contre-culture, surtout américaine, parce qu'il promet le vide parfait et offre une issue salvatrice à l'épanchement perpétuel de l'énergie. Bien sûr, Cassavetes n'est pas du tout bouddhiste (il ne voit pas le vide du corps comme le lieu d'un sauvetage possible, au contraire il essaie sans cesse de remplir malgré tout), mais les corps inconstitués de son cinéma, sans agencement organique précis, jetant leurs tentacules sur tout ce qui bouge pour se brancher sur de la vie, sont profondément des corps qui n'ont d'issue que le *vide*, des corps qui ne sont plus que lignes vers l'autre. D'une certaine façon, Cassavetes réalise cinématographiquement – donc corporellement – l'idée philosophique que la vie n'est pas une forme, une lutte contre le désordre, mais une suite désordonnée d'intensités.

Cet examen de cas pourrait continuer longtemps, encore que non justement : une fois envisagé le dispositif digestif et monofonctionnel de Ferreri (tout à la fin se transforme toujours et partout en merde), le papa-encule-maman de Godard *(Numéro deux)* ou la revisitation (visitation après Artaud) de la figure de l'écroulement organique chez Bene, il faudrait se rendre à l'évidence que la liste est close (à un oubli près). Et que surtout, Cronenberg mis à part, qui a technologisé le corps, introduit la moderne prothèse dans l'agencement naturel, la question du corps ne se pose plus en ces termes à une majorité de cinéastes. Aujourd'hui, pour autant qu'un aujourd'hui soit nommable, ce n'est plus : comment ça fonctionne un corps, selon quelles modalités compositionnelles (donc industrielles, politiques...), mais qu'est-ce que ça peut un corps (Hou Hsiao-hsien, Tsui Hark), quelle est l'épaisseur de sa réalité et par quelle puissance virtuelle est-il travaillé (Wong Kar-wai, David Lynch) ?

1. Il faut entendre « noces » au sens deleuzien d'un échange sans cesse recommencé des revenirs, d'une circulation intime et infiniment rapide entre différence et répétition.

2. Évidemment, je simplifie et m'en tiens aux œuvres importantes. Il y eut aussi après 68 des cinéastes capables d'en digérer narrativement les acquis (Colline Serreau), mais c'était le même cinéma qu'avant Mai, croyant dur comme fer à la fiction et à la représentation, simplement remis au goût du jour. En revanche, quelques années plus tard, une cinéaste comme Christine Pascal, dans d'aussi beaux films que *Félicité* (1978) ou *Zanzibar* (1989), refit le même constat : être un corps est une expérience douloureuse qui fait même vaciller la fiction.

Rhizome universel

Entretien avec Jean-Jacques Lebel

A six ans, Jean-Jacques Lebel est figurant dans Salute to France *de Renoir ; à vingt ans, il fréquente la Beat Generation ; à vingt-cinq ans, il importe les happenings de Kaprow en France ; à trente ans, il grimpe sur les barricades de 68 ; à quarante ans, il milite dans un groupe anarchiste. Selon l'idée que tout ce qui arrive, arrive par la marge, Jean-Jacques Lebel a traversé les quarante dernières années en laborantin de l'art et de la politique. Aujourd'hui, il nous offre sa vision très singulière de Mai.*

Vous nous disiez avant de commencer l'entretien que Mai 68 n'était pas du tout un événement spontané, qu'il y avait eu une foule de faits annonciateurs. Quels sont-ils ?
Passez-moi le catalogue. *(Lebel nous montre la couverture d'un catalogue réalisé sur son travail par un musée autrichien). Parfum, grève générale, bonne odeur.* C'est de 1960 et ce fut exposé en 1961. Un ami voulait gagner de l'argent en créant une marque de parfum. Il avait demandé à des artistes de créer des odeurs et des bouteilles. J'ai réalisé une bouteille que j'ai appelée *Parfum, grève géné-*

rale parce que j'en avais assez des noms du genre « fragrance machin ». Je voulais un titre-manifeste. J'ai toujours été et je serai toujours anarchiste et, pour moi, la grève générale est ce moment sublime où la société commence à dire *je*. L'ami qui m'avait commandé cette bouteille m'a dit : « *Tu vas arrêter de nous emmerder avec tes conneries politiques, ce n'est plus le* XIX*e siècle, maintenant les ouvriers sont intégrés, il y a des syndicats qui les châtrent et les bousillent. Nous sommes à l'âge de la participation gaulliste, de la cogestion, il n'y aura plus de grève générale, le romantisme est derrière nous.* » Huit ans plus tard éclatait la plus grande grève générale de toute l'histoire du capitalisme moderne. Finalement, les artistes démentiels que nous sommes, ou qu'ils prétendent que nous sommes, parfois voient juste. Un autre exemple : en 1965, boulevard Raspail, j'organise un happening que j'appelle *Déchirex*. Tout le monde s'attaquait à coups de bâche aux voitures qui étaient là, violence contre les bagnoles en tant qu'elles étaient l'ennemi absolu qui allait prendre la place de l'être humain dans les villes, et qui l'a prise d'ailleurs. A Los Angeles, il n'y a même plus de trottoirs, *Déchirex* voulait remettre en cause la prédominance croissante de la bagnole, comme aussi Godard dans *Week-end*. Il *s*'est trouvé que beaucoup de gens qui allaient faire la fameuse Nuit des barricades du 10 au 11 mai étaient là, ce jour-là.

L'art avait donc créé les conditions de possibilité de 68 ?
Chacun veut placer sa marchandise idéologique, personne ne regarde les faits. Mais regardez les barricades ! Il y avait beaucoup de barricades qui n'en étaient pas au sens militaire du mot (elles n'auraient ralenti les flics que de dix minutes à peine), c'est d'autre chose qu'il s'agissait, de barricades symbo-

liques qui devenaient des sortes d'œuvres d'art. Devant l'École de médecine, il y avait une barricade constituée d'affiches de cinéma en tissu peint, de trois ou quatre bustes en plâtre piqués dans les amphis, d'un grillage d'arbre et d'un vieux vélo. Ce n'est pas une barricade, ça ! c'est une sculpture, un assemblage, l'art du moment, Tinguely, Rauschenberg, les happenings. Et qu'y avait-il sur les affiches ? Le cow-boy ou l'indien qui symboliquement visait le flic. C'était du théâtre, du cinéma. C'était *Pierrot le fou.*

Comment les pratiques tout de même très marginales des happenings ont-elles pu féconder un tel mouvement de masse ?

Parce que l'imaginaire humain, ce n'est pas deux et deux font quatre, ce n'est surtout pas une aventure linéaire. Vous pouvez être très influencé par quelque chose que vous n'avez jamais vu et dont vous avez juste entendu parler. Deleuze a très justement parlé de rhizome pour décrire le fonctionnement de cet imaginaire humain. Tous les gens qui étaient sur les barricades n'avaient pas vu de happenings, mais ils savaient qu'il y avait des artistes, même s'ils ne connaissaient pas leur nom, même s'ils ne savaient pas ce qu'était un happening, ni quels étaient ceux qui avaient attaqué des voitures à coups de hache. Où et quand, ils ne savaient pas, mais qu'importe, la rumeur circulait, l'inconscient collectif fonctionnait. Car ce n'étaient pas des individus qui faisaient 68, c'était le grand inconscient collectif, le grand imaginaire collectif. La révolution des mentalités n'est pas programmée, c'est autre chose qu'un manifeste politique, avec un parti, des cadres. En quoi les Mao et les trotskystes n'ont jamais rien compris. Eux disaient : il suffit d'un bon programme, bien marxiste, ou bien marxiste-léniniste, c'est selon, et puis de l'imposer aux masses, parce que nous (maos, trotskards) savons ce qui est bon pour elles et parce que la vérité s'importe de l'extérieur, qui est justement là où nous sommes. Ni les Mao ni les trotskistes ne peuvent imaginer l'autre versant, nietzschéen, deleuzien, artaldien, l'autre notion de la révolution mondiale ou permanente qui consiste à injecter du désir inconscient par le biais du cinéma, des happenings, de la peinture, de la poésie, des actions directes dans la rue, en sachant très bien qu'une fois déclenché, quand le virus a pris, le mouvement social devient incontrôlable, inattendu et libre. Dans l'histoire des révolutions, ces deux pôles se sont toujours opposés et affrontés, depuis Gracchus Babeuf : est-ce qu'on est pour un mouvement révolutionnaire, par définition ingouvernable et non manipulable, ou pour un parti politique qui est au contraire un instrument rationnel et policé de conquête du pouvoir ? Il se trouve que Mai 68 a explosé dans le sens du mouvement, et nous savions que cela allait se passer parce que nous étions en train de le préparer consciemment, sciemment et volontairement. Par exemple, en 1966, il y avait eu l'affaire de *La Religieuse*. Je vivais alors avec Denise de Casabianca qui était la monteuse du film. J'ai donc été touché personnellement par la censure (au passage, la fameuse scène – auto-érotique et saphique à laquelle Diderot fait à peine allusion d'ailleurs – coupée par la censure gaulliste, l'avait déjà été dans le livre par des éditeurs timorés, mais Rivette ne le savait pas). Dans le happening que j'ai fait alors, *120 minutes dédiées au divin marquis*, où je rendais hommage au génie philosophique, politique et érotique de Sade, j'ai rajouté quelque chose qui se réfère explicitement à *La Religieuse*. Denise de Casabianca arrive en religieuse sur scène et se trouve impliquée dans une action avec une autre religieuse qui était en fait un transsexuel. En 1966, personne n'avait jamais vu un transsexuel, les gens croyaient voir un travesti, ils n'avaient aucune idée qu'il était possible de changer de sexe ou d'avoir les deux comme c'était le cas ici. Ce transsexuel qui faisait des strip-teases dans une boîte de Pigalle s'arrêtait toujours avant d'enlever son cache-sexe. Son rêve était de pouvoir aller jusqu'au bout : montrer qu'il n'était ni une femme ni un homme. Nous lui avons permis de le faire : il commença par un strip-tease de dos puis se retourna soudain. Un philosophe, qui se trouvait au premier rang et qui commençait à dire que les happenings étaient du cabaret sans intérêt, a eu un infarctus en voyant que la religieuse avait un braquemart. On a eu le plus grand mal à le sortir de la salle parce que les gens ne voulaient pas bouger, il a fallu le passer au-dessus des spectateurs, et plusieurs personnes sont venues me voir en me disant : *« Le coup du malade, c'est génial. »* C'est ça les happenings, du surgissement brut. A la sortie, j'ai été arrêté, et qui a signé une pétition pour me faire sortir ? Rivette, Rohmer, Godard…

Est-ce que des cinéastes ont participé à, disons, cette stratégie de dissémination du désir ?

Oui, tout le cinéma *underground.* Markopoulos, Anger, Jonas Mekas, Warhol aussi lorsqu'il filme *Sleep*, où l'on voit dormir John Giorno. Giorno d'ailleurs qui, en 1968, à New York, proposait *Dial a Poem.* N'importe qui pouvait téléphoner chez lui et entendait un poème livrant la méthode exacte de fabrication d'un cocktail Molotov. A mon avis, les films de Godard d'avant 68 relèvent exactement de cela aussi. J'en ai parlé plusieurs fois avec lui, mon hypothèse étant que *Pierrot le fou* fut directement influencé par les happenings. A chaque fois, il me regarde de travers en fumant son cigare, ce qui veut dire ni oui ni non, mais je pense que oui. Quand Belmondo se peint le visage en bleu, il répète ce que nous faisions, mais nous étions tellement influencés par Godard que ça revient au même. Rhizome, tout ça ! En fait, ce n'était pas tel ou tel film, tel ou tel tableau, ni même tel ou tel livre, mais la manière dont tel ou tel cinéaste (artiste, écrivain) concevait son métier et pratiquait son travail. Quand nous faisions des happenings, c'était parce que nous en avions marre des galeries, des musées, des circuits commerciaux qui transformaient l'art en marchandise pourrie, donc il a fallu pratiquer un type d'art invendable. La marginalité était voulue, on produisait de la culture parallèle. Le cinéma joua un rôle énorme dans cette culture-là. Quand on a défendu Langlois en 68, ce n'était pas seulement Langlois l'ami, c'était un territoire qui n'appartenait pas à l'espace capitaliste, au marché du cinéma, à l'art français. Parce que Langlois avait fait de la Cinémathèque un laboratoire, on lui amenait les films, les cinéastes, et il les découvrait avec nous. Godard le dit très bien dans sa lettre à Malraux : *« Je vous écris d'un pays occupé. »* C'était tout à fait ce sentiment : les flics n'ont pas le droit d'entrer là. Le cinéma fut pour ma génération un instrument de combat, pas au sens politique, mais parce qu'il permettait d'opposer un imaginaire à un autre imaginaire.

Je prends un autre exemple. En 1967, j'avais été invité par Jacques Ledoux au festival expérimental de Knokke-le-Zoutte. Expérimental voulait alors dire cinéma inventif, par exemple le néoréalisme italien, et pas ce qu'on entend par ce mot aujourd'hui. Cette année-là, beaucoup de femmes furent invitées, Vera

Chytilova, Agnès Varda, Shirley Clarke. J'ai présenté un film que j'avais tiré d'une pièce de Picasso, *Le Désir attrapé par la queue*, et Ledoux finalement l'a refusé. J'étais très mécontent. On s'est donné rendez-vous très nombreux là-bas : le Living Theater, Pierre Clémenti, John Flynn – le fils d'Errol –, l'extrême-gauche berlinoise du SDS dont Harun Farocki, les anarchistes belges et français, les provos d'Amsterdam. Il y avait une effervescence incroyable, alors nous avons fait un contre-festival. Nous projetions les films refusés par le festival, des films *underground*. Dans le même temps, Yoko Ono, dans le hall du festival, jouait sa *Black Bag Piece*. Il s'agissait pour elle de se glisser, nue, dans une sorte de grand sac noir cousu à l'aide de plusieurs draps et de vivre là pendant trois jours et trois nuits. Son idée, qui était très conceptuelle, était d'attirer les hommes dans le sac, de faire l'amour avec eux, et de vivre dans ce noir, abstraite de la société et du temps. Ailleurs, il y avait aussi une énorme structure gonflable en plastique transparent et tout le monde était à poil à l'intérieur. Nous avions envahi le festival avec des actions. Le jour de la remise des prix – le jury était là, présidé par un ministre quelconque – je suis arrivé, j'ai arraché le micro de la main du ministre, j'ai dit : « *Nous, les artistes de l'anti-festival avons décidé de nous livrer à une manifestation contre ce festival et de vous faire vous, cher public* (vous voyez, le côté à la Guy Lux), *participer à l'élection de Miss Festival.* » J'appelle la première candidate, arrive Yoko Ono, complètement nue, avec un numéro autour du cou. Candidat n° 2 : un mec, nu et barbu. Les gens hurlaient de rire, le ministre était furieux mais nous avions bloqué les portes et coupé le téléphone. Au bout de vingt minutes, l'élection a lieu, et c'est un jeune garçon qui l'emporte. Scandale terrible. Les flics ont fini par détruire la porte. Varda, Chytilova ou Clarke, qui auraient dû recevoir des prix, ont pris fait et cause pour nous. Il y eut une bagarre immense. J'ai été arrêté, j'ai fait de la taule à Mons, là même où fut enfermé Verlaine après qu'il a tiré sur Rimbaud. Je vous raconte cela pour vous dire que, pour nous, ce n'était pas seulement le film en tant qu'objet qui avait une importance colossale, c'était le cinéma en tant que mode de fonctionnement de l'imaginaire. L'espace du cinéma, y compris la salle de projection, la fabrication du film, fait écho au mode de fabrication des arts plastiques. Il n'y a pas de solution de continuité entre arts plastiques et cinéma. En fait, on a affaire à ce que Guattari appelait un agencement collectif d'énonciation, c'est-à-dire une machine qui fabrique de l'imaginaire et qui, en même temps, est fabriquée par lui.

Le cinéma, par son dispositif même (écran/spectateur), n'interdit-il pas cette libération ?

Si l'on s'en tient à la relation classique, objet filmique-spectateur dans un fauteuil, il n'y aucun espoir, mais il y a d'autres façons de projeter, de filmer et de produire, qui ne réifient pas le spectateur. Personnellement, c'est le mode de fonctionnement cinématique, plus que le produit-film, qui m'intéresse. Henri Michaux, dans ses textes mescaliniens, a un rapport passionnel au cinéma. Il parle de dessin cinématique. Il pense que le dessin est incapable – dans un *trip* de LSD ou de mescaline – de rendre compte de la crise psychique que le sujet est en train de vivre. Il faudrait du cinéma, dit-il, et il rêve, dans des pages sublimes, à un certain cinéma. Alain Fleischer, il y a deux mois, au Credac d'Ivry, a fait une œuvre, *Écrans sensibles*, qui est à la fois de la peinture et du cinéma, en projetant un négatif sur du papier photosensible. Il n'y a plus de rapport de passivité du consommateur à l'objet filmique industrialisé. C'est extrêmement marginal, bien sûr, mais le laboratoire n'est pas fait pour être industriel. Il doit produire des prototypes.

Globalement les films dont vous parlez sacrifient le narratif.
Sacrifice de la narration linéaire, mais pas de la narration au sens de James Joyce qui racontait sept histoires différentes dans sept langues différentes, tissées les unes dans les autres comme des films qui interfèrent. C'est la même chose dans *Helzapoppin* par exemple, ou dans un collage dadaïste. Ce n'est pas la narration qui est sacrifiée au fond, c'est la monosémie qui s'évapore au profit de la polysémie. Toute grande œuvre d'art est un discours polysémique qui a plusieurs entrées possibles, plusieurs fonctions sociales, plusieurs formes. Cela implique la simultanéité de plusieurs langages. Mais il y a toujours de la narration, parce que de toute façon, comme disait Duchamp, c'est le regardeur qui fait la peinture, le spectateur qui fait le film, alors si vous voulez qu'il y ait de la narration, il y en aura toujours. C'est votre décision autant que celle de l'auteur. Cette mise en jeu de l'auteur au profit d'un sujet collectif d'énonciation est quelque chose de profondément subversif et radical.

Mais qui, du coup, peut déstabiliser l'auteur. Quand est arrivé 68, n'avez-vous pas, même si vous prépariez cela depuis longtemps, été pris de vitesse ?
Franchement, pour moi, 68 fut une période magique, formidable, d'une très grande intensité, mais à l'image de ce que j'avais toujours vécu. Seulement avant, on le vivait soit seul, soit avec un groupe d'amis, et en 68,

nous étions quatre cent mille dans les rues. C'était un saut qualitatif dû à la taille du mouvement, mais on fit en 68 ce qu'on avait fait avant et ce qu'on continua de faire après. Évidemment, nous fûmes amenés par 68 à faire des choses plus extrêmes parce que nous étions protégés, portés, impulsés, par cette énorme foule d'actions, mais tout se passait comme dans un rêve ; ce n'était pas décidé de manière rationnelle et réfléchie. Quand nous avons mis le feu à la Bourse de Paris, la première idée avait été de prendre d'assaut l'Hôtel de ville pour célébrer l'anniversaire de la Commune de Paris et montrer qu'on passait au stade suivant de la lutte. Seulement, le bruit a couru que des mitrailleuses étaient placées sur les toits et qu'elles avaient ordre de tirer, alors, nous sommes partis sur les grands boulevards et tout à coup, quelqu'un a dit : *« Si on allait à la Bourse »*. C'était improvisé, c'était les Marx Brothers. Vous vous souvenez de ce film où deux cents personnes entrent dans une cabine de paquebot prévue pour deux. Tous les gens sont mélangés. On ne sait plus à qui appartient le bras, la jambe, la tête, le sein, le cul, le pied ; à la fin, c'est une grande masse sculptée d'humanité. Voilà, c'était 68, personne ne contrôlait rien. J'ai donc vu à quel point le mouvement révolutionnaire de masse avait réalisé notre projet d'un art qui serait anonyme, de masse et complètement libre, qui excéderait toutes les limites que veulent lui assigner la société marchande et l'industrie culturelle, d'un art ingouverné et ingouvernable qui serait l'art même de l'inconscient de masse, à quel point se concrétisait notre rêve d'une révolution par le comportement artistique, ingouvernable elle aussi et de même ingouvernée. Cette activité ludique de masse, qu'on appelle les happenings, apportait aux manifestants la possibilité de s'exprimer politiquement d'une autre façon, en faisant des actions directes, des journaux, des tracts, des graffitis, des ciné-tracts, même si parfois c'était encore trop idéologique. C'était tellement bien que je me suis dit : à partir de maintenant, je ne fais plus de happenings, le relais a été pris.

Mais le relais ne fut que momentané.
Oui et non. L'histoire, c'est la vieille taupe. Les gaullistes ont gagné les élections de juin mais les défaites sont temporaires. Rien de ce qui existe aujourd'hui n'aurait été possible sans Mai. Il y a dans l'air la même saveur de décentralisation, la même méfiance à l'égard des partis. Mai 68 a été un échec électoral, ça oui, mais un succès en terme de transformation sociale pendant les siècles à venir.

Propos recueillis le 8 avril 1998
par STÉPHANE BOUQUET et EMMANUEL BURDEAU.

Figurer la révolution

Laurent Goumarre

Mai fut une affaire d'images, d'affiches, de slogans, de sérigraphies et de graffitis. L'art tenta de rester dans le coup, au risque d'y perdre son latin, et pour sa chance trouva la sortie-cinéma. Description d'un combat.

Engager politiquement la peinture n'est certes pas sans risque. Le risque de soumettre le médium au discours des slogans ; le risque de produire moins une peinture que des images. Or ce sont ces limites qu'une partie de l'art de la fin des années 60, du début des années 70, expérimentent et même revendiquent. Ainsi la figuration militante de cette époque (Nouvelle figuration, Figuration narrative, Salon de la jeune Peinture...) se consacre-t-elle à la construction d'une image révolutionnaire entièrement articulée sur une prise de position politico-sociale, une image qui voit là son statut changer au-delà même des exigences de ses défenseurs. Une image militante dont les faiblesses plastiques, si elles servent l'efficacité des mots d'ordre, sont aussi les symptômes d'une crise de la peinture. Dès lors, il est révélateur de voir les références à l'image cinématographique se multiplier tant au niveau des sujets qu'à celui de la composition du plan pictural. Le cinéma s'impose comme un dispositif pour réinvestir la peinture – ou l'abandonner. Et la problématique du passage aux années 70 est inscrite dans le déplacement repérable entre les intitulés respectifs d'expositions : l'une en 1967, « Le monde en question », l'autre en 1971 « L'image en question ». L'image en question à la fin des années 60, c'est la figuration qui se l'approprie, mobilisant le discours pour d'une part en finir avec l'ordre établi d'une tradition abstraite en déliquescence (les maniérismes d'une École de Paris décorative) et d'autre part refuser les questionnements formalistes du modernisme. Les membres de la Nouvelle Figuration (Adami, Erro, Arroyo, Monory, Klasen), Aillaud, Rancillac, l'activisme du Salon de la jeune Peinture luttent pour une image politique efficace. Pour une dénonciation générale de la société bourgeoise, de la condition féminine, de la guerre au Viêt-nam, de l'idéologie capitaliste…

Et c'est un meurtre qui fonde la contestation. Soit, en septembre 1965, une série de huit tableaux réalisés en collaboration (Gilles Aillaud, Eduardo Arroyo, Antonio Recalcati) : *Vivre et laisser mourir, ou la fin tragique de Marcel Duchamp*, qui rappelle le montage cinématographique avec, intercalées entre les plans parodiant les œuvres de l'artiste *(Nu descendant un escalier, Fontaine, La mariée et ses célibataires)*, les scènes du passage à tabac et de l'exécution menée par les peintres autoreprésentés en tueurs de série B. Au-delà de l'élimination par des peintres du chantre du *ready made* (l'objet manufacturé signé et exposé), l'assassinat scandaleux signe avant tout le refus de l'individualité dans une œuvre « communautaire » : « *Si l'on veut que l'art cesse d'être individuel, mieux vaut travailler sans signer que signer sans travailler. Comment peut-on n'avoir pas compris que la personnalité du choix préférée à la personnalité du métier n'est, au contraire, qu'un pas de plus dans l'exaltation de la toute-puissance et de l'idéalité de l'acte créateur ?*[1] » Ainsi donc se met en place une stratégie rompant avec la subjectivité romantique de l'artiste, sa position de démiurge, son culte de la personnalité atteint dans l'abstraction lyrique des peintures paraphes d'un Mathieu. Cet anonymat, au cœur de la production de ses années, dépasse même les exigences militantes de la Figuration. Le radicalisme du groupe BMPT (Buren, Mosset, Parmentier, Toroni) s'expose dans la production de signes (bandes verticales, disque noir peint au centre d'une toile blanche, bandes horizontales grises et blanches de 38 cm de largeur, empreintes de pinceau plat) interchangeables, autorisant leur récupération/appropriation par chacun des membres sans pour autant perturber la cohérence de l'ensemble. Mais cet anonymat ne peut satisfaire la Nouvelle Figuration qui dénonce, là encore, le jeu progressiste d'une avant-garde qui, sur le mode de la rupture, s'inscrit de fait dans une tradition de l'histoire de l'art. Un discours formaliste jugé incapable d'occuper une position politique dans le monde. Or c'est pour cette politisation du champ artistique que milite depuis 1964 le Salon de la jeune Peinture quand il manifeste son intention de promouvoir un art engagé, de « *déplacer le débat du plan esthétique, c'est-à-dire du plan des rapports entre l'art et l'histoire de l'art, pour le placer sur le seul plan qui nous intéresse, celui des rapports de l'art et de l'histoire* ». L'engagement figuratif critique et contestataire va dès lors soumettre la peinture à son propos, immédiatement lisible aux dépens de tout souci formaliste.

L'impact, voilà la réussite ultime de la peinture qui trouve dans la création en Mai 68 par la jeune Peinture de l'Atelier Populaire des Beaux-arts un outil de propagande spectaculaire, noyant Paris sous les affiches sérigraphiées. Les techniques utilisées par les artistes diffèrent peu : report de photographies (Rancillac), couleurs le plus souvent posées en aplat dans un refus de la touche personnalisée (Adami, Erro), aérographe, se réclament d'une esthétique affichiste. La rapidité d'exécution revendiquée dans le but de témoigner (*La Salle Rouge pour le Viêt-nam*, 1968-1969, œuvre collective de Gilles Aillaud et de Édouard Arroyo pour le Salon de la Jeune Peinture) : « *Arroyo a passé six ans à détruire en lui tout réflexe stylistique.* [2]» Abandon du style au profit du message, rien n'est plus clair que le programme pictural d'un Rancillac qui expose en fait des dazibaos : *Vive la République populaire communiste de Chine, Faire la révolution/Promouvoir la production*... Les limites de cette figuration engagée ? Bien entendu le spectre de l'imagerie réaliste soviétique, d'autant que le Salon de la jeune Peinture se politise, nourri de philosophie althussérienne et maoïste. La figuration s'en sort par une pirouette déclarant ne délivrer aucune image positive, seulement critique et dénonciatrice.

La figuration subvertit la peinture pour faire advenir une image peinte aux limites esthétiques volontairement exhibées. Le dessin schématisé renonce, mieux : refuse la récupération par les codes esthétiques jugés bourgeois ; l'évidente lisibilité des scènes cherche à mettre la toile à la portée de tous[3]. Que ce soit des photos extraites de la presse (Rancillac), ou des documents privés (Monory), le traitement évacue toute relation directement biographique avec l'artiste. L'exemple de Monory est à ce titre particulièrement révélateur : s'il choisit de peindre des scènes qu'il a lui-même photographiées, l'artiste les traitera comme des documents extérieurs, privilégiant les compositions cinématographiques dans le montage de différentes séquences d'une même scène à l'intérieur du plan pictural (la série des *Meurtre*, 1968). Même référence (parti-pris cinéphile ?) dans les cadrages en gros plans d'un Schlosser, particulièrement prisés par François Truffaut. C'est là, dans cette référence au cinéma (déjà posée dans la succession des scènes du "meurtre" collectif de Duchamp) que la Nouvelle Figuration trouve une voie pour échapper à l'icône du Pop art, immuable et solaire. Nouvelle Figuration ou Figuration narrative. L'emploi par Gérald Gassiot-Talabot de ce dernier qualificatif permet d'inscrire la durée dans les toiles, et ce faisant d'y réintroduire l'Histoire. En fait, il s'agit d'éloigner la Figuration européenne des tentations pop américaines (avec lesquelles elle accuse une proximité plastique) et de ses problématiques modernistes donc formelles. Que ce soit dans le seul plan du tableau ou dans les accrochages qui jouent sur la juxtaposition des toiles, créant de fait un développement narratif, la Figuration cherche à échapper à l'autonomie de la seule image qu'elle propose dès lors comme l'extrait d'un film hors-champ. Dans ce mouvement recontextualisant, se retrouve au niveau de la lecture du tableau – son impossible unicité – l'effacement nécessaire de l'artiste. Rêve de communauté, le tableau-plan devrait répéter le refus d'individuation de son auteur.

Dès lors que la figuration militante fraye avec l'image cinéma, on est en droit de mettre – comme le fera l'exposition de 1971 sus-citée – l'image en question. Car l'image peinte voit son statut modifié. N'exigeant plus de son spectateur la contemplation, elle devient un outil de communication immédiatement lisible pour la communauté. En voulant au pire refléter les préoccupations politiques et sociales du monde, au mieux participer au discours critique, cette figuration de masse (puisqu'elle multiplie les références au cinéma) avoue justement là sa faiblesse et la naïveté de sa supposée subversion en cela qu'elle n'égalera jamais celle plus souterraine de l'art moderne. Le public, prêt à accepter le message d'une peinture slogan, reste réticent devant les remises en cause structurelles des avant-gardes. Aussi ne peut-on que souscrire au paradoxe énoncé par Catherine Millet : « *Je suis persuadée que l'idéologie de la mémoire collective, des mythes fondateurs, qui s'actualisent dans la responsabilité politique est finalement un des moyens inventés par la société pour tenter de juguler la vraie dissidence de Part moderne* »[4]. C'est moins le déficit auratique de la peinture que pointe la Figuration narrative que la crise de l'image peinte qu'elle a elle-même créée. Et c'est tout naturellement que ses membres se tournent les uns après les autres vers le cinéma, son immédiateté. Fable admirable que l'action menée à l'occasion de la cinquième Biennale de Paris en 1967 par Pommereulle, Erro et Stämpfli, intitulée *La Peinture en action*, à savoir la programmation d'une sélection de films (Lang, Godard, Mankiewicz, Eisenstein...). Et Martial Raysse de réaliser de nombreux films (*Camembert Martial Extra-doux*, 1969, *Le Grand Départ*, 1970), sans compter les courts métrages de Monory, *Ex* (1968) ou *Brighton Belle* (1974).

Ainsi le glissement de l'avant 68 du *Monde en question* jusqu'à *L'Image en question* de 1971, témoigne-t-il d'une véritable révolution : le retour au point de départ. Ou comment le questionnement politico-social de la peinture réactualise le débat formaliste qu'il se proposait d'abattre.

1. Catalogue *La Figuration dans l'art contemporain*, septembre 1965.
2. Gérald Gassiot-Talabot, « Arroyo ou la subversion picturale », in *Opus International*, n° 3, 1967, cité par Catherine Millet dans *L'Art Contemporain en France*, Flammarion.
3. Descendre l'art dans la rue, au risque de se faire embarquer par la police comme Fromanger et Godard en octobre 1968 alors que le premier installait face à l'église de la rue d'Alésia ses sculptures en altuglas rouge et que le second filmait les réactions des passants-spectateurs attroupés.
4. Catherine Millet, *L'Art contemporain en France*, Flammarion.

Désordre

Autour de *Gimme Shelter* de David et Albert Maysles

Jérôme Larcher

Parce qu'elle est immédiate et physique, la musique rock sut faire corps avec le désordre de la fin des années 60. Qui mieux que les Stones purent incarner, l'espace d'un instant, la subversion ? *Gimme Shelter*, le documentaire rare sur la tournée mythique des Stones en 1969, enregistre ce double mouvement : le rock en tant qu'utopie communautaire, puis son soudain effondrement.

6 décembre 1969, autodrome d'Altamont, près de San Francisco. Les Rolling Stones donnent le dernier concert d'une tournée frénétique aux États-Unis. Absents de Woodstock un an auparavant, les Stones veulent en profiter pour marquer le coup et recréer la grande fête hippie, dans un élan de démesure orgueilleuse qui fit aussi le génie du groupe. Ils ont raison, car ils incarnent à ce moment précis, et à eux seuls (ils composent encore une musique qui ne doit qu'à elle-même), toute la dimension subversive du rock : *Gimme Shelter* ou *Sympathy for the Devil* sont les mor-

ceaux accueillis avec le plus de ferveur pendant les concerts ; *I Can't Get no Satisfaction* est le véritable hymne du moment. Le concert étant par ailleurs gratuit, tout concourt à faire de cette soirée un « Woodstock bis », ce qui, comme Mick Jagger le déclare à un journaliste, signifie que *« le concert est juste un prétexte, cela sert surtout à ce que les gens se rencontrent, se parlent, baisent et se défoncent »*. Ce soir-là, les réalisateurs de *Gimme Shelter,* David et Albert Maysles, engagés au préalable pour filmer la tournée, installent donc leurs caméras selon le dispositif classique du film-concert. Mais ils vont capter malgré eux une incroyable irruption de réel : dans la foule opaque, quatre spectateurs vont trouver la mort, une mort qui entraînera la fin, révélée, filmée, d'une époque.

Il est évident que le rock, dans son immédiateté et sa spontanéité, a accompagné, si ce n'est précédé, les mutations sociales et idéologiques de son époque. Parallèlement, l'époque enregistre les propres fissures que traverse à tout moment cette musique. En ce sens, le rock est un art de l'éphémère, dont l'histoire est uniquement constituée de naissances et de renaissances, de crises et d'états de transition. Difficile, alors, pour le cinéma, de capter cet instant fuyant où ce qui se tisse entre la musique et ses auditeurs est quasi palpable. Le rock, celui qui imprègne et est imprégné de son époque, qui se nourrit de ses propres représentations, est à ce moment filmé dans sa dimension documentaire. Pour le restituer pleinement, le temps réel est de mise. Le cinéma, pour le toucher dans sa vérité essentielle, met ainsi en scène le rock dans le lieu où s'incarne sa plus parfaite expression (le lien entre la musique et les gens) : celui, *live*, du concert. Les frères Maysles filment au bon moment l'événement de cette année 1969, la rencontre d'un groupe de rock avec son public, mais déjà un peu trop tard, car c'est la mort de ce lien qui se cristallise sous leurs yeux.

Que s'est-il passé à Altamont ce soir-là ? Une explosion de violence, comme un terrible retour de bâton de l'utopie communautaire. Des Hell's Angels assurent le service d'ordre, et se postent devant la scène pour empêcher que les spectateurs y grimpent. Tout à coup, le désordre surgit, sans que l'on sache vraiment pourquoi : des bagarres éclatent, les Hells cognent à coups de cannes de billard, quelqu'un se fait poignarder. En dépit du sentiment d'horreur que suscitent ces images, le dérèglement soudain que subit le dispositif filmique lui-même est un moment extrêmement frappant. Depuis le début, le filmage correspond tout à fait au cliché du « film-concert » une succession de champs (le groupe) et de contrechamps (le public), qui est en complète contradiction avec la subversion de la musique et ce qui se passe dans la salle – qui n'a d'égal par ailleurs que la préparation incroyablement ordonnée et minutieuse des organisateurs du concert, où chacun doit être à sa place. Là, dans ce moment de chaos, tout le monde se retrouve sur la scène : musiciens et spectateurs, organisateurs, et les cameramen eux-mêmes obligés de sortir du lieu qui leur était assigné s'ils veulent continuer à faire leur travail. Les caméras se mettent alors à virevolter, comme si le dispositif était lui-même envahi par le désordre et l'anarchie.

Il y a dans le film une scène résolument bazinienne, par la manière dont le réel y surgit : un meurtre filmé en direct, à coups de poignard. Cette scène révèle ce qui ne tenait finalement jusque-là que de la représentation. Tout ce qui constitue la théâtralité du rock devient pathétique et absurde : la gestuelle de Jagger est dérisoire, les riffs de Keith Richards sonnent creux, et les spectateurs, effrayés et hagards, lancent à la fois des regards désespérés vers le lieu des affrontements, puis vers les Stones, tout en continuant à danser. Les musiciens arrêtent parfois la musique pour lancer des appels au calme, en vain. Cette explosion de violence brise tout à coup le fragile édifice du lien, sème le désordre dans son lieu propice, et pousse finalement les frères Maysles à reconsidérer tout leur film. Profitant de ce moment, ils font de *Gimme Shelter* le véritable chant funèbre d'une époque, un film magnifique où ce qui tenait du documentaire apparaît soudain métamorphosé. Par la suite, lors du montage, ils choisissent parmi les dizaines d'heures de rushes qu'ils doivent avoir à leur disposition tout ce qui peut *déjà* faire sens. Les réalisateurs multiplient les plans distillant une sorte d'angoisse où les gens ne font que mimer ce qui semble déjà être éteint depuis Woodstock. Sur la scène, un plan très lent et effrayant montre quelqu'un qui, visiblement, est en train de prendre la mesure de ce qu'il voit. Lorsque les Stones s'échappent en hélicoptère, un halo de lumière provenant de son projecteur montre les spectateurs marchant comme des ombres, hagards et perdus, comme sortis de *La Nuit des morts vivants* de George Romero.

L'idée sublime, et extrêmement cruelle, des frères Maysles est de confronter les Stones à ces images. Comme dans *Liliom* de Fritz Lang, cette scène repasse sur l'écran de télévision d'une salle de montage devant deux des principaux protagonistes, Jagger et Charlie Watts (le batteur du groupe). Que peuvent-ils dire face à ce qu'ils ne contrôlent plus ? Sinon la gêne de Jagger face à ses représentations de *rock-star*, ou le trouble devant l'obscénité de la musique qui continue alors

même que le meurtre a lieu. L'un des derniers plans du film est étonnant : l'image se fige sur le visage hébété de Mick Jagger, dans la salle de montage, celui-ci regardant à cet instant la caméra. Plan de fissure, à l'image du film tout entier, où l'utopie est reléguée au rang de la représentation, où les icônes réalisent qu'elles ne sont que des fantoches. Meurtris, les Rolling Stones se replieront au cœur de leur musique. Ainsi, leur dernier grand disque (1972), magnifique, au titre si évocateur, *Exile on Main Street*, qui, en renouant avec les origines du rock, le blues, signe son chant du cygne. A l'instar du *Wonderfilm*, où une femme, dans une explosion soudaine de colère, révélait son désespoir au milieu d'une manifestation, *Gimme Shelter* fait partie de ce cinéma documentaire qui n'a jamais été aussi impressionnant que lorsqu'il n'a filmé qu'une chose de cette époque : l'effondrement des utopies.
En 1969, le rock pressent déjà que son rapport immédiat au monde va s'amenuisant. Dès l'année 1967, sort une succession de disques, où le rock s'affirme comme un art à part entière et se complexifie en se situant désormais au croisement de multiples influences : ainsi, pour n'en citer que quelques-uns, du *Sergeant's Pepper* des Beatles, dont les innovations empruntent tout autant à la musique classique qu'à l'enregistrement sur plusieurs pistes, jusqu'à l'extraordinaire *Volume One* du Soft Machine, où la musique côtoie l'art avant-gardiste (la première œuvre de ce groupe fut d'ailleurs la musique de scène du *Désir attrapé par la queue*, pièce de Jean-Jacques Lebel). Peu de temps auparavant, le Velvet Underground a déconstruit les stéréotypes du rock avec sa musique distordue et ses textes nihilistes et individualistes. Dès lors, le rock, en investissant tous les champs, s'impose comme une véritable contre-culture,

générant son propre monde, alliant la musique à l'avant-garde et au progressisme politique. Le rock eut alors un impact politique plus profond et souterrain, mais perdit son immédiateté, et de fait, sa force documentaire. Olivier Assayas le précisait dans un numéro des *Cahiers*, consacré aux musiques au cinéma : « *Dès lors que le rock basculait totalement dans l'électro-acoustique, il était contraint de trouver un nouveau mode de représentation. (...) Cela fit perdre à la musique – sur un certain plan –, son rapport avec le réel au profit d'un basculement dans l'imaginaire.* » *Gimme Shelter* est ainsi le documentaire sur ce moment fugitif, où le rock, dans sa dimension brute et subversive, sut faire communier son énergie avec le chamboulement des idées. Où, certainement plus que les paroles des chansons, ce sont la musique, le bruit, et surtout les magnifiques mouvements convulsifs des chanteurs, qui font corps avec le monde. Après Altamont, ce rock-là est mort ; avant sa magnifique résurrection dans les années 70 avec les punks, où la musique, refusant les nouvelles postures académiques du rock, renoue avec le champ politique.

Passer entre les balles

Entretien avec Robert Kramer

Quand The Edge *sort à Paris, en 1968, ils sont alors nombreux ceux qui découvrent un cinéma américain non-hollywoodien, et même anti-hollywoodien, avec l'ambition politique de décrire l'Amérique ordinaire, contemporaine. Robert Kramer n'a jamais cessé cette lutte, se portant partout dans le monde afin de faire vivre ce regard critique, de* Ice *à* Route One USA, *de* Milestones *à* Doc's Kingdom. *Aujourd'hui, y a-t-il encore une place pour un tel regard ?*

Nous sommes venus te parler de Mai 68...
La première de nos tentations, en évoquant Mai 68 pour éclairer le présent, consiste à puiser dans notre petite réserve de concepts. C'est précisément ce qu'il faut éviter. Car, aujourd'hui, nous manquons cruellement d'un nouveau langage pour parler de situations qui, elles aussi, sont nouvelles, naissantes ou à venir. Comment débuter la discussion autrement ? Les concepts fournis par les luttes des années 60/70 restent à notre disposition. Qu'en faire *maintenant* ? Je pense à ces rencontres organisées récemment par *Le Monde*

diplomatique à Montreuil, sur le thème citoyen/spectateur. Les projections étaient suivies de discussions politiques qui n'avaient rien à voir avec les objets-films en tant qu'œuvres d'art. Pour quel résultat ? Les interventions après *Walk the Walk*, que je présentais, sont restées figées. Moi-même, je sortais des archives, des documents d'époque, sans parvenir à m'en débarrasser ! Non seulement nous manquons de concepts neufs, mais nous n'avons pas encore analysé notre époque.

Tu emploies un nous collectif. De quelle génération parles-tu exactement ? De la nôtre – les vingt-trente ans ? De la tienne ? Des deux ?
Le manque de discours et de formulations est général. Vous êtes sous la vague, sans vécu. De notre côté, nous avons accumulé une expérience, vu le monde changer, sans être plus avancés. Je viens de rendre visite à ma fille, qui a votre âge, en Arizona. C'était l'occasion d'observer la manière dont votre génération voit le monde autour d'elle, et surtout comment elle y vit. Ce qui me frappe, c'est que vous engagez une réflexion, mais que vous êtes incapables de penser la société différemment, d'imaginer des moyens pour passer à autre chose. C'était pour nous une question politique centrale. En cela, vous acceptez le discours du pouvoir actuel, de droite ou de gauche, qui affirme que la vie *ne peut pas* se dérouler autrement.

Effectivement, le plus dramatique pour notre génération, c'est que tout ce qui, avant, n'appartenait pas au domaine de l'acquis, et qu'il fallait remettre en question – le capitalisme, etc. – est désormais accepté comme naturel. Le capitalisme est devenu une nature et n'est plus considéré comme un système. A partir de là, on ne peut plus discuter. Cela s'est passé très vite en France, depuis la chute du mur de Berlin. Il n'y a plus ni ennemi, ni idéal. C'est devenu de la physique, avec des masses immenses qu'il faut éventuellement essayer d'éviter, mais qui font partie du paysage, qui existent, quoi qu'il arrive.

Le processus est pourtant moins avancé en France qu'en Amérique. De ma position, votre pays est un îlot, un endroit unique au monde. Regardez le mouvement des chômeurs, des sans-papiers, les grèves, le fait qu'un bon vieux journal de cinéma comme les *Cahiers* puisse encore *interroger* Mai 68. C'est inimaginable ailleurs ! C'est aberrant ! Aux États-Unis, le néolibéralisme est un vainqueur incontesté. La croissance est là, la criminalité baisse, le peuple est content. Tout resplendit. Cela dit, au moment de la crise, dans les années 80, la contestation n'était pas plus forte. Il y en avait peu avant, il y en a encore moins aujourd'hui. La pression est sauvage. Après la révolte et la radicalité, beaucoup ont rendu les armes, dans le discours, puis dans les comportements. Ils se sont adaptés, consciemment ou non, pour rester en vie. Des producteurs qui appuyaient autrefois mon travail ont changé leur fusil d'épaule et considéré, par exemple, *Route One USA* (1988) comme un film anti-américain, dangereux, manipulé par de quelconques puissances extérieures ! Il m'a fallu du temps pour réellement saisir l'ampleur du désastre, du désengagement et du fatalisme ambiant. En France, les intellectuels sont en majorité à gauche, ou progressistes. Il n'existe pas aux États-Unis de structure capable de réagir et de lutter avec autant de fermeté.

Y compris dans le milieu du cinéma indépendant ?

Mais de quoi parlons-nous ? Le monde de la culture, de l'art, et *a fortiori* du cinéma, n'a jamais existé en dehors des lois du marché. Quelques irréductibles ont essayé de *vivre* en parallèle. Mais, même dans les années 70, Hollywood était toujours là, plus que jamais. Un nombre important de cinéastes indépendants a alors abandonné ses activités, quand, seuls, avec une famille sur les bras, ces cinéastes ont eu besoin de gagner leur vie. Sont restées quelques âmes solitaires, des résistances intérieures.

Quelle a été la porte de saisie pour ces rescapés ?
Pour certains, c'est simple : ils sont morts. Les autres baignent dans le malaise, leurs réactions sont étranges. Je pense à cet ancien militant devenu sénateur de Californie, Tom Hayden. Son discours actuel consiste à dire : *« Nous avons perdu dix ans dans notre carrière. »* Pour beaucoup de mes amis, leur inadaptation à la société actuelle vient du fait qu'ils ont commencé à vivre dans leur époque avec une décennie de retard. Ça a laissé des traces. Ces années ont été occupées par un mode de vie qui a empêché certains de faire des études. Ceux qui ont le mieux tiré parti de leur passé – quelques journalistes, avocats ou détectives privés – ont gardé des qualités de francs-tireurs. Ils sont restés des aventuriers. Quant à moi, je supporte mes conditions d'existence actuelles – ma position par rapport au cinéma, à son économie – seulement parce que j'ai commencé en tournant des films qui ne correspondaient pas aux impératifs de l'industrie, et parce que je n'ai pas changé. L'art du bric à brac m'est naturel.

A quoi correspondait ce sens de l'aventure à l'époque ? Comment cela se traduisait-il dans la vie de tous les jours ?
C'était créer du nouveau, pour les autres et pour soi. C'était atteindre la véritable liberté, dire ce qu'il est

impossible de dire aujourd'hui, vivre une errance permanente, repenser nos liens intimes, questionner l'amour, la monogamie, la famille. Notre cible ne se limitait pas au pouvoir et à l'État, nous étions en train de changer tous les domaines de la vie. Notre discours jouait sur plusieurs niveaux, et l'interaction entre tous ces niveaux constituait une véritable aventure. La question des minorités, qui fait encore tout l'intérêt de l'Amérique, s'est posée de manière très subite. Le multiculturalisme est devenu un enjeu central : entre la jeunesse blanche, d'un côté, et les Black Panthers de l'autre, quels étaient les liens à tisser ?

En France, au contraire, 68 n'a pas mis en question l'idée des minorités. Tout appartenait dès le départ au domaine politique, à l'idéologie. C'était la droite contre l'extrême-gauche. Le pays entier devait faire la révolution, ou personne…
Cette analyse réduit la portée du mot « politique ». Dès qu'il existe un empire, la question des minorités est capitale. L'intérêt des minorités tient à leur capacité à faire pression dans un contexte de changement radical. La France est un cas à part. L'idée dominante, qui ne correspond même pas à la réalité actuelle, est celle d'une République unie et indivisible. A l'époque, en Amérique, les rapports de classes n'étaient pas évidents. Chacun revendiquait le monopole de la souffrance – « *Nous sommes les vrais opprimés* ». Il y avait des ouvriers des deux côtés. C'est pour cette raison que Mai 68 a reçu peu d'échos chez nous, sinon pour la poésie, pour les situationnistes. Même si nous avions, en revanche, conscience de faire partie d'un mouvement plus vaste, planétaire. Les Noirs découvraient leur racines africaines, les Latinos s'intéressaient aux luttes en Amérique du Sud. Nous étions très tiers-mondistes.

Quel a été pour toi l'élément déclencheur ? Est-ce les mouvements de libération des Noirs ? L'émergence de ces luttes correspondait aussi à ta jeunesse.

Le mouvement *beat*, le jazz, le cinéma indépendant sont arrivés en bloc à la fin des années 50. Ils ont fait mon éducation. J'étais à New York, puis à l'université de Philadelphie. J'ai suivi avec beaucoup d'émotion le mouvement des droits civiques, mais cette émotion est restée celle d'un observateur extérieur. La non-violence ne me correspondait pas. Je me suis maintenu à distance, puis en 1963, après mon mariage, j'ai décidé de quitter les États-Unis pour aller vivre au Brésil. C'était pour moi l'aventure *concrète*. Le pays sortait des luttes de libération, quelques années avant le putsch des généraux. Je voulais mettre en pratique ma conception de la Frontière, du continent infini. Les États-Unis se sont formés par déplacements successifs : quand la vie devenait trop étouffante à un endroit, les gens partaient s'installer un peu plus loin, et ainsi de suite, de génération en génération. L'Amérique, pour moi, c'était la Terre sans limites. Je pensais retrouver ce mouvement primitif au Brésil, mon Amérique idéale en somme, celle du XIXe siècle. Avec ma femme, j'ai pris la route pendant neuf mois sans jamais arriver à destination. Mon père est mort, et nous sommes rentrés. Mais ce voyage m'a offert, pour la première fois, la vue *de l'étranger* sur mon propre pays, dont j'avais besoin. Je suis sorti dévasté des années 50 : Eisenhower père de la nation, une chape de plomb sur la jeunesse, les Noirs jetés sur les trottoirs, Mac Carthy… L'Amérique latine était, elle, sauvage, malgré la mainmise du *Big Brother.* Là-bas, j'ai cherché les guérillas, sans jamais les trouver. C'était un grand pèlerinage libertaire.

Comment s'est passé ton retour aux USA ?
Ce fut la plongée immédiate dans l'activisme, jusqu'en 1977. La première aventure était *The Newsreel*, un groupe de cinéastes qui cherchaient une manière de travailler en commun, de filmer la lutte *ensemble*, en partageant les moyens et les idées. Jonas Mekas, qui était, entre autres choses, un grand génie de l'organisation, nous a aidés, matériellement et moralement, mais nos films n'avaient que peu de rapport avec le cinéma underground. Nous faisions un cinéma accroché au réel, engagé et militant. Sans structure ni parti derrière, nous avions pour idéal de représenter toutes les tendances de la lutte (marxiste, situationniste, etc.), puis de les confronter, d'amorcer un dialogue. Cela donnait des films très différents, avec pour seul principe commun le refus du documentaire de propagande classique et de sa voix-off, cette voix de l'oppression, de la télévision et du pouvoir. De notre point de vue, la plupart des films de gauche classiques ne faisaient encore que tourner, par la parole, le sens des images à leur profit. Des films pour le peuple, pour plaire aux militants. Le stalinisme... Ce cinéma-là refusait l'idée de laideur que nous portions haut et fort en faisant des films sales, hiératiques. Je me trouvais évidemment, comme aujourd'hui, dans la position de celui qui veut changer la forme pour accompagner le changement de fond. Donc, il fallait tout renverser. Mais cette expérience n'a pas duré longtemps.

Comment, dès lors, as-tu envisagé le problème de la fidélité envers une lutte ? Comment, pour toi, accompagner et filmer une lutte ? Le groupe Dziga Vertov a travaillé la question. Le résultat fut une remise en question totale du cinéma, de l'auteur – les signatures collectives, l'idée que le cinéaste ne doit plus faire écran entre la lutte et l'image de la lutte.

(Silence) Je ne pense pas en termes de cinéma lorsque je m'intéresse à un groupe ou à un mouvement. Je pense en termes de confrontation personnelle, c'est-à-dire subjective, à des événements. Le cinéma vient après. Le problème du groupe Dziga Vertov, c'est l'ennui. Il est très ennuyeux de fréquenter les mêmes lieux, de répéter le *même* discours à l'infini. S'ennuyer signifie que notre échange avec le monde est nul. Dans ce cas, l'image sera plate. Dès notre implication dans une lutte, nous devons justifier de notre intérêt pour un homme, une terre, un peuple. Je n'ai jamais aimé les films du groupe Dziga Vertov, car ces cinéastes n'étaient guère intéressés par l'événement dont ils étaient témoins. Ils l'étaient plutôt par leur intelligence face à lui. Mais d'où parlaient-ils ? Quelles raisons avaient-ils de filmer ces luttes ? Regardons la situation aujourd'hui, en France. Qui va rendre compte du mouvement des chômeurs ? A mon avis, sûrement pas des gens issus du cinéma, peut-être des ouvriers. L'implication dans la vie réelle est déterminante, ou alors on risque de faire un film comme Tavernier sur la banlieue, avoir un regard extérieur qui ne voit et ne concerne plus personne.

L'une des grandes forces du cinéma américain est de visiter le monde pour ne parler au fond que d'un pays. Hollywood l'a fait, toi aussi, lors de tes voyages. Ailleurs, le cinéma s'est toujours construit sur place, exception faite d'individus comme Godard. Cette façon d'aller voir ailleurs ce qui se passe chez nous est problématique. De quel droit va-t-on filmer un pays ou un peuple qui ne nous demande rien et qui ne nous appartient pas ?

Ces peuples travaillaient pour nous ! Je n'ai jamais cru qu'il était possible de faire la révolution aux États-Unis. Donc, les luttes qui se jouaient à l'étranger m'intéressaient, j'avais partie liée avec elles. L'Amérique est un empire à démanteler *de l'extérieur*. J'ai fait *La Guerre du peuple* au Viêt-nam lorsque j'ai senti une obligation pour nous, Américains, de chercher des alternatives ailleurs. En voyageant en Angola, au Portugal, au Viêt-nam ou en Bolivie, je voulais saisir l'énergie des combattants, pour la reprendre à mon compte. Ces luttes étaient le fait de sous-classes véritables – le tiers-monde –, les seules qui n'avaient aucun autre moyen objectif de s'en sortir.

Ces alternatives étaient-elles politiques ou cinématographiques ?

Le cinéma était, pour moi, très secondaire dans ces luttes. Bien sûr, je n'ai pas cessé d'en faire, mais j'y ai peu réfléchi. L'idée était de vivre nos idées politiques *au présent*. C'est une spécificité américaine. C'est l'avantage de vivre dans un pays jeune qui a beaucoup de pouvoir, de nombreux privilèges et peu d'histoire.

En Angola, pourtant, tu as rencontré des cinéastes avec qui il était question de faire du cinéma autrement. Politique et cinéma n'étaient pas séparés. Ces peuples travaillaient pour toi, mais tu travaillais également pour eux.

Mes films ne plaisaient que rarement aux populations locales. Les Vietnamiens m'ont accusé d'avoir rendu, avec *La Guerre du peuple* (1975), une image pessimiste de leur pays. Les discussions ont été nombreuses à propos de notre responsabilité. Je ne les ai pas vraiment suivies. La question centrale est autre que celle du droit. Les cheminots ne sont certainement pas les meilleurs personnes pour filmer leur mouvement, mais ils doivent disposer de moyens pour le faire. Peut-être penseront-ils que leurs films sont les plus justes, les plus utiles. De toute façon, il n'existe pas *un* film universel sur une situation donnée. C'est une idée télévisuelle, consensuelle. La multiplicité des points de vue est salutaire – c'était déjà la démarche de *Newsreel*. Comment faire des films avec et pour les Noirs…

A propos de ces luttes, les cinéastes du « réel », comme Pierre Perrault, ont toujours défendu l'idée qu'avant toute possibilité de cinéma, il fallait qu'un événement fort se produise. Or, aujourd'hui, de tels événements existent, mais de manière plus sporadique, au contraire de la réalité des années 70. Comment continuer à faire du cinéma si les lieux ou les mouvements disparaissent ? Les luttes, aujourd'hui, sont virtuelles. Le sous-commandant Marcos diffuse son message sur Internet. Faut-il, par exemple, filmer l'informatique ?
Le monde, c'est-à-dire la matière, est la base de mon cinéma. Les endroits que j'ai filmés depuis trente ans étaient le théâtre de luttes, mais ils étaient avant tout des *lieux*, qui nécessitaient un voyage, la confrontation physique à une terre, un relief. *Some place, somewhere, somebody.* La possibilité d'habiter le monde, notre capacité à porter un corps, des gestes, est, pour la première fois, remise en question. L'enjeu pour moi est de savoir jusqu'où il m'est possible de continuer à faire du cinéma dans cette direction. Peut-être suis-je en train de me lasser.

Le monde virtuel est déjà un monde de l'image. Comment continuer à produire de l'image malgré tout ?
Il faut croire au réel. L'image virtuelle s'en passe. Le cinéma engagé, social, est aujourd'hui en panne : nous sommes confrontés à une évolution qui est pour l'instant impensable…

C'est pourquoi dans le documentaire, notamment, nous sommes entrés dans une phase de nostalgie, où l'on se souvient de lieux sans pouvoir constater autre chose que leur perte. C'est le journal intime, Depardon qui va filmer son Afriques : comment ça va avec la douleur ?, *pour revenir, dans la séquence finale, chez lui, dans la cour de sa ferme...*
C'est le problème de ma génération. Buter contre un mur – le monde – où il n'y aurait plus rien à filmer. Dans un autre domaine, quelqu'un a bien franchi, un jour, le mur du son. Il faudra – ce ne sera peut-être pas nous – dépasser notre mur du son... L'exemple de *Afriques : comment ça va avec la douleur ?* est très intéressant. J'ai vu le film une première fois à Paris, et je l'ai détesté, ne supportant pas cette forme d'impuissance consentie. Puis je l'ai revu au Japon dans un festival, et je l'ai perçu, je pense, comme Depardon souhaitait qu'il soit perçu. Pour les gens sur place, ce film épousait leur désarroi face au monde. Nous nous foutons de cela en Europe, car ce désarroi est depuis longtemps un sujet majeur de cinéma. Mais là-bas, c'était l'œuvre la plus honnête, la plus juste qui soit sur la situation de *leur* pays. Pour moi aussi, le film est devenu passionnant. Cela rejoint notre problème. Le journal intime, dire *je,* est valable à condition que le cinéma y soit un instrument capable de rendre compte honnêtement d'un *choix de vie,* aussi personnel soit-il. Fabuler, fictionnaliser, truquer, mais au fond, parvenir à garder l'autorité de la première personne. Les cinéastes américains n'ont jamais su le faire, par souci de clarté et d'universalité. Aux États-Unis, mes films les plus personnels choquent. On n'y voit qu'orgueil et égotisme. Ils ne peuvent intéresser personne, ils ne sont *« pas démocratiques ».*

Comment le passage du je au nous se produit-il ? Parler de tout le monde en ne parlant que de soi… A partir de là, comment penser la communauté ?
Je parle *entre les deux*, depuis toujours, là où l'espace est le plus ample. Après les années 50, la communauté est devenue le principal sujet du cinéma – comment reconnaître les siens ? La naissance de l'idée de communauté, aux États-Unis, s'est faite à la fois dans la joie et dans la douleur. Pour moi, chaque film était en soi la *création* d'une communauté. Une communauté de gestes, le partage du cadre, d'un espace, du temps. Mais quel était le prolongement possible avec le spectateur ? Je ne le savais pas. J'ignorais qui verrait mes films. Ma stratégie était, finalement, celle de la bouteille à la mer. Un cri dont on n'entendra sans doute jamais l'écho. Dans mon rapport au monde et aux autres, dans mon idée de la société, j'ai toujours été profondément seul. Je n'ai jamais pu ou voulu changer.

A un certain moment, les gauchistes n'aimaient pas tes films, qu'ils considéraient comme inutiles, voir dommageables à la lutte. Serge Daney a bien vu, dans un texte à propos de Milestones[1], *que filmer un « tissu de personnages » impliquait de révéler les contradictions à l'intérieur d'une communauté – des liens se tissent, qui remettent d'autres liens en cause –, voire de constater son impossibilité. Ton cinéma convoque un mouvement perpétuel. Il ignore les destins joués d'avance. Il ne vérifie pas, il cherche.*
Pour moi, au départ de chaque film, il n'y a presque rien. On pourra l'écrire sur mon tombeau. C'est ma conception du cinéma *politique*. Il y a toujours quelque chose à faire de la plus infime parcelle de vie, un idéal à reconstruire. Ce qui suppose une agitation incessante, une existence entière sur le *qui-vive*. Rester coûte que

coûte *face* au monde, debout, sans trembler. La politique est devenue au mieux un sujet de conversation, alors qu'elle devrait déterminer nos choix. Or, le choix se résume à l'alternative suivante : être un salaud ou un con. Avant, il y avait d'un côté les bourreaux et de l'autre les victimes. Le niveau a bien baissé ! Faire partie d'une communauté, ce n'est pas être juif, père, Américain ou Français. Je me méfie des liens du sang, des patries. J'essaie de passer entre les balles, de ne pas me perdre, de continuer sans me plaindre, dans l'inconfort s'il le faut. La politique, ce n'est plus que cela : un manuel de survie pour des hommes devenus anecdotiques.

Entretien réalisé à Paris, le 14 avril 1998
par OLIVIER JOYARD et THIERRY LOUNAS.

1. « L'aquarium », repris dans *La Rampe*, Petite bibliothèque des *Cahiers du Cinéma*, 1997.

D'abord, contestez-vous vous-même

Mes 68s

Bill Krohn

A la fin des années 60, je découvrais avec passion le cinéma européen (Truffaut, Godard, Fellini, Bergman) ainsi que l'existence de certains artistes à Hollywood (Hawks, Hawks et Hawks), et j'ai acheté mon premier numéro des *Cahiers* lors d'un voyage en France en 1965. C'est durant ce même voyage que j'ai découvert que la guerre du Viêt-nam n'était pas l'objet d'une admiration universelle, lorsque j'ai remarqué les graffiti « US = SS » sur les murs en sortant d'une projection de *Pierrot le fou.* En fait, j'aimais beaucoup le cinéma américain de genre alors que j'ai raté la plupart des films underground. C'était une question de goût personnel. Voici donc quelques réflexions sur les mutations du cinéma de genre dans la période post-68, un cinéma comme saisi de l'intérieur par la radicalité, la violence et la fascination pour l'Europe.

68.1

1968 aux États-Unis d'Amérique, l'année qui s'ouvrit avec l'Offensive du Têt[1] et se termina par le premier pas sur la Lune des astronautes américains. Après une présidence de cinq ans qui commença avec la loi sur les droits civils de 1964 et se termina avec les manifestants contre la guerre du Viêt-nam qui le brûlaient en effigie, Lyndon Johnson annonce le 31 mars qu'il ne se représentera pas aux élections, et Robert Kennedy se lance comme candidat démocrate dans la campagne pour les primaires. Kennedy, considéré comme un opportuniste par les partisans du candidat pacifiste Eugene McCarthy, parvient néanmoins à réunir autour de lui une vaste coalition qui comprend à la fois les politiciens démocrates centristes et des éléments radicaux comme le dirigeant syndicaliste chicano Cesar Chavez.

Le 4 avril, Martin Luther King est assassiné et des émeutes éclatent dans plusieurs grandes villes. En mai et juin, Kennedy démarre une puissante campagne pour la nomination démocrate en Californie, attirant des foules immenses et jubilantes. Le 5 juin, la nuit où il triomphe enfin, il est assassiné à Los Angeles. Les manifestants anti-guerre affrontent la police durant la convention nationale du parti démocrate à Chicago où le maire, Richard Daley, donne l'ordre d'une répression particulièrement brutale. Hubert Humphrey, le vice-président de Johnson, finit par décrocher sa nomination et perd les élections contre Richard Nixon en novembre.

68.2

Nuit des Oscars, 14 avril 1968, la première cérémonie des Oscars à être retransmise par la télévision à l'échelle mondiale, avec un public estimé à six cent millions de téléspectateurs : cinq Oscars, dont celui du meilleur film et du meilleur réalisateur (Carol Reed) pour *Oliver*, trois pour *Un lion en hiver* (Anthony Harvey) et deux pour *Roméo et Juliette* (Franco Zeffirelli). Le seul film nommé pour l'Oscar du meilleur film avec un sujet contemporain est le *Rachel Rachel* de Paul Newman.

68.3

En 1968 sont sortis les films suivants : *La Cible, Greetings, Who's That Knocking at my Door* et *Story of a Three-Day Pass*, les premiers pas cinématographiques de Peter Bogdanovich, Brian De Palma, Martin Scorsese et Melvin Van Peebles ; le troisième film de Francis Ford Coppola, *La Vallée du bonheur* ; le deuxième de William Friedkin, *The Birthday Party* ; le deuxième de Jim McBride, *My Girlfriend's Wedding ; Faces, The Edge* et *Lonesome Cowboys* de John Cassavetes, Robert Kramer et Andy Warhol, trois du nouveau « carré d'as américain » que proposent les *Cahiers* en 1968 (Shirley Clarke, la quatrième, avait réalisé *Portrait of Jason* l'année d'avant), et un film intemporel d'Orson Welles, *Une histoire immortelle.*

Parmi les autres films sortis cette année-là, *Enfants de salauds* (André De Toth), *The Party* (Blake Edwards), *Spider Baby* (Jack Hill), *L'Étrangleur de Boston* (Richard Fleischer), *Rosemary's Baby* (Roman Polanski), *Maldonne pour un espion* (le dernier film d'Anthony Mann), *Petulia* (Richard Lester), *Three in the Attic* (Richard Wilson), *La Nuit des morts-vivants* (George Romero), *Le démon des femmes* et *Faut-il tuer Sister George ?* (tous deux de Robert Aldrich), *Madigan* et *Un shérif à New York* (tous deux de Don Siegel), *Skidoo* (Otto Preminger) et *2001 : l'Odyssée de l'espace* (Stanley Kubrick).

68.4

J'ai un souvenir physique de la première fois où j'ai lu l'article de Jean-Pierre Oudart, « La suture », dans les

Cahiers : c'était la deuxième partie, qui se trouvait dans le numéro de mai 1969. Je faisais la queue pour un film au Museum of Modern Art de New York (la rétrospective de Walsh ? L'intégrale Griffith ?), et mon attention fut attirée par la séduisante sélection de photos tirées de *Moonfleet* et du diptyque indien de Lang.

Comme par hasard, le dernier paragraphe de l'article d'Oudart fait mention d'*Une histoire immortelle.* Il conclut par ces mots : « *Le cinéma, se parlant, parlant en son lieu et de son lieu spécifique, parle d'érotisme* », et il ajoute « *Par-delà l'érotisme, c'est la réalité essentiellement figurative du cinéma qui se dévoile à nous, dans des films tels que* Le Tigre d'Eschnapur, Procès de Jeanne d'Arc *ou* Une histoire immortelle » (*Cahiers*, n° 212, p. 55). Cette allusion énigmatique pourrait nous servir de clé pour entrer dans le mystère de ce qui est arrivé à Hollywood après 1968.

Mais quelle histoire Welles nous raconte-t-il dans *Une histoire immortelle* ou plutôt, pourquoi voulait-il nous la raconter ? Parce qu'en adaptant la nouvelle de Dinesen au cinéma, il illustrait directement le fantasme qui sous-tend une grande partie du cinéma moderne, de *La Règle du jeu* aux *Quatre Nuits d'un rêveur* de Bresson, à propos desquels Oudart avait forgé l'expression de « *metteur en scène castré* » : un homme castré fait en sorte que la femme qu'il aime fasse l'amour à un autre tandis qu'il les épie.

Le mot « *castré* » peut être compris dans son acception symbolique, mais dans *Une histoire immortelle,* c'est au sens littéral qu'il faut le comprendre : Mr. Clay, vieil homme très riche et impuissant, loue les services d'un marin et d'une prostituée pour interpréter devant lui une histoire maintes fois racontée qui l'obsède depuis qu'il l'a entendue pour la première fois, quand il était lui-même jeune matelot, « *afin qu'au moins un marin puisse la raconter comme vraie* ». Lorsque le marin lui dit qu'il ne racontera à personne ce qui lui est arrivé, Mr. Clay meurt.

La figure du metteur en scène castré est en réalité un fantasme de maîtrise voyeuriste, celui qui sous-tend le gros plan du baiser dans *Les Enchaînés* de même que les champ-contrechamps du *Procès de Jeanne d'Arc*, et le film que Welles nous offrit en 1968 constituait la réinterprétation la plus littérale de ce fantasme et la mort de la figure dont la maîtrise de ce fantasme découle.

Cette sorte de conscience de soi n'était pourtant pas nouvelle dans le cinéma américain : Hitchcock avait déjà étudié les implications érotiques du fantasme du metteur en scène castré dans *Les Amants du Capricorne, Les Enchaînés, Fenêtre sur cour* et *Vertigo*, mais à la période qui nous intéresse, la place du maître avait été politisée. Dans *Topaz*, le héros hitchcockien est devenu un pantin que ses maîtres (la CIA) trimballent d'un pays à l'autre et qu'ils font symboliquement stationner devant les portes d'entrée des séquences de suspense où ses agents agissent pour lui, tandis qu'il se contente de les regarder souffrir et mourir sous ses ordres – une réinterprétation profondément pessimiste et critique du genre et qui eût été plus évidente si le cinéaste n'avait pas été forcé, sous la pression d'Universal (à la suite d'une preview à laquelle assistèrent deux de mes amis), de couper des plans et des séquences entières du film qui, selon le studio, auraient pu le mettre en péril d'un point de vue commercial.

Les meilleurs films de genre des années 60 et 70 – ceux que réalisèrent les cinéastes hollywoodiens qui avaient porté le classicisme jusqu'à la perfection et fait entrer le cinéma dans l'ère moderne – remettent cette maîtrise en question et la place qui avait toujours été occupée pour exercer ladite maîtrise.

Le film hollywoodien qui pour moi résume cette période, fut réalisé par Billy Wilder, un cinéaste qui, grâce au contrat qu'il avait avec la Mirisch Company, a pu réaliser ses œuvres les plus lucides et les plus belles dans les années 70. Les *Cahiers* avaient célébré *La Vie privée de Sherlock Holmes* et *Avanti* au moment de leur sortie, mais le film qui m'a obsédé (j'ai dû le voir au moins dix fois) est *The Front Page (Spéciale première)*, l'adaptation que fit Wilder d'un classique déjà tourné deux fois, la précédente étant une comédie loufoque d'Howard Hawks, *La Dame du vendredi.* Le nouveau *Front Page*, qui avance à un train mortuaire à travers un monde où la couleur dominante est un vert nacré, a foiré parce que Wilder et son co-scénariste I.A.L. Diamond avaient décidé de refaire d'une des plus grandes farces de l'écran américain une tragédie, « déconstruisant » ainsi l'un des trésors du cinéma classique.

Alors que Hawks avait fait de Hildy Johnson une femme, Wilder revient à l'original où un directeur de journal intrigant, Walter Burns (Walter Matthau), empêche son reporter vedette Hildy Johnson (Jack Lemmon) de se marier ; le fait qu'Hildy, dans la version de Wilder, est visiblement en train de vieillir, rend le triomphe de Burns d'autant plus poignant. La dernière scène, où Burns voit Hildy et sa future épouse encadrés par la vitre d'un train dans un monde tout de lumière dorée, le place d'emblée dans une position de maîtrise par l'exclusion, mais la première mise en scène du fantasme est homosexuelle : pendant un instant de confusion, Burns envoie Rudy, jeune reporter naïf, dans les toilettes avec un journaliste homosexuel, Bensinger, et nous apprendrons plus tard que le couple vit désormais un bonheur conjugal parfait. Même si cela devrait dissiper toute forme de doute dans l'esprit du spectateur sur le gambit grâce auquel Burns essaye toujours de naufrager le mariage d'Hildy (« *Ce salaud m'a volé ma montre !* »), le seul personnage capable de reconnaître le « symbole phallique évident » est un psychanalyste viennois qui est castré au moment où il fait une analyse extrêmement pertinente des fantasmes de la scène primitive d'Earl Williams, et expulsé du film sur un brancard, laissant les héros patauger dans une blague grivoise très compliquée dont personne ne connaît la chute. Cette mise en scène sauvage de « l'éjection de l'énonciateur de l'énoncé », qui a toujours caractérisé le cinéma classique[3], a agressé la critique et le public venus hurler de rire au *remake* d'un classique à l'aide d'une série d'images polissonnes et très signifiantes que personne ne pouvait interpréter, les laissant seuls face à la sensation gentiment traumatisante de se trouver dans une situation ingouvernable (le Watergate était d'actualité lorsque le film sortit).

Deux ans plus tard, Alan J. Pakula allait mythifier l'image du Grand Reporter et en faire, une fois de plus, notre substitut dans un thriller sur le Watergate, *Les Hommes du Président*, qui lui valut trois Oscars et qui fit exploser le box-office. Mais le terrain qui engendra cette transformation avait déjà été balisé bien avant, en 1968.

68.5

Deux films réalisés en 1968 ont forgé le destin du cinéma de genre américain pour les dix ans à venir : *2001 : l'Odyssée de l'espace* de Stanley Kubrick et *Il était une fois dans l'Ouest* de Sergio Leone. Traitements épiques de films B, ils arrivèrent au terme d'une décennie où la moisson grandement réduite d'Hollywood se divisait entre épopées et comédies musicales à gros budget d'un côté, et films B qu'on grossissait pour qu'ils puissent faire concurrence à la télé ; les Bond, Flint, Matt Helm, les *Planète des singes*, les films policiers cyniques avec de grandes stars, les comédies avec Doris Day et d'interminables westerns réalisés par Sturges, Daves, McLaglen et pire encore.

Leone et Kubrick, en revanche, étaient des cinéastes cinéphiles qui utilisaient les moyens techniques des productions à gros budget à des fins de grand art, et le succès critique et commercial de leurs films établit un standard pour les jeunes générations de réalisateurs cinéphiles qui apparurent dans les années 70. *Bonnie and Clyde* d'Arthur Penn constitua également un précédent important, qui avait titillé le public avec du sexe et de la violence juste avant l'ouverture des vannes en 1968, quand on remplaça le code Hayes par un système de classification assez souple qui permit à la génération montante de briser certains tabous tout en assumant la tâche plutôt conservatrice de reconstruction du cinéma de genre pour un nouveau public.

Le seul premier film d'un futur membre de la Nouvelle vague américaine que j'ai vu à sa sortie fut *La Cible*, un thriller passionnant que Peter Bogdanovich réalisa pour Roger Corman et qui joue la « fausse horreur » (Boris Karloff, incarnation d'un genre) contre la « vraie horreur » de la vie quotidienne en Amérique (la violence, la prolifération des armes à feu, les assassinats). Cette idée, qui vient du co-scénariste non crédité de Bogdanovich, Sam Fuller, aurait pu servir d'étalon pour le film de genre américain d'après 1968, même si beaucoup de ces films, à l'image de ce que fut l'œuvre de Bogdanovich dans les années 70, situèrent leurs allégories de l'Amérique contemporaine dans le passé.

Je parle ici de généralités, puisque rares sont les films réalisés sous cette nouvelle législature, qui me firent une impression aussi forte que *The Front Page*. Beaucoup des meilleurs films de genre des années 70 se sont arc-boutés sur le modernisme tardif des vieux maîtres : De Palma renouvelant le modernisme d'Hitchcock avec une sexualité plus affriolante, une violence plus sanglante et un style visuel qui ne cesse d'attirer l'attention dans des œuvres telles qu'*Obsession* et *Dressed to Kill*, ou Polanski apportant une sensibilité européenne aux mêmes modèles dans *Rosemary's Baby* (un homme prostitue sa femme au Diable pour faire avancer sa carrière) et *Chinatown* (le Grand Détective est obligé de revivre sa scène primitive, dont il est incapable d'empêcher la remise en scène devant ses yeux).
La matrice de tous ces films fut la saga du *Parrain* de Francis Ford Coppola, qui établit un modèle pour marier l'art (influences européennes) et le commerce (un genre) auquel les cinéastes qui veulent travailler pour les studios aspirent encore aujourd'hui. *Le Parrain* fut au film de gangster ce que *L'Exorciste* et *French Connection* de William Friedkin furent respectivement au film d'horreur et au polar, combinant des recettes énormes et des nominations aux Oscars (les deux *Parrain* eurent droit à l'Oscar du meilleur film) – chose qui eût été inimaginable pour *The Rise and Fall of Legs Diamond*, *Les Vierges de Satan* et *Un shérif à New York*, pour ne citer que trois chefs-d'œuvre de genre des années 60 sur des thèmes comparables.
Pourtant, ces transformations des genres traditionnels ne furent, à tout prendre, que des mutations réussies de l'espèce dont ils étaient issus, et non une toute nouvelle espèce. Les cinéphiles qui les réalisèrent ne faisaient que continuer, avec des ajouts et des améliorations, le

modernisme américain qui avait atteint une sorte d'impasse dans des œuvres telles que *The Front Page*. En tant que cinéphiles, ils n'étaient pas seulement conscients de cet héritage, mais inconsciemment menacés par lui, et leur stratégie pour se défendre de l'« angoisse d'influence » qui menace toute œuvre nouvelle allait s'ancrer dans le cinéma européen, comme John Ford l'avait fait quand il avait surmonté l'influence de Griffith en se soumettant volontairement à celle de Murnau : mécanisme de défense que j'ai souvent décrit dans ces pages comme étant celui de la *« transomption »*, par laquelle l'artiste dépasse un père trop puissant en s'identifiant avec *son* père, qui pour cette génération était l'Europe, d'où provient tout ce qui est américain. Tel fut le mouvement de la saga du *Parrain*, qui se nourrit de cinéastes tels que Visconti et Leone, non seulement comme influence formelle, mais aussi pour s'emparer d'une source de puissance imaginative plus proche des origines italiennes du cinéaste que de celle des studios hollywoodiens que Coppola connaissait déjà et a toujours détestée.

« Modernisme » est un mot que j'emprunte à Oudart, qui le définissait dans un autre article qui marqua profondément mon analyse de la période, « Un discours en défaut »[4], où il l'appliquait exclusivement au cinéma européen des années 60 et 70, construit autour d'un héros aliéné (un enfant, un marginal, un fou), coupé de tout échange sexuel, économique et linguistique avec une société qu'il ressent comme un faux spectacle. Cette figure, qui exprime une transformation de l'idéologie et de la pratique sociale des cinéastes, n'est pourtant qu'une nouvelle version de la position qu'occupe le cinéaste du cinéma classique, dont la maîtrise du monde du cinéma n'est que la conséquence paradoxale de son état [comme nous disons aux États-Unis, « *out of it* » ; en dehors du coup]. Ce qui, si j'ai bien compris, était la vraie signification du « metteur en scène castré » dans un contexte social plus large et qui, en tant que tel, représentait une élégante impasse à la fois pour les réalisateurs et pour le public. Oudart appelle cette stratégie du cinéma européen post-soixante-huitard le « modèle Bresson », et nous devrions prendre très au sérieux le fait que les deux films que Scorsese et son scénariste Paul Schrader visionnèrent avant de faire *Taxi Driver* furent *Pickpocket* et *Le Feu follet*, avec deux autres Bresson en arrière-plan : *Un condamné à mort s'est échappé* pour la préparation obsessionnelle de Travis Bickle et *Journal d'un curé de campagne* pour ses petits déjeuners très alcoolisés. L'équivalent de Bickle dans un film de Coppola serait Harry Caul, le héros de *Conversation secrète*, un thriller sur les écoutes réalisé entre les deux premières parties du *Parrain* et consacré par la Palme d'Or à Cannes. Pour ce film, que des journalistes associèrent au Watergate plus directement que *The Front Page*, la source d'inspiration évidente de Coppola fut *Blow Up* d'Antonioni.

Travis et Harry sont des solitaires aliénés qui vivent dans des appartements anonymes et qui n'ont de relations avec le monde extérieur qu'à travers leurs obsessions : l'obsession visuelle de Travis pour le spectacle de la décadence new-yorkaise, qu'il nourrit par des visites nocturnes aux cinémas pornos de Times Square, et l'obsession de Harry pour le son, que le public est invité à partager dans la séquence d'ouverture du film, où une caméra descend sur une place très affairée de San Francisco pour tomber sur le chasseur et sur sa proie lors d'une opération de mise sur écoute extrêmement sophistiquée. Harry, en particulier, est à l'évidence un metteur en scène : objet de révérence pour ses collègues comme le maître suprême d'un art trouble, il sera défait par sa propre maîtrise – parabole qui a autant à voir avec l'évolution décrite dans le paragraphe « 68.4 » qu'avec le destin du maître écouteur, Richard Nixon.

La transformation décisive que produisit cette greffe du modernisme européen sur des genres assez mûrs pour la tolérer est surtout de l'ordre de la transformation de la relation du spectateur avec le spectacle, transformation qui renforce la position de maîtrise que des cinéastes comme Hitchcock et Wilder avaient déjà, à grand coût, abdiquée : Harry Caul et Travis Bickle, substituts aliénés du réalisateur et de son double, le spectateur, sont eux-mêmes des spectateurs, subjugués par un spectacle qu'ils vivent comme tel. Cette dimension esthétique était déjà présente dans le modernisme européen (peu de films sont aussi prenants que *Quatre Nuits d'un rêveur*), mais des cinéastes comme Coppola, De Palma et Scorsese utilisèrent des procédés modernistes pour créer un nouveau cinéma commercial, ouvrant la voie pour le film qui résume cette décennie ambiguë, *Apocalypse Now*, où Martin Sheen et ses compagnons complètement défoncés réagissent à la guerre du Viêt-nam comme s'ils étaient les spectateurs d'un film de guerre.

Les vrais bénéficiaires de cette transformation allaient être deux cinéphiles plus jeunes, George Lucas (un protégé de Coppola) et Steven Spielberg, qui surpassèrent rapidement leurs frères aînés au box-office avec *Star Wars* et *Les Dents de la mer*, prototypes des plus grosses recettes d'Hollywood qui n'allaient pas tarder à suivre. (Tout film de Spielberg, à cette époque, comporte invariablement un rapide travelling sur un personnage totalement ravi par le spectacle auquel le public assiste et face auquel le personnage réagit comme à un spectacle.) Maîtres défaits par leur propre maîtrise, tous les réalisateurs de la Nouvelle vague américaine qui ont décidé d'être indépendants des studios, allaient être forcés de se soumettre l'un après l'autre, dans les décennies qui suivirent, au système que leurs films avaient contribué à reconstruire, mais ils ne sont pas plus responsables de l'état présent du cinéma américain que leurs modèles, Kubrick et Leone réagirent à la Nouvelle vague qu'ils avaient portée sur les fonts baptismaux avec *Barry Lyndon* et *Il était une fois en Amérique* – de sublimes échecs qui portent témoignage de leur réelle indépendance par rapport aux contraintes du cinéma commercial.

68.6

1969. Les Oscars pour le meilleur film et la meilleure mise en scène de *Macadam Cowboy* sont considérés comme la preuve que les jeunes Turcs ont pris le pouvoir à Hollywood, et qu'ils font pression pour qu'il y ait plus de films en prise directe avec la réalité contemporaine. Ces films verront effectivement le jour, souvent avec un grand succès.

Savoir pourquoi l'entreprise échoua politiquement plus qu'elle ne réussit est une question compliquée qui demanderait plus de place que cet article, mais je serais enclin à avancer une hypothèse fondée sur la théorie de l'amnésie historique que forgea Jacques Rancière dans les pages des *Cahiers*[5] pour expliquer l'échec de tant de « fictions de gauche » animées des meilleures intentions en France. Après 1968, le cinéma américain fut confronté à un événement qu'il était impossible d'intégrer à la version hollywoodienne de l'histoire : la répression violente de la seconde révolution américaine. Il s'ensuit que les « années 68 » restèrent longtemps irreprésentables en film. Une anecdote sur le tournage de *Les Copains d'abord* l'illustre parfaitement : le film, à l'origine, avait un prologue qui montrait ses personnages dans les années 60, que Lawrence Kasdan fut forcé de couper parce que les gens réagirent en riant durant les previews. Aujourd'hui, après les films d'Oliver Stone (et leur pendant de droite, *Forrest Gump*), cette période parvient finalement à accéder au premier plan, ce qui a permis de modestes succès tels que *Boogie Nights* et *Ice Storm.*

A l'époque, les traumatismes des années 60 et leurs répercussions à Hollywood étaient trop proches, et le fait que l'un des événements-clés de 1968, l'assassinat de Robert Kennedy, s'est produit aux portes d'Hollywood, contribua probablement à ce blocage. Prenons l'un des films les plus loués des années 70, *Nashville* de Robert Altman, panorama satirique du show-business de cette époque, qui se passe à Nashville, capitale de la country music. Le fait que le film se termine par un assassinat qui n'a aucune signification politique, indique que le portrait qu'Altman trace de la période, est un déplacement métaphorique de son référent historique, avec des acteurs hollywoodiens déguisés en citoyens de Nashville circulant dans un univers décrit avec la précision d'une montre suisse, qui vient de nulle part et se dirige vers le néant parce qu'il est coupé de l'Histoire.

Bien qu'il y ait eu de bons films politiques réalisés dans le système des studios durant cette période (le western d'Abraham Polonsky *Tell Them Willy Boy Was Here* vient immédiatement à l'esprit), je voudrais terminer sur quatre films que je peux recommander à tous ceux qui s'intéressent aux événements de cette année et à leurs répercussions à Hollywood, qui est le référent caché, irreprésentable de tant de films de cette époque. Malheureusement, seuls deux d'entre eux ont été distribués, et même ceux-là ne sont que très rarement montrés.

En 1968, Jacques Demy et Agnès Varda réalisèrent deux films à Los Angeles, *Model Shop* et *Lions Love*. *Model Shop*, le premier film hollywoodien du cinéaste qui avait émerveillé Hollywood avec *Les Parapluies de Cherbourg* (nommé pour un Oscar en 1964), déçut tout le monde à sa sortie en 1969, dans la mesure où il s'avéra le moins hollywoodien de tous les films de Demy. L'histoire décrit les dérives sans but d'un jeune conscrit à Los Angeles, qui le mettent brièvement en contact avec le personnage que joue Anouk Aimée dans *Lola*, travaillant à présent dans un « model shop » où elle pose pour des photographes amateurs. Filmé dans un style qui doit plus au néoréalisme qu'aux maîtres hollywoodiens de Demy – le metteur en scène confia à Michel Delahaye, critique aux *Cahiers*, qu'il avait failli titrer le film *Los Angeles 1968*, d'après *Allemagne année zéro* – *Model Shop* utilise les ressources de la fiction pour donner naissance à un document douloureusement vrai qui, pour Delahaye, évoqua Elia Kazan.

Lions Love décrit les aspirations utopiques de l'époque, telles qu'elles sont jouées par l'actrice warholienne Viva ! avec les auteurs de *Hair* dans une villa d'Hollywood Hills. Laissant à ses acteurs une liberté considérable d'improvisation, Varda réussit néanmoins à imposer une structure qui reflète plus précisément les états d'esprits hallucinés par le LSD de ses personnages, où la réalité se perd dans une série de perspectives changeantes, ce dont témoigne l'abandon des trucs optiques psychédéliques qui étaient devenus un cliché hollywoodien dans les films sur la drogue. Les événements du monde extérieur (annoncés à la télévision) – l'assassinat de Kennedy, la tentative de meurtre d'Andy Warhol à New York – se transforment en éléments de la structure très complexe du film en boîte chinoise, et provoquent une crise : la femme qui filme tout ceci (que joue Shirley Clarke) tente de se suicider. A la fin du film, l'utopie se brise, mais elle n'est nullement discréditée, comme c'est le cas dans *Easy Rider* (« *On a tout foiré !* »).

Seuls ces deux visiteurs doués ont pu capturer la nouveauté radicale et l'étrangeté des transformations qui avaient lieu en Amérique, telles que les réfléchissait le microcosme californien, sans les filtres mentaux que les films américains installaient en même temps et qui ont fini par transformer cet endroit, à cette époque, en sorte de trou noir de l'histoire du cinéma.

Le documentaire de Barbara Frank sur la campagne des primaires de Robert Kennedy en Californie, *The Last Campaign*, semble également avoir été fait par un visiteur qui découvre l'Amérique pour la première fois. L'absence d'une voix-*off* et le montage sensoriel de Jean-Claude Lubtchansky extirpent tout bagage idéologique qui aurait pu, sinon, obscurcir l'étrangeté des images (la foule joyeuse qui arrache Kennedy de sa limousine dans le ghetto de Watts, un cocktail offert à de riches donateurs qui semble avoir été filmé dans un aquarium, de jeunes Black Panthers qui s'amusent à faire des exercices militaires en uniformes) qui atteignent un sommet lors d'une séquence où Jerry Lewis, faisant le clown sur scène tandis que le candidat le contemple de très haut, dans la loge royale, fait une chute et garde un court moment la position qu'aura Kennedy lorsqu'il se fera tirer dessus, alors que le

contrechamp nous montre la minuscule silhouette de Kennedy, qui rit à cette pitrerie. Les foules qui entourent Kennedy servent de chœur au film, et elles jouent le rôle ambigu des foules dans les plus antiques rituels carnavalesques qui se terminaient par le sacrifice du roi dont le couronnement et la destitution constituaient le symbole central du carnaval[6]. Le film, tourné en plein cœur du trou noir, au moment précis où l'histoire allait être totalement bouleversée, et présenté dix ans plus tard au Festival de Deauville, reste à ce jour invisible.
Et c'est comme un étranger qu'Orson Welles revint en 1972 à Hollywood où, avec sa collaboratrice Oja Kodar, il rencontra le directeur de la photo Gary Graver et se mit à tourner un long métrage sur ce qui s'était passé à Hollywood après 1968. Le film fut tourné et le montage commença, mais Welles ne put jamais le terminer à cause d'un litige avec un financier. *The Other Side of the Wind* est un film dans lequel – pour citer Oudart une nouvelle fois : « *Le cinéma, se parlant, parlant en son lieu et de son lieu spécifique, parle d'érotisme* » – le voyeurisme du maître, sa bisexualité et sa mort, sont désignés. Comme d'autres œuvres de Welles, en particulier *Falstaff,* ce film prend la forme d'un rituel de carnaval : une fête d'anniversaire qui dure toute la nuit, au pic des années 70, donnée pour un vieux metteur en scène d'Hollywood qui se nomme Jake Hanaford, et qui tente un *come-back* tout en ayant du mal à terminer son film. Durant la fête, qui est filmée par toute une batterie de caméras que tiennent des étudiants en cinéma, nous voyons des rushes du *work in progress,* un thriller très mode sur le sexe et la révolution, bourré de tics avant-gardistes. Au terme d'une longue nuit de révélations, Hanaford meurt – son film ne sera jamais terminé.

Mon premier article pour les *Cahiers*, dans lequel j'abordais pour la première fois les films inaboutis de Welles, et en particulier *The Other Side of the Wind*, fut publié dans le numéro de mai 1978. Je suis certain que les gens qui l'ont lu, ainsi que tous les articles sur Welles que j'ai écrits depuis, se demandent si le film sera jamais terminé. Pour ma part, je reste persuadé que ce sera le cas, et bien qu'il soit prématuré de faire la critique d'un film dont je n'ai vu que quelques séquences, je peux dire en toute confiance que, lorsque *The Other Side of the Wind* sera fini, un brillant rayon de lumière sortira de ce trou noir autour duquel cet essai n'a jamais cessé de graviter, et que le dernier mot sur le sujet reviendra, comme d'habitude, à Orson Welles.

Traduit de l'anglais (USA) par SERGE GRÜNBERG.

1. De la fête du Têt, du Printemps. Attaque éclair des armées nord-viêtnamiennes sur les villes du Sud en janvier 1968 qui amena les Américains à remettre en cause leur engagement au Viêt-nam.
2. *Cahiers* n° 228 et 248.
3. Cf. Pascal Kané, « Sur avanti », *Cahiers n°* 248.
4. *Cahiers* n° 232.
5. *Cahiers* n° 268/269.
6. Sur le sens révolutionnaire des formes carnavalesques au cinéma, on lira Pascal Bonitzer, « La Voix veille », *Cahiers* n° 253.

Deux controverses

Si le cinéma des années 68 reste vivant, aujourd'hui encore, dans les souvenirs, les récits ou les textes, c'est parce qu'il a suscité de grands débats théorico-politico-poétiques, parce qu'il fut constitué par des controverses. Fureur de comprendre, d'analyser, de débattre, de combattre, qui fait désormais souvent défaut. Le cinéma a besoin de ces guerres intempestives et de ces emportements brusques. En quelques années, autour de 68, deux controverses majeures soulignent les oppositions dans la république du cinéma, crispent les antagonismes et précipitent les évolutions ou les évaluations. Godard et Pasolini, en 1966 à Pesaro, en 1971 *via* des revues italiennes, s'empoignent à propos du langage cinématographique. En mai et juin 1968, les États généraux du cinéma mobilisent plusieurs centaines de cinéastes et de techniciens afin de débattre des nouveaux statuts – hérités de Mai – à donner au cinéma français.

1. La résistance au texte

Pasolini *vs* Godard

A la fin des années 60, le cinéma connut une époque de contagion inespérée entre théorie et pratique. Les années 68 ont passé au crible la psychanalyse et Althusser, Lang ou Eisenstein. C'est le triomphe d'une certaine forme d'approche intellectuelle. On questionne l'image, l'écran, le représenté et le réel. C'est dans ce *Blitzkrieg* théorique généralisé qu'éclata la bataille Godard/Pasolini. Si l'on veut saisir les enjeux qui nourrirent cette célèbre controverse, il faut se replonger dans les débats qui éclatèrent à Pesaro en 1966, et augurèrent de toute une série de luttes théoriques autour de l'apport de la linguistique dans l'étude du cinéma. Car si la polémique entre les deux cinéastes resurgit définitivement en 1971, à l'occasion d'une interview de Jean-Luc Godard dans *Vie nuove*, hebdomadaire du PCI, à laquelle Pier Paolo Pasolini répond par la préface au livre *Jean-Luc Godard. Il cinema e il cinema*, une de ses premières manifestations fut liée à l'intervention, brutale et remarquée de Luc Moullet, le dimanche 5 juin 1966, au festival de Pesaro, dans le cadre d'un colloque intitulé : *« Pour une conscience du langage cinématographique. »* L'intervention du metteur en scène de *Brigitte et Brigitte,* soutenu immédiatement par Godard, présent au festival, se nomme : *« De la nocivité du langage cinématographique, des moyens d'éradiquer ce langage »*, et attaque directement les sémiologues qui, Barthes et Pasolini en tête, semblent se servir abusivement des outils linguistiques pour analyser le cinéma. Le film *Brigitte et Brigitte* raconte à ce propos, et de manière extrêmement burlesque, la nuisible mainmise des « therroristes » du langage sur l'enseignement universitaire du cinéma, à qui les fils de la Cinémathèque n'ont cessé de rétorquer : *« Et d'ailleurs, les structures, sans images et sans sons, comment pouvez-vous en parler ? »* (Jean-Luc Godard, *Cahiers n°* 184, novembre 1966).

En 1971, le débat rebondit autour des deux figures les plus emblématiques du cinéma moderne, Godard dans un camp, Pasolini dans l'autre qui, dans la lignée de Christian Metz et de Roland Barthes (et malgré quelques divergences) a approfondi dans ses écrits théoriques, réunis dans *L'Expérience hérétique ; langue et cinéma* (1972), l'idée d'une sémiologie du cinéma, fondée sur de nouveaux concepts tels que le *cinéma de poésie, le cinème* ou encore le *discours libre indirect.* Les reproches restent pourtant amicaux. Si Pasolini parle de son *« très humain et très doux ami Godard »*, Godard dit lui-même : *« Je comprends généralement les intuitions d'où part Pasolini mais pas la nécessité du discours logique qu'il développe ensuite. »* Le problème crucial de cette controverse semble être celui de la normativité. Dans sa critique, Godard fustige la sémiologie à outrance comme créatrice de normes et de codes propres à étouffer le cinéma : *« Les enfants du langage cinématographique, c'est nous. Et nous n'avons que faire du national-socialisme de la linguistique. »* Car en s'intéressant au cinéma comme à un langage, on perd de vue l'aspect le plus sensuel (esthétique) de l'œuvre d'art. Tout en continuant de revendiquer le cinéma comme objet d'études et de recherches, on finit par le décoder sans se poser la question du goût et de l'éthique, et par *« être amené à repousser Ford »* sans pouvoir *« le différencier de Delannoy »*, c'est-à-dire par faire de cette méthode d'investigation un système qui tourne à vide, où il est possible de dire une chose et son contraire, et ce sans lien avec le cinéma dans ce qu'il a de fondamentalement pratique et technique (*« C'est de la technique que peut se dégager une idéologie »*, Jean-Luc Godard, *Cahiers* n° 194).

De son côté, PPP reproche à JLG de ne pas avoir vu en quoi la sémiologie est un *« instrument de description interne, et donc de description spécialisée – c'est-à-dire profonde – de l'œuvre »*, et non un instrument de sabotage. En somme, de s'être arrêté au cliché colporté sur la linguistique. De ne pas avoir su mesurer l'apport vivant de cette nouvelle science, où peuvent être conviées considérations philosophiques et littéraires, dégagées de tout endoctrinement : *« Dès que je me mets à lire des ouvrages de linguistique, l'envie me prend d'écrire des poèmes. Je pense que la lecture de ces textes provoque en moi une exaltation créatrice »* (Conversations avec Jean Duflot).

Surtout, et c'est là où le conflit devient complexe, PPP essaie de montrer en quoi la critique est mal venue de la part de Godard qui, lui-même, fait de la sémiologie *in-vivo*, dans la mesure où ses films sont le fruit d'une opération métalinguistique par laquelle le cinéma comme langage devient objet (mise en abyme du cinéma, ou réflexion du cinéma sur lui-même). Chez Godard, les activités de metteur en scène et de sémiologue ne sont pas dissociables. Chez Pasolini, elles le sont. Lui-même reconnaît d'ailleurs qu'aucun de ses films ne pourrait précisément répondre à sa définition du *cinéma de poésie* (la linguistique se fait à plat, sur le papier). Anecdotique pour Pasolini, la différence entre la sémiologie pratiquée par lui ou par d'autres (écrite) et celle pratiquée par Godard (imagée) est la frange sur laquelle tout va se jouer. Le vrai schisme naît de l'aveu caché d'une jonction impossible entre différents *états* du cinéma, dont Godard est le premier à penser qu'elle est tout à fait néfaste. C'est dans la pratique concrète du cinéma que

JLG s'est fait l'instigateur d'une nouvelle grammaire (d'une norme, si l'on veut) où se sont instituées un certain nombre de règles formelles (tant au niveau du montage, que du travail plastique et chromatique) qui n'en finissent pas de frapper le monde entier à l'aube des années 70 (Oshima, Fassbinder, Rocha, Straub). Godard a fait de la salle de cinéma le lieu d'une ultime pédagogie où il est encore possible de transmettre quelque chose. La sémiologie *écrite* est un simulacre d'analyse, fondamentalement hors du terrain, hors du terreau. Selon lui, le travail de légitimation hors du film est une dictature menée par des érudits. La filmologie est le premier ennemi du film (la pédagogie doit se faire à l'intérieur). Pasolini a subi la tentation de l'écriture, décidant de séparer les choses représentées des mots. Godard a résisté au texte : pour apprendre il faut rester dans le cinéma. Pasolini, lui, s'en échappe, puis y revient, dans un va-et-vient impur, et douloureusement assumé, où l'écriture s'incarne en mythe. Godard ne croit pas en la production d'un sens unique, il se méfie de l'univocité, et choisit de multiplier et de mêler les citations. Il y a chez lui un irrespect du texte, lié à sa volonté de faire circuler le sens. Or la circulation, c'est de l'argent, c'est de la politique. La sémiologie, de son côté, prend le parti d'avoir raison, se justifiant toujours de l'intérieur, jamais dans le réel.

Qui, aujourd'hui, pourrait se proclamer l'héritier de cette polémique ? Si la linguistique est désormais l'apanage de l'université, c'est au même titre que le latin ou le grec *(langues mortes)*. Rien n'empêche de faire ses Humanités, et de continuer à les fréquenter pour la gymnastique de l'esprit qu'elles procurent. Simplement, la sémiologie, comme le latin, on ne la parle plus.

MATTHIEU ORLÉAN

2. Les états d'Icarie

Tout le monde *vs* tout le monde

Le 17 mai 1968, à l'École de photographie et de cinéma de la rue de Vaugirard, s'ouvrent les premiers états généraux du cinéma français. Près de mille cinq cents professionnels et étudiants vont s'y retrouver pendant plus de quinze jours, discutant à n'en plus finir, travaillant en commissions, présentant des projets de transformation et de renouvellement du cinéma. Petite révolution dans les mœurs d'un cinéma français jusqu'alors cloisonné, divisé par les querelles, tenu en tutelle par le CNC. Dans un éditorial, les *Cahiers du cinéma* soulignent d'emblée l'espoir d'un renouveau : *« Les états généraux ont d'ores et déjà (mais là aussi le combat continue) prouvé que dans toutes les catégories professionnelles du cinéma régnait une même volonté. transformer le "système", les conditions dans lesquelles le cinéma en France s'est enfermé jusqu'à se trouver coupé de toute réalité sociale et politique. »*

A 21 heures, ce 17 mai, ce sont le ban et l'arrière-ban de la profession qui se retrouvent au coude à coude, manière de prolonger les rencontres et manifestations de l'affaire Langlois trois mois plus tôt.

Deux décisions sont prises ce soir-là : vote du principe d'une grève des ouvriers du film ; envoi d'une motion à Cannes précisant que *« l'assemblée de Vaugirard [...] demande à tous les réalisateurs, producteurs, distributeurs, acteurs, journalistes, membres du jury, présents à Cannes, de s'opposer à la continuation du Festival afin de montrer leur solidarité avec les travailleurs et étudiants en grève, de protester contre la répression policière et d'exprimer par là leur volonté de contester le pouvoir gaulliste et les structures actuelles de l'industrie cinématographiques »*. Le lendemain, les conséquences de ces deux décisions entrent en œuvre. Le tournage du *Cerveau* de Gérard Oury est interrompu au studio Saint-Maurice, tandis qu'à Cannes, à 10 h 30, Jean-Luc Godard et François Truffaut appellent les critiques et cinéastes à faire cesser le Festival. A midi, l'occupation de la grande salle du Palais est décidée et réalisée. Sur la scène, les « radicaux », des hommes aussi opposés que Louis Séguin et Jean-Luc Godard, font face au public déchaîné. L'atmosphère devient houleuse. L'obscurité se fait et un film est envoyé sous les vivats de la salle. Le rideau reste pourtant fermé, tenu vigoureusement par les rebelles, bientôt bousculés par le service d'ordre. Mais le coup de force est un succès : le lendemain, à midi, Favre-Lebret, le directeur, s'estimant dans l'incapacité de poursuivre sa mission, clôt le Festival. Tous les « saboteurs », comme les désigne l'ensemble de la grande presse, s'en retournent au plus vite à Paris, là où « la révolution gronde »…

Car, pendant ce temps, les états généraux s'organisent dans la durée : création de commissions de travail ouvertes à tous, sans président désigné, structurées autour d'un groupe qui assure la continuité du travail, ayant pour but de *« fuir le compartimentage professionnel, la bureaucratie, qui avaient étouffé le cinéma sous le cloisonnement, les rivalités fragmentaires »*. Le 19 mai, un ordre de grève illimitée avec occupation des lieux de travail est lancé conjointement par le Syndicat des techniciens, les réalisateurs ORTF, et les étudiants de l'Idhec et de Vaugirard. Solidaires, les états généraux apportent leur contribution à la subversion généralisée par une action sur le terrain : création de la Commission de Dérogation permettant le tournage, malgré la grève, de films (non signés individuellement) sur les mouvements étudiants et ouvriers ou les négociations sur le Viêt-nam, accompagnée d'un appel pressant : *« Cinéastes, que faites-vous pour la révolution ? »* De plus, trois cents personnes, réparties en groupes d'une dizaine de militants, sont envoyées à travers Paris pour *« quadriller les salles de cinéma afin d'inciter les projectionnistes à la grève »*.

La volonté de dissoudre les structures étatiques existantes prend un tour décisif le 21 mai : c'est ce jour-là que les états généraux décident l'abolition des « privilèges du CNC ». Aucune légitimité ne les y autorise, mais l'assemblée vote la motion suivante : *« Les états généraux du cinéma français considèrent les structures réactionnaires du CNC comme abolies. En conséquence, ils décident que son existence, sa représentativité et ses règlements ne sont plus reconnus par la profession. Les nouvelles structures de notre profession devront naître des états généraux. »* Dans le paysage rêvé de ce « Mai du cinéma », la profession achève de régler les comptes de l'affaire Langlois.

Aboutissement fictif, puisque la motion du 21 mai ne sera pas suivie d'effets de réel, mais néanmoins initiatrice d'une profonde réflexion : la suite des états généraux est consacrée à l'élaboration d'un nouveau régime du cinéma. Dès lors, ce sont trois Assemblées générales réunies au Centre Culturel de l'Ouest parisien à Suresnes qui rythment l'utopie : les deux premières (26 et 28 mai) où sont présentés 19 projets de nouvelles structures ; à l'issue d'un vote, 4 de ces projets sont retenus. La troisième séance (le 5 juin) est ordonnée autour de la lecture, de la critique et de la mise en place d'une synthèse.

Le premier projet retenu, intitulé, en une référence clairement révolutionnaire (eisensteinienne faut-il ajouter) : « La ligne générale », est défendue par

Comolli, Doniol-Valcroze, Rivette, Kast, Lapoujade, Allio, Le Chanois, Malle, Mocky, Pollet, Resnais. Ses principes sont clairement affirmés : la recherche du profit, caractéristique du système capitaliste, réduit les films au seul niveau de marchandise, et l'État gaulliste, à travers ses organismes (CNC, Unifrance) s'en est fait le complice servile. Face à cette industrie du profit, le projet propose une économie autogérée, sur la base de six « *Unités de production* » qui « *permettent de faire passer à l'état de film tout projet dès l'instant où il en est au stade où ne lui manquent que les moyens financiers pour se matérialiser* ». Chaque unité est alimentée financièrement par un Secteur Public de salles. Les salaires sont répartis égalitairement entre producteurs, auteurs, réalisateurs, techniciens, comédiens, gérants de salle, projectionnistes… Le tout devra être placé sous le contrôle des états généraux du cinéma français, organe de représentation absolument directe puisque tous les professionnels y ont accès. Trois autres « icaries » sont passées à la loupe par les experts de l'Assemblée. L'une est franchement technique, élaborée par Pierre Lhomme et un collectif représentant le Syndicat des Techniciens du film CGT ; la seconde centrée sur un projet autogestionnaire assez semblable à celui de « la ligne générale », bien que plus « fleur bleue » (« Gauloises bleues » devrait-on dire en référence au film récent de son principal promoteur, Michel Cournot), plus romantique (Carné, Lelouch, Enrico, Albicocco et Roullet) avec ses « Groupes de Création » nombreux et décentralisés. Pour résumer, l'on peut dire que si le projet « Ligne générale » s'appuie sur un système de combinats, le projet Cournot-Lelouch en serait une variation décentralisée titiste ; tandis que le dernier, signé Chabrol-Karmitz-Derocles, apparaît comme une tentative anarcho-syndicaliste. Ce texte est en effet particulièrement radical et provocateur, prônant en quatre points (accès gratuit aux salles, décentralisation absolue, réalisation collective, possibilité pour tous de devenir professionnel) une *« société de cinéma où le droit de chacun est de participer avec des autres à l'épanouissement de tous ».* Soviétiques, titistes, anarchistes n'ont jamais pu s'entendre… Le cinéma ne vient pas clarifier les choses, et l'accord sur un texte de synthèse se révèle très vite impossible.

Ainsi, le 5 juin 1968, après une longue discussion, l'Assemblée de Suresnes, constatant l'impossibilité de la synthèse, adopte en guise de compensation une courte « Motion finale », bien éloignée des grands projets présentés. De la lettre de cette charte en six points, on ne reparlera plus guère après le mois de juin. D'autant que, les 23 et 30 juin, les élections législatives ont donné à de Gaulle une écrasante majorité. Il n'est bien sûr plus question de dissoudre le CNC. Reste, peut-être, un état d'esprit : *« La lutte continue donc en marge du système d'État, et contre lui, par la constitution d'un autre cinéma qui, par ses réalisations et son fonctionnement même, constitue dès maintenant la plus radicale critique du système. »* Reste, surtout, de profondes ruptures dans le cinéma français. Car ceux qui ont cru en la révolution par et pour le cinéma, en voudront longtemps, profondément, à ceux qui ne l'ont que mimée.

ANTOINE DE BAECQUE

D'après *Les Cahiers du cinéma, Histoire d'une revue*, tome 2, éd. Cahiers du cinéma.

Des cinéastes pris par 68

Jacques Rivette
« Le cinéma est un prétexte pour rencontrer des gens »

S'il y a *quelque chose* de récurrent à l'origine des films de Rivette à la fin des années 60 et au début des années 70, c'est bien l'intransigeante exigence de communauté. Le cinéma jaillit d'une conjuration, se concrétise à l'intérieur d'une bande. Un réseau de conspirateurs se rencontre qui élabore pas à pas le film. Communauté *vs* Société. *Gemeinschaft vs Gesellschaft*. Liens privilégiés *vs* liens hiérarchiques et anonymes. Berto, Ogier, Kalfon, Labourier, Moretti, Lonsdale (tous acteurs-scénaristes), Schiffman, Zucca et Gregorio, autant de membres d'un groupuscule secret qui, dans l'ombre d'une idée saugrenue, mettent au défi leur imaginaire autour de pôles d'abord imprécis, parfois constitués de livres (*L'Histoire des Treize* de Balzac pour *Out 1 : Noli Me Tangere* ; des morceaux choisis de Henry James pour la partie « Maison » de *Céline et Julie vont en bateau*) ou de films (*Persona* et *Baby Jane* pour le même *Céline et Julie*). Rivette joue de cette mémoire collective qui lie les individus. Il fait du cinéma à partir d'éléments préexistants, et des contraintes qui les définissent, avant de rebondir très loin et ailleurs, là où chacun des associés aura eu envie d'aller. Parce qu'en englobant tout, ce lot de références communes finit par ne plus rien signifier de spécifique, et par ne plus fonctionner que comme énergie pure, se suffisant à elle seule pour justifier la communauté. Prétexte actif, cette mémoire collective est alors capable d'irradier à l'infini. Elle est conjointement ce lien et cette absence de lien (une béance), qui joue le rôle de talisman secret. Dans ce cinéma de la générosité où tous collaborent pour créer le film, jusqu'à emmener sur le plateau ceux par qui ils ont envie d'être entourés pour comploter ensemble le temps d'une scène, il suffit de se laisser hanter par le magma collectif pour qu'il en ressorte *quelque chose.*

Chez Rivette, la création se décline à plusieurs – « *Une équipe de film, c'est un complot* » –, donnant lieu à une des plus émouvantes traces qui soient de l'état d'esprit des années 68. On est loin du 68 pittoresque tel qu'il est parfois présenté, déformé par les médias, pavé lancé ou *flower-power*, même si l'on n'échappe pas, dans la boutique libertaire de *Out 1* tenue par Bulle Ogier, à une musique indienne hypnotisante (« *Il n'y a rien qui me dégoûte plus que le fait de donner un alibi de conscience politique ou sociale à des histoires quand même très subjectives, en plaquant brusquement une réflexion sur le Viêt-nam ou la révolution* », Jacques Rivette dans un entretien accordé à *Jeune Cinéma*, n° 36, février 1969). Si l'esprit de 68 apparaît ici, c'est épuré de son contexte, comme s'il se dessinait sous nos yeux à toutes les jointures et dans tous les non-dits, d'autant plus prégnant pour le spectateur d'aujourd'hui, que l'espace cinématographique qui le contient est intact. Films préservés de tout remâchage critique, invisibles pour certains (*Out 1*, dont la durée excède les douze heures, n'a jamais été distribué), ils semblent tout droit jaillir du temps de leur création, sans s'être laissés contaminer par une quelconque réappropriation théorique ou esthétique. Rien ne les devance. Rien ne les surdétermine. Ils portent en eux la foi 68, pure et dure. Elle est l'Être des films latent et refoulé, leur sujet caché. Ambiguïté : 68 n'a jamais été aussi réel qu'à cet endroit du cinéma, parce que Rivette montre à la fois l'époque et la sublimation de l'époque, le document et l'ailleurs. L'époque, il la traque caméra à l'épaule, dans les rues de Paris (où errent, hagardes, Juliet Berto dans *Out 1* et Bulle Ogier dans *L'Amour fou* – Paris était encore ce chantier dans lequel il était possible d'errer, sans se faire rattraper par le chaos urbain de la modernité), ainsi que dans ces *camera oscura* où des acteurs jouent une geste incompréhensible et tribale dans la veine expérimentale du Living Theater. S'il y a quelque similitude entre son regard et le regard de certains documentaristes (capter l'inattendu au moment de son surgissement premier, l'imprévisible qui pointe son nez, l'accident qui a lieu sous ses yeux), Rivette ne va jamais jusqu'à filmer la réalité brute. Par timidité ou par respect. Par peur de violer ceux avec qui il travaille (le sexe est *out*). Car Rivette s'intéresse avant tout à la fiction, donc à la sublimation, la fiction comme l'instant où se sublime le documentaire. La frontalité est montrée en creux comme une erreur de point de vue sur le monde, ou en tout cas comme un parti trop rigide duquel il est impossible de faire jaillir la beauté, d'un côté, et l'exigence, de l'autre. C'est la diagonale qui, seule, mène au noyau dense. Le réalisme de Rivette n'est rien d'autre qu'un réalisme poétique (schizophrène) qui prend la société de biais selon une perspective insaisissablement fuyante, celle de la fiction. C'est d'une manière toute poétique que nous apparaît dans ses films l'esprit 68.

Comme si Rivette en avait saisi l'essence, alors qu'il était au cœur même du cyclone. Comme s'il en avait saisi l'image-blason avant tout le monde : celle d'une époque où règne l'association, fondée sur l'exigence primordiale de la liberté et du secret (créer en secret, créer pour soi et pour quelques autres, hors des grands circuits de consommation et de distribution, parce qu'on a envie de faire un film, un été. *Céline et Julie* métaphorise cette idée de création sauvage). Celle d'une époque où pour survivre, c'est-à-dire pour faire du cinéma, il a fallu construire des microsystèmes, zones de résistance intérieure où il était possible de matérialiser son désir de produire. Temps *micro*, où triomphe l'exigence minoritaire. Pour reprendre la distinction de Serge Daney dans son article « Le cru et le cuit »[1], Rivette a bien plus ressemblé à son époque qu'il ne l'a radiographiée. Mais l'exigence communautaire est parfois si rude qu'elle crée la confusion dans les esprits. Et dans l'ivresse qu'accompagne l'atteinte de nouveaux états, encore plus marginaux, on frise plus d'une fois la folie. La schizophrénie de la mise en scène devient alors celle des personnages, et de toute une époque.

Dans cette perte de frontalité, dans cette déprise poétique, le langage lui-même subit une constante dérive qui l'empêche d'adhérer complètement aux événements dont il est le support. C'est ainsi que les communautés présentées dans ces films (et tout principalement le groupe des Treize tel qu'il apparaît dans *Out 1*) restent particulièrement opaques et indéchiffrables, systématiquement évoquées sous la forme d'un *Ça* ou d'un *quelque chose*. Concrètement (mais il n'y a rien de fondamentalement concret chez Rivette), le groupe des Treize manque de contour et de fermeté idéologique. Dans un entretien inédit, Suzanne Schiffman essaie malgré tout de le définir : « *L'idée c'était de retrouver, en 70, des gens qui avaient changé le monde ou eu le sentiment qu'ils allaient changer le monde en 68, qui s'étaient perdus de vue entre-temps, et qui n'avaient pas changé le monde.* » En ces années révolutionnaires, où des sociétés de conspirateurs s'étaient multipliées en France, Rivette montre là une version plutôt dégradée du complot : une communauté très fragile, sans fondement précis, toujours prête à se dissoudre et à disparaître. Buts philanthropiques ou terroristes, on n'en sait rien (parce que si un des personnages est parti aider quelque maquis en Amérique centrale, d'autres, à Paris, assomment des hommes en lunettes noires pour de sombres histoires de passeports). Parce qu'encore une fois nous sommes avec Rivette du côté d'un absolu poétique du groupe, dans l'Idée de communauté. Rivette entre dans l'universel d'un propos et d'une époque au-delà des clivages de la conjoncture. Son cinéma agite l'oxymore que tend Blanchot dans *La Communauté inavouable* : « *Présence innocente, "commune présence" (Char), ignorant ses limites, politiques par le refus de ne rien exclure et la conscience d'être, telle quelle, l'immédiat-universel, avec l'impossible comme seul défi, mais sans volontés politiques déterminées... Sans projet : c'était là le trait à la fois angoissant et fortuné d'une forme de société incomparable qui ne se laissait pas saisir, qui n'était pas appelée à subsister, à s'installer, fût-ce à travers les multiples comités par lesquels se simulait un ordre désordonné, une spécialisation imprécise.* » Et l'oxymore n'est après tout que la version stylistique et civile de la schizophrénie qui rôde. On ne sait où l'on va, et ce qu'il restera demain de tout ce morcellement. Disparition de Bulle Ogier, en train, à la fin de *L'Amour fou*. Disparition de B. Ogier, en voiture, à la fin de *Out 1*. Disparition de B. Ogier, en bateau, à la fin de *Céline et*

Julie. Le groupe des Treize fonctionne lui-même de manière déceptive. Il n'est au demeurant qu'une utopie collective, murée dans l'esprit de quelques personnes éparpillées et « *incapables de rien créer* » parce que « *nos activités nous entraînent ailleurs, parce qu'on a autre chose à faire de plus intéressant. On se préoccupe de notre petite vie* », comme l'explique, désabusée, Françoise Fabian dans une des scènes finales d'*Out 1*. Menacée de l'extérieur, la communauté telle que nous la présente Rivette, tire justement sa force de son immatérialité. Malléable et changeante, multiforme et éminemment libre, elle reste le lieu ultime où se crée quelque chose. Un film, probablement, n'est rien moins qu'une communauté de création. Rivette est, peut-être, des cinéastes français, celui qui a le mieux *rassemblé* l'emphase du groupe consacrée par Mai 68, menace qui est venue nourrir de l'intérieur le cinéma de ces années-là, non seulement comme un thème mais comme un horizon absolu contre lequel tout vient buter (c'est en cela que *L'Amour fou*, *Out 1*, et *Céline et Julie* sont de la même essence).
68 et après ? Avec *Le Pont du Nord*, Rivette reflétera parfaitement la morosité des années 80, années de trahison, où l'on découvre que l'association s'est retournée contre l'individu jusqu'à le broyer (encore une fois, il ne radiographie pas, il ressemble). *Secret Défense* est lui aussi un fruit de son temps, capteur de nouvelles ondes. Les méthodes de production ont changé (Pierre Grise *vs* Sunchild). Les méthodes de travail aussi (Bonitzer *vs* Improvisation collective). On est passé au stade *macro* : macrobiotique, macrocellule, macroéconomie du récit. Nous ne sommes plus dans la fiction comme sublimation du document(minorit)aire, mais dans la fiction comme globalisation des affects. La schizophrénie (deux en un) est devenue dédoublement (un pour deux Laure

Marsac), c'est-à-dire surface. Mais Rivette a conservé de son origine cinématographique (soixante-huitarde) l'affirmation absolue du groupe, comme caisse de résonance vivante d'une création toujours militante. C'est ainsi que dans *Le Pont du Nord*, Bulle et Pascale Ogier sont créditées au générique comme scénaristes du film. Car si la communauté a été mise à mort dans le monde, elle est devenue chez Rivette principe intemporel de mise en scène. Elle est ce qui permet à Rivette de garder son regard d'homme moral sur notre époque immorale (années Mitterrand et post), où tout est réduit à la magouille, où les valeurs de désir et de résistance sont révisées et bafouées. Intériorisée, la communauté est devenue chez Rivette une substance anhistorique, au-delà de 68, et en deçà, quelque chose qui lui préexistait. Elle est un point de vue éthique sur le monde. Ce qui donne au regard quelque chose de nécessaire, et à la mise en scène quelque chose de beau. Un plan de *Secret Défense* suffit à évoquer ce sentiment : Sylvie (Sandrine Bonnaire) regarde par la fenêtre du domaine familial et aperçoit les enfants de son amie en train de jouer. Ils sont tour à tour les enfants du *Fleuve* et les héros de *Out 1*, immortalisés dans cet état de circularité intense, où tout est à partager dans le secret silencieux d'une lumière mordorée. C'est dans ce tiraillement douloureux que apparaît comme l'abstraite manifestation de l'exigence communautaire contre la laideur de toutes les propriétés privées et de tous les propriétaires. Le clan *vs* le marché. La famille *vs* le cadastre. Ultime variante d'un éternel combat moral.

MATTHIEU ORLÉAN

1. *Cahiers du cinéma*, n° spécial « Situation du cinéma français », 1981, repris dans *La Rampe*, Petite Bibliothèque des Cahiers du cinéma, 1997.

Marco Ferreri filmeur d'utopie

En 1968, en France, Marco Ferreri est quasiment un inconnu. Certes, Georges Sadoul lui a prédit un grand avenir à la vision de *El Cochecito*, réalisé en Espagne et présenté à Venise en 1960 : le sujet en était d'ailleurs prémonitoire. Le héros, un vieillard, renonçait à sa place dans la société et à ses avantages pour feindre la maladie, régresser à l'état de handicapé dans une voiture d'infirme motorisée, puis à celui de délinquant sénile mais meurtrier. Malgré son sujet étrange, *Le Mari de la femme à barbe* est passé pour une comédie à l'italienne un peu marginale, comme *Le Lit conjugal.* C'est pourtant précisément autour de 68 que le cinéma de Ferreri trouve sa véritable forme et son rapport à la politique. Réduit, en 1965, à l'état de sketch par Carlo Ponti, *Break Up (L'Homme aux cinq ballons)* retrouve son état de long métrage en 1967-1968. L'industriel milanais fabriquant de chocolats Marin Fugetta est soudain obsédé par l'idée de tester le point au-delà duquel les ballons, initialement destinés à la publicité, éclatent. La métaphore est explicite : la contestation enfle, éclate et retombe lamentablement. Seulement, comme toujours, la symbolique ferrérienne est évidente mais inadéquate à son objet supposé. Marin (Marcello Mastroianni) teste-t-il la révolution en marche, ou ce qu'on nomme alors la société de consommation, dont il est l'un des plus brillants représentants ?

Plus significatif encore est *Dillinger est mort*, tourné en juillet 1968. Cette fois, aucun arbitraire dans la relation à la contestation politique. Le collègue du héros interprété par Michel Piccoli, que l'on suppose ingénieur, ·vre au début du film une clé facile : aliénation, société capitaliste... Dans le même temps, le cinéaste se rapproche du mouvement *Lotta continua* et filme les usines en grève. Mais il n'y a rien d'une quelconque contestation volontaire dans la démarche de Glauco : c'est seulement un homme qui décroche, qui s'enfonce en lui-même, qui renoue avec ses valeurs profondes, animales, sexuelles, infantiles... Ferreri entretient ainsi un rapport symbolique très net avec l'esprit de Mai 68 : un mouvement régressif qui rejette les avantages de la société de consommation – pour dire vite – au profit d'un retour qu'il sait utopique mais nécessaire à l'état de nature. Mais, à la différence du simple *discours* contestataire, dans une sorte de réflexe bazinien, le cinéma de Ferreri ne relève pas du pur symbole. La parole lacanienne peut très bien dire que la femme n'existe pas et qu'il n'y a pas de rapport sexuel, cela n'engage à rien. Mais lorsque, dans le cinéma de Ferreri, il est question de castration *(La Dernière Femme)*, le couteau électrique s'attaque directement à l'objet et pas seulement à son image mentale. A la différence de beaucoup, Ferreri ne discute pas à l'infini sur la nécessité de supprimer le phallocratisme, il le fait. Et si *La Grande Bouffe* demeure à la fois le plus célèbre des films de Ferreri et un des films-phares de l'après-68, c'est qu'il prend au pied de la lettre la métaphore de la « société de consommation ». Comment un concept abstrait (la société) peut-il avoir une fonction biologique (consommer) ? La société n'étant rien d'autre qu'un corps social, voyons ce qui advient du corps, dans ses fonctions d'absorption et d'élimination des matières, en état de surconsommation, comme c'est le cas, selon le discours dominant, dans cette période. Faisons rendre l'âme (et le reste) à la métaphore langagière pour en revenir à l'organique, perceptible seulement au cinéma. On pourrait appliquer à Ferreri et tout particulièrement à *La Grande Bouffe*, une phrase recueillie sur un mur de la faculté de Droit d'Assas en 1968 : « *Penser ensemble non. Pousser ensemble oui.* » Aucun autre film ne nous a fait toucher du doigt la douceur de vivre avant la révolution (de Mai) – *prima della rivoluzzione*, disait Bertolucci – en même temps que ses conséquences tragiques : la mort dans la béatitude et le hoquet… « *Soyez réaliste, demandez l'impossible* », disait un mur de Censier. C'est justement parce qu'il se voulait réaliste, voire naturaliste, que Ferreri a pu ainsi filmer l'utopique, qu'il se révèle en fin de compte exaltant et/ou inquiétant.

JOËL MAGNY

Nagisa Oshima
Shinjuku, quartier du désir

Une nuit d'automne 1968. La gare de Shinjuku, une des gares centrales de Tokyo, est habitée d'un silence inhabituel. Tous les trains, aussi bien les grandes lignes que les trains de banlieue, sont immobilisés en gare depuis la nuit précédente, wagons vides et fenêtres cassées. Pas une seule personne en attente d'un train. La gare est paralysée par des manifestants et cernée par la police. De même, toutes les universités de Tokyo sont alors occupées par les étudiants ; les cours ont cessé dans la plupart des lycées car les lycéens ne parviennent plus à s'y rendre.

C'est précisément dans ce quartier, pendant cette période de turbulences politiques, que Nagisa Oshima tourne *Journal d'un voleur de Shinjuku*, inspiré du livre de Jean Genet. Shinjuku est non seulement le nœud central des transports à Tokyo, mais c'est aussi un quartier qui attire alors les artistes de tous les domaines. Comme par exemple Juro Kara, jeune dramaturge et metteur en scène de vingt-huit ans, qui monte sa pièce *Yui Shosétsu* devant un public de jeunes admirateurs, sous une tente rouge dressée dans un terrain vague devant le temple de Shinto, à deux pas de la gare. En racontant une histoire fondée sur des faits historiques, cette pièce de Kara a le projet de décrire l'omniprésente oppression du désir chez les Japonais. A proximité, dans des salles de cinéma peuplées de jeunes cinéphiles, passent les films de Yakuza de Masahiro Makino, les films de gangsters anarchistes de Seijun Suzuki, et les films politico-romanesques de Jean-Luc Godard qui précèdent l'époque du groupe Dziga Vertov. Dans une ruelle, à l'arrière des bistros, au *Pit Inn*, fameux club de jazz, les amateurs écoutent le *free jazz* chaud et coloré du groupe de Yosuké Yamashita. Au centre de ces lieux-cultes de la culture de cette époque trône une grande librairie de cinq étages, Kinokuniya, où les jeunes lecteurs cherchent les livres de leurs idoles, Jean Genet, Georges Bataille, Jean-Paul Sartre, Kenzaburo Oé, etc.

Shinjuku, en 1968, n'est donc pas seulement un des quartiers les plus animés de Tokyo, mais le centre culturel et politique de la ville où l'air bruit de mille rumeurs. Même la gare, simple nœud ferroviaire, devient un lieu politique stratégique. C'est dans ce quartier agité que le film d'Oshima introduit un reporter, jeune homme nommé Torio (homme-oiseau) interprété par Tadanori Yokoo, célèbre illustrateur qui travaille justement pour les pièces de Juro Kara. A travers le regard de Torio nous découvrons de très près Shinjuku. Torio n'est pas un simple reporter, mais aussi un voleur qui s'essaie à voler un livre à la librairie Kinokuniya. Uméko, jeune vendeuse, l'en empêche. Après la rencontre de Torio et d'Uméko, commence le voyage infernal à l'intérieur de ce quartier. Ils y rencontrent des personnes inhabituelles : Moichi Tanabé, directeur de la librairie, Takahashi, savant freudien qui leur explique les secrets du désir refoulé... A travers ce quartier, ces rencontres et la pièce fantasmatique de Kara, dont Oshima filme une représentation, le cinéaste traque l'imaginaire invisible de cette période politique. Tout en filmant près de la gare de Shinjuku, et en montant même à la fin de son film des plans documentaires de l'occupation étudiante et de la répression policière, Oshima se concentre sur le couple Torio-Uméko et en fait le médiateur principal de sa quête d'un imaginaire politique. La scène nocturne dans la librairie, silencieuse et vide avec, au milieu des livres, Torio, Uméko et le directeur Tanabé, fait contraste avec les manifestations brutales et cruelles de la réalité. Captant les vibrations au cœur du Shinjuku de 1968, Oshima tente de percer le rapport caché du politique et du désir sexuel, lequel sera bientôt son sujet privilégié (*L'Empire des sens*, 1975).

Ce quartier, en 68, est donc pour le cinéaste un lieu et un temps idéaux afin de, comme Kamagasaki dans *L'Enterrement du soleil*, se mêler courageusement à la foule et au mouvement politique, et expérimenter toutes les possibilité de son propre cinéma. En apparence chaotique et labyrinthique, *Le Journal du voleur de Shinjuku* est un point d'équilibre rare où Oshima mêle parfaitement fiction et réalité. Ce film n'est donc pas un document sur un quartier et un temps, mais la véritable chronique extérieure et intérieure de l'Histoire.

YOICHI UMÉMOTO

Pier Paolo Pasolini
« Et Dieu dans tout ça ? »

Tout aurait dû prédisposer Pasolini à être l'un des cinéastes de référence du mouvement de « contestation » de Mai 68. Le marxisme, profond, mais dissident, *« hérétique »*, de PPP rejoint parfois celui des *« enragés »* – Pasolini reprendra d'ailleurs volontiers ce terme à son compte. Il est le cinéaste du prolétariat – *Accatone, Mamma Roma* – auquel il donne une *dignité sacrée*, bien au-delà du simple constat néoréaliste. Son dégoût pour la bourgeoisie et tout esprit bourgeois n'est un secret pour personne, en Italie comme en France. Le regard qu'il porte sur Jésus, et surtout Joseph et Marie, respectueux mais profane, dans *L'Évangile selon saint Matthieu* (1964), lui vaut encore (du bout des lèvres) l'estime des autorités religieuses, alors que *La ricotta* (sketch de *Rogopag*, 1963) avait fait grincer les dents et les dentiers de plus d'un évêque. Dans *Uccellacci e uccellini* (1966), Toto et Ninetto Davoli, deux sous-prolétaires, dévoraient le corbeau marxiste trop dogmatique et trop bavard. Sans doute ces naïfs ingurgitaient-ils quelque chose de la pensée de Marx, Engels et Lénine, mais le marxisme orthodoxe de Togglìatti en prenait, si j'ose dire, un coup dans l'aile.

Pourtant, la rencontre entre Pasolini et le mouvement de Mai, en Italie comme en France, n'a pas eu lieu. Elle fut même conflictuelle. Pour l'anecdote, ce fut un article de *L'Espresso*, publié à la mi-juin 1968, où Pasolini voyait les étudiants comme des bourgeois *« qui m'en feront voir et contre lesquels je devrai continuer à lutter, comme leurs pères »*, et les policiers comme des *« dépossédés du monde »*, dont le pouvoir a la possibilité de faire ses instruments, *« créant à travers eux une autre espèce de haine raciale* ». Le désaccord politique est d'autant plus profond que Pasolini reste fidèle à une certaine idée du Parti révolutionnaire et que, dans toute sa réflexion de l'époque, la notion d'*organisation* est essentielle. Bien plus, et c'est là que se pose la question des films de Pasolini, il reproche à cette jeunesse contestataire (et seulement *contestataire*) un manque d'intérêt pour la culture. En rejetant une culture qui leur semble inutile, sans application immédiate – la plupart n'ont pas lu Proust, dit-il –, ils acceptent la standardisation et l'utilitarisme que le néocapitalisme est en train d'imposer à toute la planète, cela même qu'ils contestent, mais seulement en paroles.

Pasolini voit la contestation étudiante (et intellectuelle en général) comme l'envers et le complément de la pensée unique du tout économique et du tout industriel. La suite ne lui a pas donné tout à fait tort... Une idée hante alors les couloirs de la Sorbonne comme le pavé de la rue Gay-Lussac : la récupération. Mais pour Pasolini, ce n'est pas une simple hantise : ses films sont irrécupérables. Ses propos choquent en Italie, ils sont à peine entendus en France, où personne n'aurait l'idée de projeter un film de Pasolini : qu'est-ce qu'un marxiste, révolutionnaire, contestataire, trotskyste, anarchiste ou maoïste aurait à faire de *L'Évangile selon saint Matthieu*, dédié à Jean XXIII, qui a fait rattraper à l'Église deux siècles de retard ? La parabole de *Théorème* (réalisé en 1968, écrit peu avant) aurait pu satisfaire quelques contestataires par son sujet joyeusement anarchisant : un beau *jeune* homme s'introduit, au sens figuré comme au sens propre, dans une famille bourgeoise. Honorant chacun de ses prestations sexuelles, il permet à tous de se libérer, de trouver sa voie. Le sexe comme instrument d'éclatement de la famille, de l'hypocrisie, de la société capitaliste – le père, industriel milanais, donne son usine à ses ouvriers, se dénude en pleine gare de Milan puis court en hurlant dans le désert... Certes, mais Pasolini n'en reste pas là. La bonne, la seule prolétaire du film, qui a aussi bénéficié des faveurs du jeune homme, rentre dans sa banlieue natale et, en lévitation, accomplit quelques miracles avant de se faire ensevelir vivante... Quant à la libération des autres personnages, elle laisse à désirer, entre catatonie, nymphomanie, hystérie avant-gardiste... Le caractère sacré de cet ange exterminateur a bien du mal à passer en 1968, sinon auprès de certaines autorités religieuses qui lui attribuent le Prix de l'Office Catholique International...

Porcherie, commencé fin 68, ira plus loin dans l'inassimilable. Deux univers parallèles – sédentaires des temps anciens sur les pentes de l'Etna, bourgeoisie capitaliste allemande d'aujourd'hui – ont raison de deux types de marginaux : le meurtrier cannibale et nomade et l'amoureux des porcs... Comme les enragés, Pasolini conteste la culture dominante, mais il va chercher dans ce qu'il appelle la culture d'avant le pré-capitalisme ou le paléo-capitalisme – simplifions en disant une culture (chimérique ?) rurale, primitive, sans écriture –, dans la pensée religieuse ou mythique, de quoi fonder une nouvelle civilisation. Face à Mai 68, il demande naïvement : *« Et Dieu, dans tout ça ? »*

JOËL MAGNY

Rainer Werner Fassbinder
Théorie du groupe

Le cinéaste le plus radical, rapide et rageur de l'après-68. S'il prendra peu à peu ses distances avec les croyances et utopies politiques écloses à la fin des années 60, l'imaginaire de Rainer Werner Fassbinder en fut teinté d'une façon essentielle. D'abord recalé à l'examen d'entrée de l'école du cinéma de Berlin, il devient très vite le leader autoritaire de la petite troupe de Kurt Raab et Peer Raben inspirée par le Living Theatre de Julian Beck et baptisée Théâtre Action. Tout le système de l'*Action* consiste à revisiter et actualiser des textes classiques ou contemporains en fonction des événements politiques du moment, sans hésiter à y « faire le ménage », coller ou monter les morceaux dramaturgiques aux récits et comptes-rendus des épisodes de l'actualité. La troupe monte ainsi des spectacles en réaction à l'attentat perpétré en avril 1968 contre Rudi Dutschke, dit Rudi le Rouge, fustige Springer, remporte divers succès médiatiques et compte Andreas Baader parmi son public le plus fidèle. Chef indiscuté d'une nouvelle troupe, l'« Antiteater », Fassbinder alterne alors les mises en scène des classiques tels *Ajax* de Sophocle (qu'il place sous la devise *« Ce qui est important à mon avis, c'est de créer un malaise dans les institutions de la bourgeoisie »*) et de ses propres pièces, se fait diriger par Straub *(Le Fiancé, la Comédienne et le Maquereau)* et s'apprête à prolonger ses deux admirations cinéphiles (Godard et le cinéma américain classique) dans son premier film, *L'Amour est plus froid que la mort*.
Si l'expérience théâtrale de Fassbinder porte toutes les croyances politiques de 68, son cinéma va progressivement les défaire de manière désenchantée. Au milieu du

remue-ménage anti-impérialiste, il ne marche pas dans la haine boy-scout de l'Amérique, s'invente d'emblée une Marilyn (Hannah Schygulla), tourne des films noirs, paie ses dettes hollywoodiennes (Walsh, Hawks) avant de s'en inventer d'autres (Sirk), rêve déjà d'un Hollywood européen et, au rythme de neuf films par an, applique son programme : *« m'enlaidir et travailler »*.
Pourtant, pas un cinéaste n'aura fait davantage que lui de la société du spectacle, alors au cœur de tous les débats, la matrice même de son cinéma. L'œuvre de Fassbinder déploie un thème unique ; la mise en scène de sociétés qui imposent à l'individu une représentation forcée, un spectacle dans lequel il doit trouver sa place ou être détruit. Tous ses personnages revêtent un rôle qui n'est pas eux. Ils n'aspirent qu'à entrer dans le spectacle dicté par le monde mais n'y trouvent ni leur place ni leur identité. La critique de la réalité passe chez Fassbinder par la critique de l'illusion au cœur de cette réalité. Son œuvre sera toujours déchirée entre un désir farouche de croire aux utopies d'alors (minoritaire, communautaire...) et le constat distant et lucide de la cruauté de leur application dans le réel. Des femmes aux homosexuels, des immigrés aux voyous, aucune des minorités ne peut se montrer telle qu'elle est vraiment, et doit se façonner un comportement non-naturel pour apparaître sympathique à la majorité qui la persécute *(Le Bouc, Tous les Autres s'appellent Ali)*. Tous sont constamment obligés de vérifier si leur image est conforme à celle que le monde attend d'eux (chaque film regorge de miroirs). Tout l'enjeu de la mise en scène de Fassbinder consiste à faire sentir cette perte d'identité du personnage et sa difficulté dans une société de pur spectacle qui l'empêche d'être lui-même. Les mouvements souples et enveloppés de sa caméra

révèlent les réseaux, les codes invisibles qui façonnent la représentation comme une toile d'araignée dans laquelle vont se prendre et se perdre les victimes. Ces travellings latéraux et circulaires qui enchaînent les êtres cessent d'opérer lorsque la représentation elle-même se brise soudainement. Au zoom ou à une mise en scène devenue frontale, droite, de montrer alors l'individu sous son nouveau jour. Totalement nu et perdu. Dès ses premiers films, Fassbinder rompt avec la sensation enivrante de liberté du nouveau cinéma pour l'analyse critique et politique d'une réalité allemande lourde d'angoisse. Chaque lien y est alors envisagé sous l'angle du rapport de classe et du rapport de forces qui en découle. Les règles et les rituels sadomasochiste teintent donc toute liaison. L'être a besoin d'amour mais n'y pratique jamais le principe d'égalité ; le plus fort exploite les sentiments du plus faible. Moyen de domination, l'argent permet l'exploitation des sentiments amoureux ou simplement amicaux et distribue les rôles dominants-dominés. Et la révolte n'y pourra rien. Là est la tragédie. Les opprimés ne peuvent se défendre eux-mêmes ou meurent comme Geesche *(Liberté à Brême)* ou Whity *(Whity)*. Seuls saluts : la soumission, le compromis, l'accommodement ou la prostitution. Les gangsters eux-mêmes ne se révoltent plus comme leurs homologues hollywoodiens. Ils n'aspirent plus à la conquête du monde *(L'Amour est plus froid que la mort)*. La soumission absolue aux circonstances les délivre de cette difficulté à exister pleinement comme individu. Dans *Les Larmes amères de Petra von Kant,* la jolie Marlène s'est tant acceptée comme opprimée et exploitée que la liberté qu'on lui offre l'effraie. Elle n'abandonne pas Petra pour être plus libre et décider elle-même de sa vie, mais dans le but de se noyer complètement dans une position d'esclave encore plus forte. Comme chez Sternberg, les femmes devront perdre totalement leur statut de sujet et s'assumer comme objet pour survivre. Une tristesse profonde ne peut qu'imbiber une œuvre où le renoncement à soi-même est l'unique solution de survie.

On le voit bien, le rêve communautaire et les utopies soixante-huitardes se sont perdus en chemin. *Prenez garde à la sainte putain* est l'œuvre charnière de cette désillusion. Le cinéaste n'y envisage la coexistence avec les autres que sous l'angle de l'hystérie, et détruit l'utopie qui était sienne du temps de l'Antiteater et d'une harmonie collective possible. Dès lors, toute solidarité politique sera suspecte *(Maman Kusters s'en va au ciel)*, tout mariage ravageur *(Roulette Chinoise)* et toute amitié destructrice *(Berlin Alexanderplatz)*. *A* partir de *Prenez garde à la sainte putain*, les personnages de Fassbinder sont tous en guerre les uns contre les autres et restent dépendants, « accros », à ce rapport conflictuel et à ses effets (peur, oppression, culpabilité et exploitation). *La Troisième Génération* se charge d'enterrer définitivement les croyances passées : le terrorisme y est décrit sans but ni perspective et le mécanisme même de l'Histoire en marche (capitalisme et libéralisme) en réduit la pratique à une clownerie grotesque et tragique. Là encore, tout est trahison. Son œuvre quitte peu à peu les récits des révoltes brisées pour s'attaquer à l'esprit désaccordé d'une société qui fonce vers le pire, sur des airs de variétés mélodramatiques. Héros et héroïnes ne voudront plus fabriquer l'Histoire politique de leur pays mais se laisser prendre doucement par elle en refusant d'en voir la nature réelle : la montée passée ou les échos actuels du nazisme.

Cédric Anger

Claude Chabrol
Marxiste, tendance Groucho

En 1968, Claude Chabrol a imaginé, pour les états généraux du cinéma, avec Marin Karmitz entre autres, le projet le plus radical : le cinéma gratuit pour tous, grâce à une modeste redevance, façon TV, payée par tous les foyers... Il arborait alors un superbe blouson de cuir neuf. Les mauvaises langues disent encore qu'il laissait parfois blouson et voiture de sport à quelques centaines de mètres du lieu où se tenaient lesdits États généraux, pour arriver dignement, à la façon d'un vrai prolétaire... Histoire, légende ? L'anecdote ne manque pas d'intérêt, dans la mesure où elle définit bien le statut de Claude Chabrol en 1968. Depuis les échecs successifs des *Godelureaux*, de *L'Œil du Malin*, d'*Ophélia*, Chabrol en est réduit en grande partie à des besognes alimentaires (les *Tigres, La Ligne de démarcation*). Si le sketch de *Paris vu par... (La Muette)* prépare la période qui va suivre, ce film (en 16 millimètres gonflé) a une diffusion assez confidentielle. Chabrol pourfendeur des mœurs et des valeurs bourgeoises ? On en est alors encore loin.

Inversement, faut-il voir dans *La Femme infidèle*, tourné en juillet-août 1968, et la suite (*Que la bête meure, Le Boucher, Juste avant la nuit*, etc.), des conséquences de 68 ? L'esprit du moment a, certes, favorisé ces peintures au vitriol de la bourgeoisie française, parisienne et surtout provinciale. Mais elles étaient largement contenues dans *Les Cousins* comme dans *A double tour*, et l'air du temps a seulement permis quelques allusions précises, faisant de Claude Piéplu, dans *Les Noces rouges*, un député impuissant et gaulliste... C'est aussi cet esprit qui a favorisé la réception des films de chabroliens de cette période.

Faut-il en conclure que Chabrol était en phase avec le mouvement de contestation des structures sociales bourgeoises ? C'est aller un peu vite : il n'a pas profité de cette conjoncture favorable pour reprendre la voie radicale des *Bonnes Femmes*, si mal accueilli. Sa critique féroce des terroristes de *Nada*, post-soixante-huitards attardés et infantiles, enfermés dans leur subjectivité, en proie à une idée fixe, ressemble à une dénonciation, très indirecte certes, d'une vision schématique et dangereuse de la société en germe dans les idées de Mai. Faut-il redire que Chabrol n'est pas le peintre des soubresauts de la société mais des mentalités ? Des films tels que *La Femme infidèle, Le Boucher* ou *Juste avant la nuit*, montrent bien que l'épisode contestataire de Mai est loin, pour Chabrol, d'avoir provoqué un bouleversement profond des mentalités. D'ailleurs, le cinéaste l'a proclamé lui-même : *« Mai 68 n'a eu aucune influence sur mon cinéma, mes conceptions philosophiques ou ma vie personnelle. »* Dont acte.

JOËL MAGNY

Jacques Demy
Lola, trop tard : 68 vu d'Amérique

Lorsqu'on réfléchit à la façon dont quelque chose de l'esprit 68 s'est déposé dans les films du cinéma français, le nom de Jacques Demy ne vient pas immédiatement à l'esprit. La notion d'engagement politique paraît étrangère à son cinéma. Pourtant, *Les Parapluies de Cherbourg* est un des rares films des années 60 à mentionner la guerre d'Algérie, tout comme *Les Demoiselles de Rochefort* multiplie les allusions aux différents conflits armés de l'époque. De façon moins anecdotique, *Le Joueur de flute* (outre la présence de Donovan, emblème de la culture pop psychédélique et hippie) est une fable virulente sur les procédures du pouvoir tandis qu'*Une chambre en ville* exalte de façon lyrique les grèves ouvrières qui embrasèrent Nantes en 1955. Il est donc faux de penser que le cinéma de Demy n'entretient aucun rapport avec la chose politique. Comme dans la tradition romanesque du XIXe siècle, la description des sentiments s'enracine toujours dans une observation précise des mécanismes sociaux (aussi stylisée soit-elle). Cela n'en fait évidemment pas pour autant un cinéaste militant au sens que prenait ce terme autour de 68. Au début de l'année 1967, Agnès Varda et Jacques Demy participent néanmoins aux réunions préparatoires du film *Loin du Viêtnam* aux côtés de Chris Marker, Joris Ivens, William Klein, Jean-Luc Godard, Alain Resnais. Demy imagina pour l'occasion l'histoire d'un marin américain tombant amoureux d'une pute de Saigon. Le collectif jugea le script trop sentimental et hors de propos. Le cinéaste en profita alors pour quitter la France et accepter la proposition de la Columbia de venir faire un film aux États-Unis. En mai 1968, Demy n'est donc pas à Paris mais à Los Angeles : il tourne *Model Shop*. Certes, il a raté Mai 68 mais au même moment il tourne son film le plus violent et le plus contestataire, à la fois mise en crise de son propre cinéma, et document brut sur l'état de l'Amérique en pleine guerre du Viêt-nam. Étrangement, alors que le cinéma américain classique ne cesse de hanter ses films français des années 60, *Model Shop* est le moins hollywoodien des films de Jacques Demy. La Columbia l'avait contacté pour lui proposer de refaire ce qu'il faisait en France, mais en bénéficiant du savoir-faire et des moyens des Majors américaines. L'intuition géniale du cinéaste est de ne surtout pas accepter cette offre, et de pressentir que ce cinéma-là est mort parce que l'Amérique qui l'a enfanté n'existe plus. Il est encore possible de le recomposer du point de vue fantasmé d'un petit cinéphile français, hybridé avec d'autres influences, dans le cadre d'une production hexagonale (c'est ce qu'il vient de réussir l'année précédente avec *Les Demoiselles*), mais il serait absurde de chercher à le prolonger de l'intérieur. Ce sentiment du *trop tard* est au cœur du récit de *Model Shop*. Le film reprend le personnage de Lola sept ans après. Sa grande histoire d'amour avec Michel s'est soldée par un échec ; elle est coincée à L.A. parce qu'elle n'a pas d'argent pour payer un billet d'avion. Dans une scène assez bouleversante, elle égrène un album de photos-souvenirs et on voit défiler tous les personnages des films précédents de Demy. Lola raconte ce qu'ils sont devenus, et le bilan est sinistre. La plupart sont morts ou ont raté leur vie. Le petit monde façonné au cours des films précédents se voit tout à coup exterminé. Le deuil travaille *Model Shop* de part en part et, pour Demy, il passe à la fois par le renoncement au cinéma américain qu'il a tant aimé et aux mythologies que ses propres films ont créées. Ce film en crise n'en demeure pas moins une proposition forte puisqu'en même temps qu'il renonce à un certain fantasme de cinéma, il en expérimente un autre. *Model Shop* est vraiment son grand film moderne. C'est un récit déambulatoire, riche en silences et moments de latence, comme les déclinera si souvent le cinéma des années 70 (des errances en voiture d'*Au fil du temps* au peep-show de *Paris Texas*, il est frappant de voir à quel point le film anticipe les préoccupations de Wenders). De tous ses films de fiction, c'est aussi celui qui porte le mieux l'empreinte de son passé de documentariste *(Le Sabotier du val de Loire)*. La fiction est sans cesse doublée de purs moments de reportage sur la ville américaine, sa géographie spatiale et humaine. Le pays qu'il découvre semble en proie à une panne générale ; les rues sont vides, les personnages désœuvrés. Demy n'a pas trouvé (n'a surtout pas cherché) l'Amérique de Minnelli ; il a plutôt observé, capté et admirablement rendu celle d'*Easy Rider* et de la contre-culture.

JEAN-MARC LALANNE

Marguerite Duras
Mai en silence

En 1968, Marguerite Duras est encore à peine cinéaste. Elle n'a fait qu'un film, *La Musica*, en collaboration avec Paul Seban. En Mai d'ailleurs, elle se fout des états généraux du cinéma. En Mai, son affaire se résume au Comité d'Action Étudiants-Écrivains. Elle participe aux débats, elle écrit un texte pour raconter ce qui se passe dans ces parloirs infinis, elle le lit au Comité qui le rejette pour déviationnisme individualiste et littéraire. Pourtant, vu d'aujourd'hui, celui-ci rend très bien compte de l'ambiance qui régnait alors, comme aussi il annonce quelque chose des films à venir. Par exemple : « *l'absence apparente d'une quelconque affinité entre [l]es membres [du comité] le fait* déjà *ressembler – à qui arrive de l'extérieur – à une société, mais encore à une société d'un type particulier,* COMIQUE : DE FOUS. » A quoi ressemblent les personnages de *Détruire dit-elle* (1969), réunis dans leur hôtel, ou leur asile, qui sait ?, sinon justement à cette société-là ? Tous les films à plusieurs de Duras, ceux où elle n'est pas (elle ou sa voix) le seul centre du propos, produisent un univers flottant, inassignable, habité de gens qui ne sont ni vraiment fous ni vraiment sains, morts ni vivants non plus, perpétuellement entre deux états. C'est d'ailleurs la grande force politique de Duras de s'être concentrée sur ces gens perdus qui, parce que perdus, déboussolaient aussi le monde à leur entour. Ce que la cinéaste invente à ce moment-là grâce à ces sociétés de quasi-fous, ce n'est pas l'idée que la folie est révolutionnaire, mais que la perte (et la passivité suprême qui conduit à la perte) est la révolution, que c'est ne rien faire, ne rien être, qui provoque la ruine de l'ordre ancien du monde. C'est ainsi qu'il faut comprendre la devise fameuse de la vieille dame du *Camion* (celle qui fut jeune à Hiroshima, et plus jeune encore à Nevers). « *Que le monde aille à sa perte, c'est la seule politique* » ; qu'arrive le rien et nous serons sauvés. *Détruire, dit-elle* peut donc se voir comme une contre-proposition à Mai : comment fallait-il faire pour que ce soit un succès politique ? Opposer au bruit le silence, à la fureur le calme, à l'action la passion ; attendre, dormir et se laisser aller à aimer, errer aussi dans l'espace blanc, neutre, non singulier, de grands hôtels déserts, de plages vides, de pièces dépouillées. Le vice-consul qui, dans *La Femme du Gange* (1973) ou dans *India Song* (1975), ne fait rien d'autre et ne peut rien faire d'autre qu'aimer et crier son amour, semant le trouble dans les salons des ambassades, est donc l'incarnation du révolutionnaire idéal, devenu pur objet au point de faire scandale. Une autre grande caractéristique du révolutionnaire durassien est la façon qu'il a de ne pas s'inscrire dans le temps : il n'est jamais dans le présent, mais comme directement issu du passé (d'un autre temps, d'un autre monde, parfois très lointain puisque le vice-consul vient tout droit de la Bible). Le révolutionnaire porte moins le nouveau, que le re-nouveau.

STÉPHANE BOUQUET

Werner Schroeter
Les belles manières

Festival de Knokke-le-Zoute, 1967. Une date décisive pour Werner Schroeter. Cinéphile assidu, il y découvre une forme de cinéma délibérément expérimentale en marge des structures traditionnelles. Deux films insolents et faits en quatrième vitesse l'impressionnent : *Bill's Hat, « quelques minutes en violet et bleu »* et *Twice a Man* de Gregory Markopoulos. Pour le jeune dandy fou d'opéra et amoureux de Maria Callas, voici « l'état des choses ». Après avoir étudié la psychologie à l'université de Mannheim et n'y avoir rien compris, il s'est inscrit à l'école de cinéma de Munich pour conserver le statut d'étudiant. Comme il s'y ennuie, il rassemble toutes ses forces pour détruire l'équilibre de l'enseignement de l'établissement. Son passage dans les murs de l'école ne dure que trois semaines. Après, rien ; juste l'attente. L'escale belge fait donc figure de détonateur et de ciné-naissance. Aussitôt rentré à Heidelberg, l'apprenti cinéaste tente de définir son art en travaillant avec une vieille caméra 8 millimètres. A 23 ans, Schroeter a le temps : il vit d'un crédit, et ses parents lui paient des études qu'il ne fait pas. Il enchaîne donc les mini-films et les consacre presque tous à « la » Callas en montant diverses photographies de la diva sur ses interprétations de Verdi et Bellini. Suivent quelques opus plus longs comme *La Morte d'Isotta, Paula « je reviens »* et *Grotesk-Burlesk-Pittoresk,* une heure de montage rapide réalisée avec son compagnon Rosa von Praunheim. Ses films passent dans les musées d'art et la critique leur réserve un bon accueil. Nous sommes en 1968 : Schroeter est vite taxé d'anarchiste et, dépourvus de toute portée

sociale, ses films semblent ignorer la révolte qui fait rage. Erreur.
Présenté à la Quinzaine des Réalisateurs de Cannes, *Eika Katappa* montre dès l'année suivante que la révolte de Schroeter est davantage d'ordre esthétique que social. Elle n'en est pas moins politique. Contrairement aux autres cinéastes de sa génération, persuadés qu'il faut parler social pour faire du cinéma révolutionnaire, l'auteur de *Salomé* comprend d'emblée qu'il faut d'abord parler « formes ». Le monde extérieur n'existera donc qu'une fois la question du style résolu. C'est qu'il faut trouver une nouvelle manière pour exprimer des idées neuves. Tout l'enjeu du cinéma de Schroeter consiste dans la recherche de cette « manière ». Alors qu'après 68, tout le monde met à mal l'idée même de « mise en scène », lui prend le parti inverse d'en explorer tous les possibles. Chacun de ses films rejoue toutes les formes préexistantes du passé, interroge tous les systèmes de représentation (cinématographique, picturale, théâtrale, musicale, opératique...) et les fait tourner à vide. Ouvertement esthète, le cinéma de Schroeter abat la carte de la forme pour la forme pour mieux en critiquer l'inefficacité. Ne fonctionnant plus, la représentation artistique se donne à voir pour elle-même dans une outrance chaotique, et apparaît comme un métissage culturel stérile et maladif. Toute la perversité du système de Schroeter consiste à exhiber l'artifice et le délire décoratif d'une civilisation et de son mode de représentation pour mieux en attaquer la fascination inutile. Comme Hitchcock charge la société de consommation en exposant le perpétuel appétit de voyeurisme et d'excitation de ses spectateurs, le cinéaste allemand ne déploie une « esthétique décadente » que pour mieux en manifester la mort, le mensonge, la vanité et l'auto-

destruction. Pas de discours plus politique que celui-là. A cette forme déclinante, Schroeter ajoute une autre. Celle, kitsch et méprisée, du « mauvais goût » qu'il emploie et affiche ostensiblement. Le cinéaste de *La Mort de Maria Malibran* refuse l'abîme entre art mineur et art majeur et prouve qu'on peut très bien *« regarder la Joconde du Louvre en entendant une chanson de Sylvie Vartan »*. Plaqués sur des beautés mortes appartenant à une civilisation disparue, les *tubes* d'Elvis Presley ou les couleurs acidulées qu'il utilise ne sont là quc pour redonner vie à des splendeurs éteintes, et rendre encore plus évident leur évanouissement. Le mauvais goût redonne pour une durée éphémère le goût de la beauté et magnifie des grâces d'un temps passé (les femmes « walkyriennes » et masculines artificiellement sublimées). Très en vogue à l'époque, la contre-culture trouve chez Schroeter son usage le plus pertinent. Il fut alors, et demeure, un des acteurs essentiels de la remise en cause de la représentation traditionnelle. La réflexion formelle et expressive poussée jusqu'à son terme, le cinéaste se sentira enfin prêt à exprimer le monde extérieur et sa réalité *(Le Règne de Naples, Palerma)*. Trop de cinéastes font le chemin inverse et meurent de ne pas avoir de style.

CÉDRIC ANGER

Table

Avant-propos *par Emmanuel Burdeau* 5

L'art et Mai 68 8
Entretien avec Philippe Garrel
par Emmanuel Burdeau et Stéphane Delorme

68 x 68 *par Stéphane Bouquet et Emmanuel Burdeau* 14

Penser le surgissement de l'événement 17
Entretien avec Alain Badiou
par Emmanuel Burdeau et François Ramone

Le cinéma à la porte de l'usine 51
par Bernard Benoliel

Paroles et corps d'usine 62
Entretien avec Hervé Le Roux
par Bernard Benoliel

...et le peuple aura été *par François Ramone* 68

Naissance d'une parole 79
A propos des films de Mai par David Vasse

Questionnaire : 68, et moi, émois et nous 86
Olivier Assayas 86, *Yves Boisset* 88,
Raymond Depardon 90, *Jean-Paul Fargier* 90,
Romain Goupil 93, *Marin Karmitz* 94,
Claude Lelouch 96, *Michael Londasle* 98, *Marc'O* 100,
Jean-Pierre Mocky 103, *Luc Moullet* 104,
Philippe Sollers 105, *Jean-Marie Straub et Danièle Huillet* 106, *Alain Tanner* 107,
Jean-Pierre Thorn 108, *Johan van der Keuken* 110

Défense de cinéma 113
Entretien avec Jean-Henri Roger par Stéphane Bouquet et Thierry Lounas

68/98, retours et détours 129
par Emmanuel Burdeau

Nos années non-légendaires 143
Entretien avec Pascal Bonitzer par Stéphane Bouquet, Emmanuel Burdeau et François Ramone

Mai 68 et après 157
par Leslie Kaplan

« Que les vivants me pardonnent » 163
Entretien avec Carmelo Bene par Thierry Lounas

L'Usine à organes *par Stéphane Bouquet* 179

Rhizome universel 190
Entretien avec Jean-Jacques Lebel par Stéphane Bouquet et Emmanuel Burdeau

Figurer la révolution *par Laurent Goumarre* 201

Désordre 208
(autour de *Gimme Shelter* de D. et A. Maysles)
par Jérôme Larcher

Passer entre les balles 214
Entretien avec Robert Kramer
par Olivier Joyard et Thierry Lounas

Mes 68s 227
par Bill Krohn

Deux contreverses :
1. La résistance au texte : Pasolini *vs* Godard 245
par Mathieu Orléan

2. Les états d'Icarie : tout le monde *vs* tout le monde 250
par Antoine de Baecque

Des cinéastes pris par 68 255

Jacques Rivette : « *Le cinéma est un prétexte*
pour rencontrer des gens. » 255
par Mathieu Orléan

Marco Ferreri : Filmeur d'utopie 262
par Joël Magny

Nagisa Oshima : Shinjuku, quartier du désir 264
par Yoichi Umémoto

Pier Paolo Pasolini : « *Et Dieu dans tout ça ?* » 267
par Joël Magny

Rainer Werner Fassbinder : Théorie du groupe 270
par Cédric Anger

Claude Chabrol : Marxiste, tendance Groucho 274
par Joël Magny

Jacques Demy : Lola trop tard ; 68 vu d'Amérique 275
par Jean-Marc Lalanne

Marguerite Duras : Mai en silence 278
par Stéphane Bouquet

Werner Schroeter : Les belles manières 280
par Cédric Anger

Achevé d'imprimer
par Darantiere à Dijon-Quetigny
en mars 2008.
Dépôt légal : 1er trimestre 2008.
Numéro d'impression : 28-0411
Printed in France